首都知识产权服务业协会　组织编写

涉外专利实务

（美国篇）

李　钟／主编

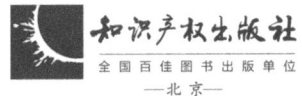

图书在版编目（CIP）数据

涉外专利实务. 美国篇/首都知识产权服务业协会组织编写. —北京：知识产权出版社，2021.10（2022.7重印）

ISBN 978-7-5130-7678-4

Ⅰ.①涉… Ⅱ.①首… Ⅲ.①专利权法—研究—美国 Ⅳ.①D971.23

中国版本图书馆CIP数据核字（2021）第170147号

内容提要

本书全面系统地介绍了向美国专利商标局进行专利申请的基本知识与技巧，包括美国发明专利申请的总体要求与审查程序、申请文件的准备、如何答复专利申请审查意见，美国外观设计专利与植物专利申请的要求，同时也介绍了美国专利授权后专利无效程序的基本知识。本书可作为专利代理师及企业专利工作者作为美国专利申请实务工作的指南，对希望了解美国专利知识的读者也具有参考作用。

责任编辑：王 辉		责任印制：刘译文	
执行编辑：李 叶		封面设计：段维东	

涉外专利实务（美国篇）
SHEWAI ZHUANLI SHIWU（MEIGUO PIAN）

首都知识产权服务业协会　组织编写

李　钟　主编

出版发行：	知识产权出版社 有限责任公司	网　址：	http://www.ipph.cn
电　话：	010-82004826		http://www.laichushu.com
社　址：	北京市海淀区气象路50号院	邮　编：	100081
责编电话：	010-82000860转8745	责编邮箱：	laichushu@cnipr.com
发行电话：	010-82000860转8101	发行传真：	010-82000893/82005070/82000270
印　刷：	北京建宏印刷有限公司	经　销：	各大网上书店、新华书店及相关专业书店
开　本：	720mm×1000mm 1/16	印　张：	19.5
版　次：	2021年10月第1版	印　次：	2022年7月第2次印刷
字　数：	335千字	定　价：	89.00元
ISBN 978-7-5130-7678-4			

出版权专有　侵权必究

如有印装质量问题，本社负责调换。

编委会

主　　编：李　钟
副 主 编：李　强　　王德道　　高永懿
编　　委：李瑛琦　　张希臣　　朱　燕　　郭建伟　　王　静
　　　　　康雯星　　杨德山　　张　亮　　杜艺莹　　李辰霞
编　　者：马佑平　　马　阳　　王　伶　　王　赛　　刘书芝
　　　　　刘旺贵　　刘继富　　吕俊刚　　孙海波　　江　舟
　　　　　吴大建　　吴小瑛　　吴立臣　　吴贵明　　宋晓雯
　　　　　宋嘉瑜　　张　蓉　　杨　雅　　邹志威　　赵囡囡
　　　　　赵　爽　　郑娟娟　　柴德海　　浦彩华　　曹　桓
　　　　　舒　畅　　韩宏星

前　言

近年来，我国对外开放不断深入，在"走出去"及"一带一路"的倡议下，我国对外贸易与投资获得空前发展。伴随着国际经贸市场的快速发展，中国企业在"走出去"的过程中面临着国际市场的诸多挑战。

中国和美国是世界上排名靠前的经济体，中美经贸关系快速发展。商务部公开数据显示，2020年中国对美国的进出口额达到4.1万亿元，仅次于东盟和欧盟。在中美经贸快速发展的同时，中美贸易摩擦不断，其中以知识产权相关的摩擦最为典型。我国企业在美国开展市场布局时因不了解当地知识产权相关法律法规等原因，在美国陷入了知识产权纠纷，且在维护自身权益时遇到了较大的困难。这在一定程度上增加了我国企业在美国市场布局的风险。

在美国申请专利是我国企业保护自身知识产权的基础。专利是知识产权的重要组成部分，由于专利保护的地域性，我国企业要在美国保护自身专利技术、避免陷于专利纠纷，首先需要在美国申请专利。但是因为中美法律法规制度的差异等原因，我国大多数企业对于在美国如何申请专利并不是特别清楚，因此编撰美国专利申请的实务教材，帮助我国企业了解美国专利申请的相关要求和程序是十分必要的。

本书由北京市知识产权局组织策划，并全程参与指导，首都知识产权服务业协会组织行业专家进行编写。全书不仅介绍了美国专利相关法律法规，还从实际操作角度翔实地介绍了在美国申请专利的总体要求、申请专利流程和审查程序、申请文件的准备、审查意见答复、专利无效的操作和植物专利申请等知识，对于我国企业在美国申请专利具有重要的指导作用，也可以为我国专利代理从业人员了解美国专利申请实务提供参考。

全书涉及内容专业性非常强、与实际操作联系紧密、内容较多且时间有限，难免有些不妥之处，敬请读者指正。

本书的编撰和出版得到了北京市知识产权行业相关单位和专家的大力支持和帮助，感谢在本书编撰过程中作出贡献的每一位领导和专家。

编委会

2021 年 9 月

缩略词说明

为了文字的简洁和方便阅读,在编写过程中全书使用了较多的英文缩略词。本书在第一次使用某个缩略词将其英文简称、英文全称和中文翻译一并列出,后面再次出现该缩略词时通常使用英文简称。同时为便于读者理解,将全文出现频率较多的英文缩略词及相关说明列举如下。

英文缩写	中文名称及说明
AA	建议通知书
AE	加速审查
AFCP	最终驳回后再考虑试行计划,2012年启动。2013年该计划升级为AFCP2.0
AIA	莱希-史密斯美国发明法。pre-AIA指2013年3月16日之前的美国发明法
BRI	最宽泛合理解释
CA	继续申请
CIP	部分继续申请
DA	分案申请
EPR	单方复审
FOA	最终审查意见通知书
IPR	多方复审
IP5 PPH	中、美、欧、日、韩五局专利审查高速路
MPEP	美国专利审查指南。"MPEP+数字"表示相应条款,例如,MPEP 301指美国专利审查指南第301条
NOA	非最终审查意见通知书
PGR	授权后审查
PPH	专利审查高速路
PTA	专利期限调整
PTAB	美国专利审查与上诉委员会
PTE	专利期限延长

续表

英文缩写	中文名称及说明
RCE	继续审查请求
RR	限制要求通知书
TD	限期放弃
USPTO	美国专利商标局
35 U. S. C.	美国法典第35编即美国专利法。"35 U. S. C. ＋数字"表示相应条款，如35 U. S. C. 371指美国法典第35编第371条
37 CFR	美国联邦法规第37编即美国专利规则。"37 CFR＋数字"表示相应条款，如37 CFR 1.56指美国联邦法规第37编第1章第56条

目 录

第1章 中国专利申请人有关美国专利申请概况 ·············· 1
  1.1 中国申请人涉外专利申请现状 ·············· 1
  1.2 中国申请人涉外专利申请趋势 ·············· 3
  1.3 中国申请人涉外专利申请途径 ·············· 5
  1.4 中国申请人向美国申请专利的现状和特点 ·············· 9

第2章 美国专利申请总体要求 ·············· 13
  2.1 美国专利申请相关法规、MPEP ·············· 13
  2.2 申请途径、类型、状态和优先权 ·············· 15
  2.3 所有权 ·············· 23
  2.4 代理人 ·············· 25
  2.5 专利期限和扩展 ·············· 31
  2.6 专利申请的保密和公开 ·············· 32

第3章 美国专利审查程序 ·············· 35
  3.1 发明专利申请的基本过程 ·············· 35
  3.2 外观设计专利申请的基本过程 ·············· 44
  3.3 美国专利申请策略运用 ·············· 50
  3.4 AE 政策 ·············· 59

第4章 美国发明专利申请的文件准备 ·············· 67
  4.1 申请文件的组成、形式和内容 ·············· 67

4.2 专利申请文件的翻译 ………………………………………… 85
4.3 美国专利申请文件的要求 …………………………………… 98
4.4 专利申请文件的修改 ………………………………………… 110

第5章 美国发明专利申请的审查程序 …………………………… 125
5.1 美国发明专利审查的要求 …………………………………… 125
5.2 针对审查意见的答复及申请文件的修改 …………………… 177
5.3 针对审查意见中特殊条款的答复：美国 MPEP 804
（重复授权） ………………………………………………… 186
5.4 最终审查意见的应对 ………………………………………… 193
5.5 授权公告前程序 ……………………………………………… 213

第6章 美国专利授权后的无效程序 ……………………………… 226
6.1 EPR …………………………………………………………… 226
6.2 PGR …………………………………………………………… 231
6.3 IPR …………………………………………………………… 237

第7章 美国外观设计专利申请 …………………………………… 243
7.1 美国外观设计的定义及保护期限 …………………………… 243
7.2 申请途径 ……………………………………………………… 243
7.3 美国外观设计专利授权条件 ………………………………… 244
7.4 美国外观设计专利申请中的不宜主题 ……………………… 245
7.5 美国外观设计专利申请文件 ………………………………… 245
7.6 美国外观设计专利申请的基本程序 ………………………… 260
7.7 有关美国外观设计专利申请的须知事项 …………………… 266
7.8 有关美国外观设计专利的实践 ……………………………… 268
7.9 美国外观设计专利相关法律规定 …………………………… 277

第8章 美国植物专利申请 ………………………………………… 296
8.1 植物相关发明在美国的保护方式 …………………………… 296
8.2 三种保护类型的比较 ………………………………………… 296
8.3 植物专利保护范围 …………………………………………… 297

8.4 申请植物专利的要求与限制 …………………………………… 298
8.5 植物专利的申请 ………………………………………………… 299
8.6 植物专利的专利权效期与保护 ………………………………… 300

第1章 中国专利申请人有关美国专利申请概况[*]

1.1 中国申请人涉外专利申请现状

《中华人民共和国专利法》(简称《中国专利法》)自1984年颁布以来,中国的专利申请数量不断增加。自2005年起,中国的专利申请数量急剧增长,中国国家知识产权局也因此成为世界五大知识产权局❶之一。

近30年来,我国经济持续快速发展,迅速成为世界第二大经济体。与此同时,我国专利事业经历了从起步到快速发展的过程,2011年度专利申请量位居世界第一,这一辉煌成就世界瞩目。2018年,我国已成为仅次于美国的世界第二大研发经费投入国家,研发人员总量在2013年超过美国,连续六年稳居世界第一位,发明专利申请量连续七年全球第一❷。党的十八大以来,我国知识产权创造的数量和质量同步攀升。

从全球产业竞争形势来看,在当前美、日、欧等发达国家和地区主导的产业竞争格局下,以专利为突出代表的知识产权作为一种新兴生产要素,在世界范围内的产业竞争中发挥着越来越重要的战略性作用。专利不仅能够影响企业的市场行为,而且能够影响企业的利润成本构成;不仅能够影响技术研发策略,而且能够影响技术发展路线选择;不仅能够影响产业的竞争与合作态势,

---

[*] 编撰:孙海波,北京中企鸿阳知识产权代理事务所。审订:邹志威,美国Bayes百玺律师事务所;柴德海,北京银龙知识产权代理有限公司。

❶ 世界五大知识产权局分别是中国国家知识产权局、美国专利商标局(USPTO)、欧洲专利局、日本特许厅和韩国知识产权局。

❷ 数据来源:国家统计局.科技发展大跨越创新引领谱新篇——新中国成立70周年经济社会发展成就系列报告之七[EB/OL].(2019-07-23)[2021-04-26]. http://www.stats.gov.cn/.

而且能够影响产业生态系统的构成,诸此种种,不胜枚举。可以说,专利已经深深地渗透全球产业竞争的方方面面,已经成为影响甚至决定产业竞争成败的关键。纵观当今世界,各国高度重视战略性新兴产业的培育和发展,着力在新一轮更高层次的竞争中抢占先机,积极创造和有效运用专利。尤其是在新兴产业领域,专利已成为各国竞争的焦点。为了在激烈的国际竞争中处于有利地位,各国均不同程度地出台或实施了促进本国企业对外申请专利的政策或举措,中国也不例外。自"十二五"到"十三五",国家强调大力发展知识产权,鼓励中国申请人向海外申请专利。

表 1-1-1 至表 1-1-4 展示了中国申请人涉外专利申请、授权、有效情况,以及《专利合作条约》(简称 PCT)专利申请受理情况。❶

表 1-1-1　中国申请人在境外发明专利申请量　　　　单位:件

年份	2013	2014	2015	2016	2017	2018
申请量	25 712	14 868	34 923	41 342	51 729	65 441

表 1-1-2　中国权利人在境外发明专利授权量　　　　单位:件

年份	2013	2014	2015	2016	2017	2018
申请量	8 214	10 603	13 324	14 797	19 736	30 549

表 1-1-3　中国权利人在境外发明专利有效量　　　　单位:件

年份	2013	2018
申请量	25 966	150 216

表 1-1-4　中国申请人 PCT 国际专利申请受理统计表　　　　单位:件

年份	2019	2018	2017	2016	2015	2014	2013
申请量	60 993	53 345	50 674	44 992	30 548	26 169	22 924

从表 1-1-1 至表 1-1-4 可以看出,中国申请人涉外发明专利申请受理量、发明专利授权率、有效发明专利拥有量和 PCT 国际专利申请量逐年递增。2019 年中国申请人 PCT 国际专利申请量达到 60 993 件,超越美国跃居世界第一位。

---

❶ 数据来源:《国家知识产权局统计年报》2019 年专利统计年报。

随着中国改革开放的进一步加快，越来越多的中国企业不仅迈开了"走出去"的步伐，而且有意识地在海外进行专利申请，这既能提高自己在国际市场上的竞争能力，同时也是为了更好地保护自己的权益。相对于中国经济规模而言，中国企业在国际上专利申请数量仍有待提高。另外，中国对外专利申请的目的国家或地区分布较不均匀，相对集中于美国、日本、韩国等几个国家及欧洲，而且具备国际竞争力的优势领域主要集中在通信技术、液晶显示等方面。表1-1-5为2012—2016年中国申请人涉外申请发明专利的年度分布情况。❶

表1-1-5 中国申请人涉外发明专利申请年度分布情况（部分） 单位：件

国家和地区		年份					
		2012	2013	2014	2015	2016	2017
澳大利亚	AU	430	510	532	638	893	1 067
巴西	BR	562	696	493	737	799	676
加拿大	CA	265	427	522	646	777	921
欧洲专利局	EP	2 871	3 733	4 059	5 711	7 152	8 627
德国	DE	141	172	270	636	552	646
英国	GB	63	159	189	566	659	1 078
日本	JP	1 241	2 022	2 064	2 840	3 810	4 172
韩国	KR	766	982	1 147	1 947	2 829	3 015
美国	US	4 581	13 273	15 093	21 386	26 026	29 674

1.2 中国申请人涉外专利申请趋势

随着中国企业"走出去"步伐的不断加快，中国申请人越发意识到涉外专利申请的重要性，尤其是近几年，中国企业的海外专利申请量迅速增长。与此同时，中国政府也采取了多种措施为中国企业海外专利获权、维权提供便利，越来越多的中国企业注重通过专利布局维护自身海外权益。未来，中国申请人涉外专利申请不仅以美国、欧洲、日本等发达国家和地区为主，而且也会逐步向其他国家和地区延伸。

---

❶ 数据来源于：《国家知识产权局统计年报》2012—2017年专利统计年报。

2017年，第一届"一带一路"国际合作高峰论坛在北京顺利召开，国家知识产权局代表中国政府与世界知识产权组织（WIPO）签署加强"一带一路"知识产权合作协议，初步建立"一带一路"知识产权国际合作常态化机制。

2019年，中国在"一带一路"沿线国家专利申请公开量为5293件，同比增长8.5%。其中，中国在韩国专利申请公开量为2676件，持续居所有目的国之首；在越南专利申请公开量为571件居第二位；在新加坡、俄罗斯和南非专利申请公开量分别为557件、434件和355件位居第三至第五位。中国在前五位目的国专利申请公开量共计4593件，占总公开量的86.8%，专利申请布局持续呈现高度集中的态势。

根据世界知识产权组织公布的35个技术领域分类标准，2019年，数字通信居中国在沿线国家专利申请公开技术领域之首为840件；计算机技术和有机精细化学分别以480件和287件位居第二和第三位。

2019年，中国在"一带一路"沿线22个国家专利授权公告量为3557件，同比增长8.0%。分国别看，在韩国专利授权公告量为1549件，授权公告量居所有目的国之首；俄罗斯、南非、波兰和新加坡位居第二至第五位，专利授权公告量分别为753件、343件、205件和180件，位列前五位的国家授权公告量占中国在"一带一路"沿线国家专利授权公告总量的85.2%。从技术领域看，计算机技术位居中国在沿线国家专利授权技术领域之首，其公开量为369件；数字通信和电气机械设备分别以328件和218件居第二和第三位。

2019年，中国在"一带一路"沿线国家专利申请公开量排名前十的申请人均为企业，其中华为技术有限公司、OPPO广东移动通信有限公司、平安科技（深圳）有限公司、华星光电技术有限公司、美的集团有限公司分别以786件、166件、127件、108件和105件位列第一至第五名。

近年来，中国企业海外专利申请数量出现明显增长，在知识产权战略部署上也呈现不少可喜的新动向。同时中国企业走向海外市场也需要密切关注两个方面的风险：一是因为不了解海外知识产权状况而无意中侵犯他人的权利；二是自身的知识产权在海外未进行有效布局遭受他人侵权。

为有效确保中国企业的海外权益，国家知识产权局围绕中国企业海外获权、维权开展了大量工作，先后与23个国家和地区的专利审查机构签订了专利审查高速路（PPH）协议，PPH合作网络已具规模；设立中国企业知识产权海外维权互助基金，为企业海外知识产权维权提供资金保障；建设专业的海外知识产权信息平台，为企业"走出去"提供参考。

但是，就目前中国企业海外专利布局而言，仍存在诸多制约。一方面，中国虽然有近万人的专利代理队伍，但与庞大的市场需求相比，专业人才仍然严重不足，尤其是适应对外专利申请需要的专业人才严重不足，无论是中介代理机构还是企业内部专利人才都缺乏，且从事这方面工作的人大部分从业经历较短、业务水平较低，这对中国对外专利申请造成影响，难以满足中国企业全球化专利申请策略的需要；另一方面，很多"中国制造"的产品缺乏创新性，企业为争夺市场一味打价格战，失去定价话语权的同时也失去了利润。利润越低，企业就越没有申请专利的积极性，而产品在没有专利保护的情况下一旦进入海外市场，往往会遭到国际竞争对手的"封杀"。

因此，中国企业要想增强国际市场竞争力，必须进一步加强海外专利布局。一方面，中国很多企业对知识产权国际规则的理解和把握能力还较弱，在有效利用专利制度来维护和争取企业自身权益方面还有待提高。在这个过程中，如何根据自身情况选择不同的专利申请途径、在专利申请的不同阶段采取不同的策略至关重要。另一方面，只有加强知识产权保护，才能确保企业实现创新收益，进而实现创新要素的合理配置和创新资源的有效利用。要有效利用知识产权数据信息，实时跟踪最前沿的专利技术和对实效专利文献检索分析，对每项专利在企业未来发展起到的作用作出系统的判断，并在海外市场抓紧进行专利布局，才能为以后开拓海外市场创造条件，掌握国际市场竞争的主动权。

1.3 中国申请人涉外专利申请途径

中国申请人在申请涉外专利前，应当了解国内与国外之间专利申请的差异，这有助于将国内已有或未完成的申请与涉外的申请做好衔接。例如，有的企业已经在国内申请了大量的发明、实用新型或外观设计专利，那么在涉外申请专利时，如何利用国内已经申请的专利向国外申请专利，首要是选择合适的申请途径。

中国申请人申请涉外专利可采用三种途径：《保护工业产权巴黎公约》（简称《巴黎公约》）途径、PCT途径、直接向海外国家和地区申请专利。前两种是较为常见的情形，也是推荐的申请途径。

1.3.1 通过《巴黎公约》向海外申请专利

通过《巴黎公约》向海外申请专利是较为传统的方法。简言之,《巴黎公约》是由多个国家缔结的一个有关工业产权保护的国际公约。《巴黎公约》的成员国约定,来自成员国的申请人在任何一个成员国申请专利后的 6 个月或 12 个月内,可以要求该专利申请的优先权,直接在其他成员国内申请同样的专利,并缴纳相应的费用。

通过《巴黎公约》进行国外专利申请的专利类型包括发明、实用新型和外观设计。世界上绝大多数国家都是《巴黎公约》成员国,根据《巴黎公约》关于优先权的规定,自发明或实用新型在任一成员国第一次提出专利申请之日起 12 个月内,或者自外观设计在任一成员国第一次提出专利申请之日起 6 个月内,又在国外就相同主题提出专利申请的,可以在国外申请专利并享有优先权。在此期间内有关该申请的任何公开或使用等,不影响该申请的新颖性。如超过上述 12 个月或 6 个月的期限,会出现影响专利新颖性和创造性的问题,导致专利无法在国外获得授权。

相较于 PCT 途径,《巴黎公约》的优先权期限较短,因此导致申请人可能没有足够的时间判断是否需要将某个专利申请提交到其他国家尝试申请、准备文件和筹集费用。

1.3.2 通过 PCT 向海外申请专利

PCT 是《巴黎公约》下的一个专门性条约,其规定,在任何一个 PCT 成员国提出的专利申请,可以视为在指定的其他成员国同时提出了申请,实现了一国申请,多国有效。

PCT 申请的审批程序分为国际阶段和国家阶段。国际阶段进行受理、公布、检索和初审,国家阶段由具体的国家局进行审查和授权。一项 PCT 申请进入具体国家阶段的时间可以是自申请日(或者优先权日,以最早的为准)起 30 个月、31 个月或 32 个月内。这样当申请人希望通过一项发明创造申请在多国(一般为 5 个以上)获得保护时,利用 PCT 途径是很适宜的。因为通过 PCT 途径仅需向一个成员国的专利局提出一份国际申请,免除了分别向每一个国家在短期内提出国家申请的麻烦,并且有更多时间来考虑最终要进入哪些具体国家。需注意的是,外观设计专利申请不适用 PCT 途径。

申请人可根据国际检索报告及国际初步审查报告所提及的现有技术资料,

对发明的专利性（新颖性、创造性和实用性）进行判断，必要时还可对权利要求进行适当的修改，然后决定是否进入国家程序。

PCT国际阶段是国际申请审批程序的第一阶段，可自优先权日起12个月内直接向PCT成员国提交专利申请，它包括国际申请的受理、形式审查、国际检索和国际公布等必经程序及可选择的国际初步审查程序。

PCT国家阶段是国际申请审批程序的第二阶段，在申请人希望获得专利权的国家的专利局（称作指定局或选定局）里进行。申请人自优先权日起30个月（这个期限依据指定局或选定局的不同而可能不同）内向欲获得专利的国家提交符合其要求的语种的申请文本，并缴纳相应的费用，相关专利局通过审查决定该PCT专利申请是否能获得该国的专利。该阶段包括办理进入国家阶段的手续和在各指定局或选定局里进行的审批程序。

国际申请进入国家阶段的主要手续是按各国规定递交国际申请文件的译本和缴纳规定的国家费用。国际申请进入国家阶段之后，由各国专利局按其专利法规的规定对其进行审查，并决定是否授予专利权。

通过PCT申请外国专利有很多要求。例如，对PCT申请人的要求，申请人可以是自然人或法人，不同的指定国可有不同的申请人［《PCT实施细则》4.5（d）］，至少有一个申请人的国籍或居所是PCT成员国。对国际申请主题的要求，国际申请必须是保护发明的申请。PCT申请包括提交发明专利、发明人证书、实用证书、实用新型和各种增补专利和增补证书［PCT第2条（i）］的申请，因此提交不属于"发明"范围内的某些其他形式的工业产权的国际申请（如纯装饰性外观设计）是无效的。

通过PCT途径向海外申请专利的优势如下：

（1）对就某一发明在多个国家寻求保护的任何个人或公司（申请人）来说，使用PCT意味着节省时间、工作量和资金。只需要提交一份国际申请，而不必向每一个国家分别提交专利申请便能得到一个可在多个国家生效的国际申请日。

优先权期限由12个月延长至31个月（依据选定局不同而可能不同）。在此期间，申请人可以利用国际检索和国际初步审查程序对该专利申请获得专利授权的可能性进行初步评估，并结合技术发展情况和市场前景等因素确定是否要到具体国家去申请，从而对人力、物力和财力进行合适配置。如果同时进入多个国家，《巴黎公约》规定要在12个月内筹集到进入多个国家的大笔申请费用，而通过PCT途径则有充分的时间筹集资金。根据PCT的规定，申请人在一个地方、以一种文字提交一份申请作为国际申请，并缴付一份起始费用，该国际申请（在符合后文所指出的某些条件的前提下）即具有一份国家或地区性申请的效力。如果没有PCT，申请人为此必须向每个国家或地区分别提交申请。

（2）通过PCT途径还可帮助申请人在国家阶段程序中决定是否在各个国家专利局继续进行该申请的处理程序。

（3）申请人可在"最后瞬时"提出申请。由于PCT申请可用本国文字提交，因此，申请人可以在国内优先权期限的最后一刻提出申请。

（4）申请人可自国际检索单位（International Searching Authority，ISA）收到检索副本后的3个月内或自优先权日起9个月内获得一份国际检索报告（《PCT实施细则》42.1）。申请人还可以自优先权日起28个月（《PCT实施细则》69.2）内获得一份国际初步审查报告［如果申请人在规定的期限内提出了国际初步审查（International Preliminary Examination，IPE）请求的话］，申请人可根据上述两个报告所提及的现有技术资料，对本发明的专利性进行判断，必要时还可对权利要求进行适当的修改，然后决定是否进入国家程序。

（5）与直接通过《巴黎公约》申请外国专利的途径相比较，PCT申请可将进入国家阶段的时间推迟8—19个月，这对于那些尚未做好准备的申请人来说无疑是有利的。此外，缴纳国家阶段的费用的时间也相应推迟8—19个月。

1.3.3　直接向海外申请专利

直接向海外申请专利是指不要求优先权而直接向外国提出专利申请。这种情形常出现在某些非《巴黎公约》或PCT成员国的国家或地区。

每个国家和地区都有自己的专利程序，用于鼓励创新行为，并优化创新带来的地区利益。深化的国际合作造就了地区和国际专利秩序，但国与国之间的专利法仍然存在差异，单个专利申请的保护范围也因地域有所差别。这些因素限制了对不同国家和地区的专利活动进行直接比较的程度。

目前，涉外专利申请制度都基于先申请原则及对《巴黎公约》和PCT的认可。这在很大程度上促进了全球范围内专利制度的蓬勃发展与高度一致。为了保护发明，申请人通常向其所在国家或地区的专利主管机构提交首次专利申请，之后再在不同条约所规定的优先权期限内向各国或各地区提交后续申请，从而将保护范围扩大到其他国家或地区。在涉外专利申请的众多制度中，PCT制度对全球专利活动的影响最大。

1.4 中国申请人向美国申请专利的现状和特点

近几年,中国申请人的涉外申请专利相对集中于美国、欧洲、日本、韩国等少数几个国家或地区,而且具备国际竞争力的优势领域主要集中在通信技术、液晶显示等方面。据美国商业专利数据库统计,不含中国台湾地区的中国企业在美国获得专利数量正以令人瞩目的速度增长,在不到 10 年的时间里,中国企业在美国获得的专利数量已增加了 10 倍,2017 年中国发明者共获得 11 241 项美国专利,较 2016 年同期增加了 28%,中国首次跻身拥有美国专利的前五大国。华为技术有限公司、京东方科技集团有限公司和深圳市华星光电技术有限公司三家中国企业进入拥有美国专利的前 50 大企业。

目前,中国在美国申请专利的申请人,既有转型中的成熟企业。也有初创企业。从行业分布看,专利数量最多的是数据处理和传感、半导体、无线传输等高科技领域,特别是 3D 打印、机器学习和无人机增长明显。这些申请人希望在美国设立销售办事处,将产品出口到美国,在美国推广产品。

从表 1-4-1 可知,在中国大陆企业方面,液晶显示器制造商京东方科技集团有限公司 2017 年共获得 1413 件授权的美国专利,较 2016 年增加 62%,增幅在所有上榜企业中最大,排名第 21 位。中国另一家液晶显示器制造商深圳市华星光电技术有限公司 2017 年也获得了 708 件授权的美国专利,较 2016 年增加 33%,排名第 45 位。虽然中国首次成为前五大美国专利获得方,但中国在美国发明专利的数量和质量还有很长的一段路要走。

事实上,中国企业不只在美国的专利申请量上升。国家知识产权局的数据显示,2017 年,我国在"一带一路"沿线国家的专利申请量为 5608 件,同比增长 16%。世界知识产权组织发布的报告称,"中国制造"在前沿领域创新持续加快,一大批成果填补了国际空白,并重塑全球价值链条和产业格局。

表 1-4-1　2017 年美国专利授权榜前 50 强

排名	公司名称	2017 年专利数/项	2016 年专利数/项	变动/%
1	IBM	9 043	8 090	12
2	三星	5 837	5 521	6
3	佳能	3 285	3 665	-10
4	英特尔	3 023	2 793	8
5	LG 电子	2 701	2 430	11

续表

排名	公司名称	2017年专利数/项	2016年专利数/项	变动/%
6	高通	2 628	2 925	-10
7	谷歌	2 457	2 842	-14
8	微软	2 441	2 410	1
9	中国台湾积体电路制造	2 425	2 288	6
10	三星 Display	2 273	2 025	12
11	苹果	2 229	2 103	6
12	索尼	2 135	2 184	-2
13	亚马逊	1 963	1 672	17
14	丰田汽车	1 932	1 430	35
15	福特	1 868	1 525	22
16	通用电气	1 577	1 660	-5
17	东芝	1 555	1 965	-21
18	爱立信	1 552	1 552	0
19	富士通	1 538	1 568	-2
20	华为	1 474	1 202	23
21	京东方	1 413	870	62
22	爱普生	1 406	1 650	-15
23	松下	1 338	1 400	-4
24	现代汽车	1 304	1 036	26
25	博世	1 234	1 209	2
26	波音	1 177	1 055	12
27	三菱电机	1 151	1 016	13
28	理光	1 145	1 412	-19
29	通用全球科技	1 066	1 124	-5
30	半导体能源实验室（SEL）	977	1 054	-7
31	思科	967	978	-1
32	AT&T	946	922	3
33	海力士	942	1 126	-16
34	西门子	939	985	-5
35	日本电装	929	757	23
36	德州仪器	923	888	4

续表

排名	公司名称	2017年专利数/项	2016年专利数/项	变动/%
37	本田汽车	910	922	-1
38	飞利浦	905	1 070	-15
39	霍尼韦尔国际	856	673	27
40	格罗方德半导体	853	1 410	-40
41	日本电气	820	890	-8
42	美光科技	802	863	-7
43	甲骨文	753	667	13
44	哈里伯顿能源服务	738	552	34
45	华星光电	708	531	33
46	日本兄弟工业	705	927	-24
47	富士胶片	695	699	-1
48	夏普	684	830	-18
49	英飞凌	680	618	10
50	Facebook	660	445	48

中国申请人涉外专利申请的趋势受到诸多因素的影响。以前，影响趋势变化的主要因素是专利法规和费用的变化，以及经济情势的突变。每年全球五大知识产权局中至少一个局会发生这种背景变化。随着全球专利制度趋于协调，共同的经济驱动力成了影响专利申请的主要因素。

虽然专利申请与经济增长密切相关，但政治和技术因素也影响着专利申请。市场和生产的全球化仍然是主要趋势，因此专利法与通用国际标准日趋协调一致，并使申请人跨境申请专利更加便利。现有的跨不同司法管辖区申请的通用准则，如 PCT 体系、有效协议或 PPH 对近年来全球专利增长起到了积极的作用。

从目前的中国企业申请美国专利的现状来看，中国正在成功实现从"硅谷工厂"向科研强国转型的战略。从一定程度上来说，专利体现了一个公司或一个国家的创新力，它是一种值得夸耀的资本，更重要的是它可以帮助保护处于竞争市场的公司。在美国获得的专利能为公司在美国市场上出售自己的产品保驾护航。

从"贴牌"到"品牌"，从"制造"到"智造"，从"跟跑"到部分领域实现"并跑"甚至"领跑"，中国在科技创新发展方面与欧美间的差距正在缩小，但同时仍面临诸多挑战和考验。中国部分领域专利布局尚存不足，高价值核心专利仍需大力培育。中国应变"专利"为"动力"，大力培育高价值核心专利，并利用后发优势，缩小与领先者的差距。未来的开放创新应该是双向的，中国应加大知识产权保护和违法打击力度，创造更公平的市场环境，提升中国企业的竞争力和创新水平。

第2章 美国专利申请总体要求*

2.1 美国专利申请相关法规、MPEP

2.1.1 美国专利申请相关法规

2.1.1.1 专利及发明专利❶

(1) 在美国,专利受到宪法专利条款的指引。

①美国过去一直采用发明优先的专利制度(先发明制),根据该制度,互相竞争的专利或专利申请根据发明日期确定其优先顺序。

②美国发明法在2013年将美国带入了更为常见的发明人先申请制度,这一制度根据申请日期来确定优先权。

③专利法载于35 U.S.C.。

④与专利有关的联邦法规载于37 CFR。专利受到联邦法律的完全管辖。

(2) USPTO定期出版供专利律师、代理人和审查员使用的《专利审查指南》(MPEP)。

①MPEP对所有在审查美国专利申请中必须遵守的法律法规作了说明,包含对相关案例法律的引述。

②USPTO为专利执业者单独设立了资格考试,通过资格考试的成为专利代理人,可以代表客户在USPTO进行专利申请工作。

(3) 美国法律的大多数规定,如有关新颖性、非显而易见性、专利申请

---

* 编撰:马阳,七星天(北京)咨询有限责任公司。审订:邹志威,美国Bayes百盟律师事务所;柴德海,北京银龙知识产权代理有限公司。

❶ 美利坚合众国知识产权法律和监管框架纲要,http://www.wipo.int/wipolex/zh/outline/us.html。

和审查程序的规定等都是围绕发明专利作出的。对于外观设计专利和植物专利，除非法律另有规定，一般都适用发明专利的规定。

（4）影响美国专利法律的主要国际协定包括《布达佩斯特条约》《巴黎公约》、PCT、《专利法条约》《斯特拉斯堡协定》《世界知识产权组织公约》《与贸易有关的知识产权协定》（简称《TRIPS 协定》）。

2.1.1.2 外观设计❶

①美国法律未就外观设计作出明确的规定。

②根据其特征，外观设计可以作为外观设计专利、版权或商业外观加以保护。

③影响美国外观设计法律的主要国际协定包括《巴黎公约》《世界知识产权组织版权条约》《TRIPS 协定》《工业品外观设计国际注册海牙协定》。

2.1.1.3 植物新品种保护❷❸

依据美国的有关法律，与植物新品种有关的发明根据植物新品种本身的情况可以获得三种途径的保护：35 U.S.C. 第 15 章"植物专利法"的保护；35 U.S.C. 第 7 分编第 57 章"植物品种保护法"保护；一般的发明专利的保护。

影响植物新品种保护的主要国际协定包括《国际植物新品种保护公约》《TRIPS 协定》。

2.1.2 MPEP

MPEP 法律效力为：USPTO 适用的审查指南（MPEP）不具有法律效力，它需要跟随法院的判例来调整其审查指南中的具体条文。

在应对审查阶段审查意见（Office Action）中提出的创造性质疑时，申请人可以援引判例而不一定要按照审查指南的规定来反驳审查意见。

如果法院在裁判专利审查相关的争议时，法院先遵循先例，若无先例，且无相关法律简单适用，则会创造先例。

---

❶ 美利坚合众国知识产权法律和监管框架纲要，http：//www.ipr.gov.cn/hwwq/zn/North_America/Usa/Design.html。

❷ 美利坚合众国知识产权法律和监管框架纲要，http：//www.wipo.int/wipolex/zh/outline/us.html。

❸ Plant_Patent，http：//www.ipr.gov.cn/hwwq/zn/North_America/Usa/Plant_Patent.html。

2.2 申请途径、类型、状态和优先权

2.2.1 申请途径[1]

2.2.1.1 直接向美国申请专利

需要在中国专利局预先做保密审查，保密审查通过后即可直接向美国申请专利。如果该专利将来不需要在中国申请，可不通过保密审查直接提交美国申请。

2.2.1.2 通过《巴黎公约》向美国申请专利

优先权只有12个月。如果错过12个月优先权日期，在2个月内还可以通过提交恢复请求书及交额外费用再进入美国。如果该期限也错过了，可以在最早公开日起1年内申请美国专利，不过优先权将失效，但优先权案不会成为现有技术。

2.2.1.3 通过PCT向美国申请专利

优先权可以达到30个月。如果错过30个月优先权日期，在证明不是故意错过期限的条件下还可以通过提交恢复请求书及缴交额外费用再进入美国（恢复请求官费：大实体2000美元，小实体1000美元，微实体500美元[2]）。

通过PCT途径申请美国专利的主要有2种实现方式[3]。

（1）通过35 U.S.C. 371规定进入美国国家阶段（简称"371方式"）。

① "371方式"为常规的PCT申请国际阶段延伸至美国国家阶段。

② "371方式"与其他大部分国家的规定相同，进入美国国家阶段时需提交PCT国际公布文本的准确译文，但可按照PCT第28条、第41条进行修改，其修改不得超出原PCT国际申请公布的范围。

③ "371方式"提交申请时需要同时提交"所涉修改未增加新内容"的

---

[1] 美国专利申请及审查流程，http://www.huaqinip.com/blog/_143484_40437.html。
[2] 本书中所涉及的费用为2018年8月31日访问USPTO官网获得。更新、完整的官费信息请见http://www.uspto.gov/learning-and-resources/fees-and-payment/uspto-fee-schedule。
[3] MPEP 1895（2018）。

声明。

(2) 通过 35 U.S.C. 111（a）规定进入美国国家阶段（简称"111 方式"）。

① "111 方式" 为在美国提交 PCT 申请的续案、分案或部分续案，通常也称为旁路申请（Bypass Application）。

② "111 方式" 中申请人不必提交原 PCT 国际申请公布文本的准确译文，可对原申请文件进行修改或增加新内容，修改或增加的内容可超出原 PCT 国际申请公布的范围。

③ "111 方式" 在一定程度上，一方面可弥补原 PCT 国际申请撰写的不足，另一方面可将对于申请主题改进的部分写入申请文件，更高效地保护申请人的权利。

如果 PCT 申请公开时间超过 1 年，则优先权文件极有可能成为现有技术。❶

2.2.2　专利申请类型

2.2.2.1　按照申请主题

(1) 发明专利（Utility Patent）。

①发明是指任何新的并且实用的方法、机器、产品、组合物或任何针对方法、机器、产品及组合物的改进。

②任何做出发明的人都可以在 USPTO 申请获得发明专利。

③根据 35 U.S.C. 102 的规定，如果发明人不在 1 年的宽限期内将发明申请专利，将永远失去将该发明申请为专利的权利。

④发明专利有效期限为自申请日起 20 年，权利人在获得专利权后的第 3.5 年、第 7.5 年和第 11.5 年缴纳维持费，否则权利将会失效。

(2) 外观设计（Design Patent）。

①外观设计是指为任何物品或产品所做的新的、原创的、装饰性的设计。

②外观设计专利的保护期为自授权之日起 15 年，与其他两类专利起算方式不同。外观设计专利无需缴纳维持费。

---

❶ If the PCT application published more than one year prior to filing of the bypass continuation – in – part application, the Section 102（a）（1）bar to patentability is triggered.

（3）植物专利（Plant Patent）。

①植物专利保护任何被发明或被发现的无性繁殖的、新的、有区别特征的植物，包括培育、变异、杂交或新发现的幼苗，不包括块茎繁殖或野生状态的植物。

②如果有关植物的发明能够达到发明专利关于新颖性、非显而易见性、实用性和充分描述的要求，发明人可以申请发明专利。

③植物专利的保护期为自申请之日起20年，且无需缴纳维持费。

④植物专利仅限于保护无性繁殖的植物。对于通过种子繁殖的植物品种，通常向美国农业部的植物品种保护办公室（Plant Variety Protection Office，位于马里兰州贝尔茨维尔）寻求植物品种保护（Plant Variety Protection）。

2.2.2.2　按照申请流程

（1）临时申请（Provisional Application）。

①临时申请是USPTO为发明专利和植物专利的申请人提供的一种较为便捷的专利保护制度，但外观设计专利不能进行临时申请。

②正式申请对申请文件的要求比较高，准备起来相对耗时。如果申请人尚未准备好完善的申请资料，但却急于在USPTO获得有效的申请日期，则可以选择临时申请。

③相比于非临时申请（Non-provisional Application），临时申请所要求的申请文件较为简单，只要递交的文件满足临时申请形式上的要求，申请人就可以获得一个有效的申请日。之后只需要在临时申请的申请日起1年内递交相应的正式申请，就可以要求该临时申请的优先权。

④临时申请可以帮助申请人在递交正式申请前1年的时间确定发明的优先权日，且不会减少专利的实际保护期限。

⑤正式申请最终获得授权后，专利的有效期仍是以正式申请的申请日作为起点开始计算。

（2）非临时申请即为正式申请。

（3）分案申请（Divisional Application，DA）。

①如果同一份专利申请中的权利要求涉及两个或更多独立的、不同的发明内容，审查员可以要求申请人从中选择一个发明内容作为实质审查的对象。

②没有被选择的其他发明内容在这份申请中将不会被审查，申请人可以在在先申请被授权或被放弃之前，以分案申请的形式向USPTO提出新的申请，

并可以要求在先申请的优先权日。

③对于一份申请来说，审查员在审查过程中不能以其分案申请内容作为驳回的理由。

④即使审查员没有向申请人发出分案的要求，申请人也可以基于在先申请提出分案申请。

（4）继续申请（Continuation Application，CA）。

①CA 是指针对已经递交了非临时申请的同一发明递交的第二份申请。

②CA 能够要求在先申请的优先权，但不能在申请中加入任何在先申请中没有披露的内容。

③通常 CA 会延续使用在先申请中的说明书和附图，但是可以根据披露的发明内容提出不同的权利要求保护范围。

④通过这一方式，申请人可以寻求获得更大的权利要求保护范围，也可以帮助申请人针对产品中的新特征寻求专利保护。

⑤提出 CA 的时间必须是在在先申请提出之后，以及在先申请被授权/放弃之前。

⑥申请人可以针对原始申请提出 CA，也可以对原始申请的 CA 提出 CA。

⑦在基于同一份原始申请派生出的所有 CA 中只要有一份尚处于未决期间，申请人都可以继续向 USPTO 递交 CA。

（5）部分续案申请（Continuation – in – part Application，CIA）。

①CIA 与 CA 相类似，提出 CIA 的时间也必须在在先申请提出之后，以及在先申请被授权/放弃之前。

②与 CA 相区别的是，CIA 允许在专利申请中加入在先申请没有披露的新内容，但是新内容不能要求在先申请的优先权。

③包含新内容权利要求的可专利性评价需要以 CIA 的申请日作为可专利性的评判标准，而不能追溯在先申请的申请日。

2.2.3 申请状态

2.2.3.1 提交申请

①如果申请人希望在美国以外的其他国家获得专利保护，在递交专利申请时可以选择直接递交国际申请。

②根据申请人的实际情况，申请人可以选择递交临时申请或非临时申请，

以确保发明能够最大限度获得专利制度的保护。

③如果申请设计的发明已经在美国或其他国家/地区递交过相应的有效申请，申请人可以在递交专利申请时要求在先申请的优先权。

④只要专利申请处于未决期间，也即处于未放弃或未授权的状态，申请人就可以基于未决的专利申请提出后续申请的请求。

⑤提交申请时需要将申请费、检索费、审查费及申请文件同时交齐，否则将产生晚交费用。

⑥向 USPTO 递交申请可以采用两种方式：纸质递交及电子递交。

⑦申请提交后，USPTO 会发出官方回执，即刻就能看到申请号等主要信息。

⑧美国对权利要求有特殊要求，如权利要求总数超过 20 项、独立权利要求超过 3 项，或如有多项引用都将产生额外官费（例如，权利要权超过 20 多项每项收费：大实体 100 美元，小实体 50 美元，微实体 25 美元；独立权利要求超过 3 项每项收费：大实体 460 美元，小实体 230 美元，微实体 115 美元；多项引用收费：大实体 820 美元，小实体 410 美元，微实体 205 美元）。

⑨如果多项引用多项，将不被 USPTO 接受。

⑩如果说明书、PCT 检索报告或审查意见中有提到相关先知技术（Prior Arts），有必要做成信息披露（IDS）提交给 USPTO。

⑪如果有 IDS 不提交，将来涉及专利有效性时，若被认定为"故意欺瞒"行为，授权的专利也可能被无效。

2.2.3.2 申请文件

申请文件包括发明专利申请传送表（Utility Patent Application Transmittal Form）；申请信息表（Application Data Sheet）；说明书，其中包含了对发明内容的详细描述及至少一项权利要求；附图；发明人的誓言或声明；IDS 声明。

2.2.3.3 选择审查程序

（1）特别审查（Petition to Make Special）。

特别审查申请的条件包括：申请人年龄大于等于 65 岁，或申请人的身体情况比较糟糕，可能无法参加专利申请按照正常流程完成审查的过程。这种情

况需要医生提供相应的证明。❶

申请特别审查无需递交额外的费用。

特别审查的效果为,审查全程都将专利申请放置到审查的通道中。

(2) 优先审查(Prioritized Examination,又称 Track One)。

①优先审查是 USPTO 于 2011 年 9 月 26 日实施的程序,适用于发明或植物专利申请。

②如果专利申请获得了优先审查的资格,平均审查周期可以控制在 12 个月以内。

③优先审查的收费很高。一般实体的优先审查费为 4000 美元,小型实体的费用为 2000 美元,微型实体的费用为 1000 美元。

(3) 加速审查(Accelerated Examination,AE)。

①进入审查通道的申请自审查的请求通过后,一般在 12 个月内可以获得最终处理。

②审查过程中审查员向申请人发出的审查意见的答复期限一般是 1 个月。

③审查流程中的专利申请获得授权通知书后,申请人需要在授权通知书寄出之日起 1 个月内缴纳公告费。

④一般来说,申请审查需要缴纳一定的手续费(如一般实体 140 美元,小型实体为 70 美元,微型实体为 35 美元),但是以下几种类型的申请可以免除审查的费用:有助于保护环境的申请、与节能相关的申请、与反恐相关的申请。

(4) PPH。

①PPH 是适用于不同国家的知识产权局之间的审查通道。

②根据 PPH 的规定,一旦在一个国家的知识产权局获得了至少一项权利要求的授权,针对同样的专利申请中实质相同的权利要求,申请人就可以在另一个国家的知识产权局申请快速审查通道。

③全球专利高速公路(Global PPH)及 IP5❷ 专利高速公路(IP5 PPH),这两个项目包括了全球主要的国家知识产权局,即中国、日本、韩国、欧盟、澳大利亚、加拿大、德国等。

④如果希望通过 PPH 完成专利审查,申请人需要向 USPTO 递交相应的请

---

❶ MPEP 708.02 (2018).

❷ IP5 指中、美、欧、日、韩五局。

求,并递交另一国知识产权局针对相应专利申请的工作结果。

(5) 快速审查程序(外观设计专利申请)。

快速审查需要满足以下几个条件:申请人必须递交完整的申请文件并缴纳申请费;申请人需要自行完成预检索;申请人需要向 USPTO 提出快速审查申请并缴纳快速审查费用;申请人需要向 USPTO 提供预检索结果及必要的 IDS。

快速审查程序对于申请的递交方式没有限制。申请针对外观设计专利的快速审查程序需要交纳一定的费用(如普通实体的费用为 900 美元,小型实体的费用为 450 美元,微型实体的费用为 225 美元)。

(6) 综合一审会晤试行计划(发明专利申请)。

①综合一审会晤试行计划适用于所有技术领域的发明专利申请。

②在审查员完成针对申请的预检索之后,发出第一次审查意见之前,申请参与该计划的申请人能够与审查员进行一次面谈,从而帮助申请人在审查周期的初始阶段获得完善申请可专利性的机会。

③申请人可以通过电子递交系统向 USPTO 递交参与综合一审会晤试行计划的申请。

2.2.3.4　优先权❶

①临时申请不能以别的专利为优先权,但可以被别的专利视为优先权。

②35 U. S. C. 119 (a) 款规定:任何人或其法定代理人或受让人先在外国正式提出专利申请,其自向外国最早提出申请的申请日起 12 个月内,又在美国就同样的发明创造提出专利申请,该专利申请即可视为在外国第一次提出专利申请之日向美国提出申请并发生效力。其中,外国对于在美国提出的申请或对美国公民给予同样的权利,并且该外国为 WTO 成员。

③35 U. S. C. 120 规定:一项发明创造的专利申请,如果该发明已经在同一发明人前次在美国提出的申请中按照 35 U. S. C. 112a 所规定的方式做过披露,只要在后的那次申请是在第一次申请或同样有权享受第一次申请的申请日的优惠的申请被授予专利证书,或者被放弃或被中止程序之前提出,且只要在后的那次申请中明确提及或者以后补充中明确提及第一次提出的申请,在后申请具有第一次提出的申请的相同效力,如同在在先申请的申请日提出申请。

---

❶　中美优先权制度的差异,http://www.docin.com/p-1458240289.html。

2.2.3.5 专利的审查与答复

（1）形式审查。

当申请人完成申请文件（非临时申请）的递交后，申请将进入 USPTO 的审查阶段。在审查阶段中，审查员将对申请文件的格式进行审查，如果发现申请文件的形式有不符合要求的地方或申请文件不完整，将向申请人发出相应的通知书要求其补充递交文件或修改文档。

形式审查通过后，USPTO 会签发正式的官方受理通知书。

（2）公开。

审查通过后自申请日或优先权日起 18 个月自动公布或根据申请人要求在申请日起 18 个月内进行公开。

（3）实质审查。

①审查员还将对申请文件中的权利要求进行实质上的审查，判断申请人所要求的保护范围是否满足美国专利制度中的授权条件。

②在实质审查的阶段，申请人往往需要与审查员进行数次的交流，反复对申请文件（主要是针对权利要求）进行修改，寻求专利的最终授权。

③一般 12—18 个月出审查意见，如果被驳回，申请人应当在收到通知书之日起 3 个月内作出答复。

④申请人可以提出期限延长请求，最多可延期 3 个月。

⑤美国申请一般会收到 1~2 个非最终审查意见，如果不能克服非最终审查意见，那么收到最终驳回后，可以选择继续答复（被采纳概率低）或提交答复及继续审查请求（Request for Continued Examination，RCE）❶，或请求上诉。

⑥审查员发出的官方信函包括审查意见、通知、授权通知书。其中审查意见分为以下几种类型。

限制性要求：当审查员认为申请人所递交的权利要求中包含两个或更多在实质上不同的独立权利要求或者从属权利要求时，对申请人作出的限制性要求。

---

❶ RCE 的概念：在申请驳回、上诉或授权后，放弃该申请或授予证书之前，可以通过递交相应请求并缴纳相应的费用而使得审查程序得以继续的程序，这种请求即称为 RCE。专利实践中，一般在收到最终审查意见后还希望专利申请继续审查时，会递交 RCE。递交 RCE 后，仍由原审查员进行审查，重新进行检索和审查，即启动了新一轮的审查流程。该 RCE 无次数限定，可以无限次递交。

实质性驳回：如果审查员认为申请文件中的权利要求不符合专利授权实质性的要求，则会向申请人发出实质性驳回意见书。

形式性驳回：如果申请文件中的权利要求不符合形式上的要求，审查员会向申请人发出形式驳回意见书。

最终驳回：如果申请人针对非最终驳回递交的答复没有克服审查员指出的缺陷，审查员将发出最终驳回意见书。

2.2.3.6 专利登记手续

如果经审查没有发现驳回理由，则发出授权通知书。申请人应当在收到通知书之日起3个月以内办理专利登记手续，并缴纳登记费。这一期限是不能通过缴纳延期费的方式获得延长的，一旦期限错过，虽然已经获得了授权通知书，专利申请也不会被视为授权，而将被视为放弃。申请人需要通过基于非故意的理由的方式申请恢复专利申请的审查流程，并重新交纳授权公告费。

2.3 所有权

2.3.1 所有权❶

专利所有人作为申请人有权对其专利申请采取行动❷，有权排除他人制造、使用、提供销售、销售或进口专利保护的发明❸。

2.3.1.1 个人所有权（Individual Ownership）

专利所有人作为申请人有权对其专利申请采取行动，个人实体可拥有专利权的全部权利、所有权和权益。

两种情况构成个人所有权：发明人只有一个，且没有转让该专利权；拥有专利权的所有方（发明人和受让人）将专利权转让给一方。

2.3.1.2 共同所有权（Joint Ownership）

如果专利所有人不止一人，那么他们是共同所有人，以共有的方式拥有专

---

❶ MPEP 301（2018）.
❷ 35 U.S.C. 605.
❸ MPEP 605（2018）.

利权。每一个共同所有人可以在不需要征得其他所有人的同意或通知其他所有人的情况下去制造、使用、提供销售、销售或进口专利保护的发明，有约定的约定优先。❶

三种情况构成共有关系：专利权的多个部分受让人、没有转让专利权的多个发明人、部分受让人和没有转让专利权的发明人的组合。

2.3.2 转让登记制度❷

专利法设立了用于登记专利转让的制度，出于两种不同的目的，转让可以在USPTO以两种不同的方式进行登记。

2.3.2.1 专利转让

专利转让是指一方转让其专利、专利申请的全部或部分权利、所有权和权益。❸

转让、赠与或转移行为，在没有通知的情况下，不能对抗以后的购买或抵押，除非在购买或抵押之前或之日起3个月内在USPTO进行了登记。❹

2.3.2.2 登记方式

根据《美国联邦法规》第37编第3章（37 CFR 3）的规定，可以在USPTO的转让记录中登记转让。转让的登记用于向公共提供转让的法律通知；转让的登记仅是一种行政行为，USPTO不会确定转让文件的有效性或转让文件对专利所有权的影响；对于向受让人授予专利，转让必须依据37 CFR 3.11进行登记或备案。

可以在专利申请或其他专利程序（如复审程序）中进行转让登记。在37 CFR 1.46和37 CFR 3.81（a）和MPEP 325（对于2012年9月16日或之后提交的申请）或在pre-AIA 37 CFR 3.73和MPEP 324（对于2012年9月16日之前提交的申请）规定的条件下，需要采取这一步以允许受让人对专利申请或其他专利程序采取行动；在USPTO的转让记录中登记本身并不能允许受让人对专利申请或其他专利程序采取行动。

---

❶ 35 U.S.C. 262.
❷ MPEP 301 (2018).
❸ 37 CFR 3.1.
❹ 35 U.S.C. 261.

对于 2012 年 9 月 16 日或之后根据 35 U.S.C. 111（a）、363 或 385 提交的申请，转让可以包含在宣誓或声明中要求作出的陈述（转让—陈述）中。如果转让是在 USPTO 的转让记录中作出登记，那么该转让可以用作宣誓或宣言。

2.4 代理人

2.4.1 代理人的选择

2.4.1.1 联邦法律规定❶

申请人可以委托一个或者以上数量的专利从业人员或者共同发明人代理；

申请人可以自己处理相关事务或者可以出具委托书，委托一个或以上数量的专利从业人员或共同发明人代理处理相关事务；

申请人是法人实体（如组织受让人）时，必须由专利从业人员代理；

专利局不能帮助选择专利从业人员。

2.4.1.2 申请人不能自己处理的情况❷

在申请人自己申请的情形下，如果申请中有可专利性主题披露，并且申请人显然对准备和进行专利申请不熟悉，审查员可以向申请人建议聘请注册专利律师或代理人。

如果使用律师或代理人是理想的并且申请中存在可专利性的主题，则审查员将会在审查决定中并入下述内容：

①对该申请的审查表明申请人不熟悉专利申请程序。虽然申请人可以进行申请（除了法人实体必须由专利从业人员代理，37 CFR 1.31），但申请人缺乏在该领域中常用的、可以可靠地获得对发明最大保护限度的技能。专利的价值很大程度上取决于撰写及申请的熟练程度，因此建议申请人获得注册专利律师或代理人的服务来进行申请。USPTO 不能帮助选择律师或代理人。

②注册专利律师和代理人名单可通过"https：//oedci.uspto.gov/OEDCI/"获取。申请人也可以通过写信给 USPTO 局长（Mail Stop OED, Box 1450, Alexandria,

---

❶ 37 CFR 1.31.
❷ MPEP 401（2018）.

VA22313-1450）获得位于其所在地区的注册专利律师和代理人名单。

2.4.2 委托书

2.4.2.1 委托对象的类型

联邦法律规定了委托的对象❶：（a）一个或以上数量的共同发明人；（b）一个客户编号下的注册专利从业人员；（c）10 名或以下的专利从业人员，需要说明每个专利从业人员的姓名和注册编号。

除了（a）和（b）的情形，USPTO 不承认在专利申请中超过 10 名专利从业人员的记录。如果委托书委托了超过 10 名专利从业人员，则该委托书需要附上一份单独的文件，表明希望 USPTO 记录的 10 名具体的专利从业人员接受委托。

如果委托书中提供的专利从业人员的姓名与 USPTO 中登记的注册编号对应的姓名不一致，专利局将只认可注册编号对应的姓名，因为专利局制作从业人员记录时，登记的是注册编号而不是姓名。如果委托书中提供的注册编号有误，需要重新提交新的委托书改正错误。❷

2.4.2.2 委托书的要求❸

（1）形式要求❹。

①书面格式。

②按照上节规定的委托对象类型指定代理人。

③赋予代理人代表委托人行使的权利。

④由专利申请人或专利所有人签字。专利所有人如果不是申请人，必须按照规定约定委托。

2012 年 9 月 16 日或之后提交的申请，必须由专利申请人或者专利所有人署名（在补发申请、复审程序和补充审查程序中），不是申请人的受让人不可以在专利申请中撤销或者授权委托。

（2）总体要求。

①如果申请人是受让人或义务受让人（如法人实体）而不是发明人，则

---

❶ 37 CFR 1.32（c）.
❷ MPEP 402（2018）.
❸ MPEP 402（2018）.
❹ 37 CFR 1.32（a）.

USPTO 不接受发明人的委托书，受让人或者义务受让人才是可以授权委托的申请人，且不需要受让人证明其有可实施专利行为的权利就可以有效授权委托。

②申请人向 USPTO 提供委托书时还需要提供合法的请愿书，请愿书被批准后委托才有效。

③不是申请人的专利所有人在成为专利申请人时才能签署委托书。例如，专利所有人在最先申请中不是申请人，在之后审查或者复审程序时专利所有人依法成为申请人的情形。

（3）CA 中的委托。

①之前美国专利申请中的委托书，如果在 CA 中提交了委托书的复件，除非该委托书是发明人授予的，且 CA 中有非之前美国专利申请中的发明人，该委托书有效。

②即使没有委托授权的变化，在先申请中委托书的复件也需要提交。

③在 CA 或分案申请中，申请人必须确认在提交同族申请后发生的授权变更。USPTO 建议在 CA 中提交同族申请中最近授权委托的复件。

2.4.3 代理行为

2.4.3.1 文件署名❶

根据 37 CFR 11.18 的要求，所有专利、商标和其他非专利事务在向 USPTO 提交的文件，以及在惩罚程序（Disciplinary Proceeding）中向听证官提交的所有文件，除了申请人或者当事人要求签署的信函外，专利从业人员提交的每一份相关文件都需要提供该专利从业人员的个人署名。

根据规定，代理人需要在以下情形或文件中署名：委托书、授权进行申请的文件、通信地址的变化、终止声明、在未提出 CA 的情况下快速放弃的请求。

2012 年 9 月 16 日或之后的申请文件，如果未指定委托权且专利从业人员在申请提交文件中被指定，代理人可以签字授权进行申请或改变通信地址；2012 年 9 月 16 日前提交的文件，如果签署的承诺或声明还没有提交且专利从业人员在申请提交文件中被指定，代理人可以签字授权进行申请或改变通信地址。

---

❶ MPEP 402（2018）.

2.4.3.2 接收文件[1]

专利申请和复审程序中的文件由具备代理资格的注册律师或者代理人接收,目的是便于代表申请人在专利申请中进行回复,且当律师事务所或者专利公司工作人员的组成发生变化时,无需在个人申请或专利中提交委托书。

2.4.3.3 与审查员会谈[2]

USPTO 鼓励使用会谈以加速专利审查的进行。当审查员认为会谈可以推进申请,会联系申请中记录的专利从业人员,并且通过电话、面对面或者视频会议的方式进行会谈。

没有记录在申请中的专利律师或代理人如果依法具有代理资格,就限制权利要求或者同意审查员修改情形下不能被联系。有记录但没有注册的从业人员也不能在此种情形下被联系,即使明显由律师或者代理人授权。

无论注册从业人员是否拥有申请文件的副本,如果其是记录在册的申请人或合法委任的有代理人资格的专利律师或专利代理人,其可以进行会谈。[3]

注册从业人员取得代理人资格后,可以通过填写、签署及存档由申请人提出的申请人原始会谈请求表进行会谈,免除了会谈前提交授予代理人资格委托书的需要。[4] 如果与没有记录的专利律师或者代理人进行的会谈是关于未公布的申请,会谈将基于专利律师或者专利代理师提供的保密请求进行。

2.4.4 委托的撤销[5]

撤销委托自 USPTO 收到撤销之日起生效。在收到撤销委托后,USPTO 将发送相应的通知。如果申请处于抵触审查程序和派生程序时,任何委托书或者委托书的撤回需要直接提交专利审判和上诉委员会审议。

2.4.4.1 申请人撤销

针对 2012 年 9 月 16 日或之后提交的申请:(a)专利所有人或申请人可以

---

[1] MPEP 402 (2018).
[2] MPEP 408 (2018).
[3] MPEP 405 (2018).
[4] MPEP 405 (2018).
[5] MPEP 402 (2018).

在案件过程中的任何时候撤销；（b）对于附有客户编号的专利从业人员，新委托将被视为对于先前委托的撤回；（c）少于全部申请人（或者在补充审查或复审程序中少于全部专利所有人）的情形，仅在提供充分理由并支付请愿费的情况下才能撤销；（d）当与该客户编号相关的专利从业人员的委托被撤销时，与该客户编号相关的从业人员也将被通知；（e）转让后不会自行撤销先前的委托，但是受让人成为申请人后，可以撤销先前的委托和授予新的委托；（f）委托仅仅能由申请人和专利所有人撤销委托。不是申请人的受让人，仅在其成为申请人后才能撤回委托；（g）未签名的发明人或者法定代表人随后可以通过宣誓或者声明的方式加入申请。未签名发明人或者法定代表人提交的宣誓或者声明并不允许其撤回或者授权委托。

针对2012年9月16日之前提交的申请：与上述唯一区别在于，受让人不用先成为申请人就可以撤销委托。

2.4.4.2 律师或代理人撤销❶

注册专利律师或者专利代理人可以撤销记录在案的委托，但是必须事先提出申请并被局长批准。申请人或者专利所有人将被通知注册专利律师或者专利代理人的撤销。有客户编号的委托，如果申请人的委托申请中有审查意见的答复将到期，但是申请人没有足够的时间提交答复，那么删除与该客户编号相关的所有专利从业人员的要求将不被同意。

（1）法定撤销❷。

除非法院要求其继续代理，否则下列情形中从业人员不得代理客户，即使代理已经开始也应当撤回：

①该代理违反了USPTO的职业行为准则或者其他法律；

②从业人员生理或者精神状态严重损害了从业人员代表客户的能力；

③该从业人员被解雇。

（2）约定撤销❸。

①下列情形中从业人员可以撤销其与客户间的代理：（a）撤销不会对客户的利益产生实质性的不利影响；（b）客户坚持要求从业人员服务的行为，该从业人员相信其是犯罪或者欺诈行为；（c）客户利用从业人员的服务进行犯

---

❶ MPEP 402（2018）.
❷ 37 CFR 11.16（a）.
❸ MPEP 402（2018）.

罪或者欺诈;(d) 客户坚持采取从业人员反感或者完全不同意的行动;(e) 客户实质上未向专利从业人员履行与从业人员服务有关的义务,并且已经被给予合理的警告,专利从业人员将撤销该委托除非义务被履行;(f) 代理将给从业人员造成不合理的经济负担或者不合理的困难;(g) 其他撤销的正当理由。

②专利从业人员遵守相关法律,终止代理时需要通知或者法院的批准。当被法院指令继续代理时,即使有正当的理由也应当继续代理。

③终止代理行为时,专利从业人员应当采取措施在一定程度上合理可行地保护客户的利益,如合理通知客户、给予客户雇佣其他代理人的时间、归还客户有权享有的文件和财产、退还任何尚未赚取部分或尚未支出部分的预付款或费用。

④专利从业人员可以在其他法律允许的范围内保留与客户有关的文件。

⑤当专利从业人员在专利申请中以律师或代理人身份退出时,专利律师或代理人应当简要说明撤销委托的理由,专利局可以据此决定是否准许。

⑥约定撤销(c)和(f)的情况发生时,从业人员仍需维护客户信息的机密性(特定情况除外)。如果退出原因和客户机密有关,那么从业者应该根据"不可调和的分歧"来确定请求退出的原因,而不是泄露关于客户的机密。对"不可调和的分歧"的解释和相应证据应作为保密材料提交以确保客户的机密。

⑦每位律师必须在撤销申请上签字,或者撤销申请签字时必须清楚地标注代表自己和其他律师。

⑧撤销记录在案的其他律师或者非本人的撤销申请。

(3) 官方答复❶。

①记录在案的律师或代理人提交撤销申请后,撤销文件将转发至相应的官员以便对该申请作出决定。

②撤销是在被批准时生效,而不是 USPTO 收到撤销申请时。

③在答辩期限或者延长的期限届满前提出的撤销请求,即使该专利申请超过规定的答复期限,申请被放弃或发生其他程序终止等情形,USPTO 也会审核该项请求,并作出决定。

④USPTO 不会对在答辩期限届满后或上述延长期限届满后提出的撤销请求作出决定。这些请求会放在申请文件中,但不会进行处理。唯一的例外就是

---

❶ MPEP 402 (2018).

撤销委托书附有恢复请求的情形。

⑤专利授权后的撤销同样将被存入专利文件中，一般不会予以处理。

2.5 专利期限和扩展

2.5.1 专利期限❶

2.5.1.1 发明和植物专利

申请日在 1995 年 6 月 8 日之前，专利期限为自授权之日起 17 年或最早申请日起 20 年中的较长期限；申请日在 1995 年 6 月 8 日或之后，专利期限为自最早申请日起 20 年。

基于临时申请的发明和植物专利，申请日在 1995 年 6 月 8 日或之后，专利期限为自非临时申请的申请日起 20 年；要求国外优先权的发明和植物专利，申请日在 1995 年 6 月 8 日或之后，专利期限为自美国申请的申请日起 20 年；要求续案/部分续案/分案的发明和植物专利，申请日在 1995 年 6 月 8 日或之后，专利期限为自最早申请日起 20 年；要求 PCT 优先权的发明和植物专利，申请日在 1995 年 6 月 8 日之前，专利期限为自授权之日起 17 年或最早申请日起 20 年中的较长期限。申请日在 1995 年 6 月 8 日或之后，专利期限为自 PCT 申请日起 20 年。

2.5.1.2 设计专利

申请日在 1995 年 6 月 8 日之前的发明专利，专利期限为自授权之日起 17 年或最早申请日起 20 年中的较长期限；申请日在 1995 年 6 月 8 日或之后，专利期限为自最早申请日起 20 年。

2.5.2 专利期限延长或扩展❷

专利期限延长或扩展仅适用于申请日在 1995 年 6 月 8 日或之后的发明和植物专利，不适用于设计专利。

---

❶ MPEP 2701 (2018).
❷ MPEP 2710 (2018).

2.5.2.1 专利期限延长（Patent Term Extension，PTE）

PTE 可以使专利恢复在等待监管机构批准过程中消耗的时间；PTE 适用于申请日在 1995 年 6 月 8 日或之后且在 2000 年 5 月 29 日之前的发明和植物专利。

2.5.2.2 专利期限调整（Patent Term Adjustment，PTA）

PTA 旨在适应美国专利申请期间由于 USPTO 造成的延误；PTA 适用于申请日在 2000 年 5 月 29 日或之后的发明和植物专利。

2.5.2.3 限期放弃（Terminal Disclaimer，TD）

要求 TD 的专利，其专利权终止于较早案件的权利终止日。PTA 不能用来延长已经要求 TD 的专利。❶

2.6 专利申请的保密和公开❷

2.6.1 保密

USPTO 对专利申请进行保密，未经申请人或所有人授权，不得提供相同的信息，除非必须要执行国会法案的规定或在局长决定的特殊情况下。

2.6.2 公开

（1）一般情况。

①专利申请应按照局长确定的程序从最早申请日起 18 个月期满后进行公开。应申请人的要求，申请可以在早于 18 个月期满前进行公开。

②除非局长决定，否则不得向公众提供已公开申请的相关信息。

③尽管有其他法律规定，但局长决定是否发布已公开专利申请的相关信息应该是最终的和不可审查的。

（2）例外情况。

如果申请属于以下情况将不会被公开：不再处于申请状态；根据 35

---

❶ 35 U.S.C. 154（b）（2）（B）.

❷ 35 U.S.C. 122.

U. S. C. 181 的规定提交了保密令；属于临时申请；属于外观设计专利申请。

（3）其他情况。

①如果申请人在提交申请时证明申请中披露的发明没有也不会在另一国家或多边国际协议下申请专利，并请求在提交申请 18 个月后公开申请，则申请不应按照一般情况进行公开。申请人可以随时撤销上述请求。

②提出上述请求的申请人随后在外国或请求中规定的多边国际协议下针对在 USPTO 提交的申请中披露的发明提交申请，应在提交此类外国或国际申请之日起 45 天内将此类备案通知局长。申请人未能在规定期限内提供此类通知，将导致其申请被视为放弃。

③如果申请人撤销上述请求或通知局长在外国或请求中规定的多边国际协议下提交了申请，申请将按照一般情况中的规定或在上述请求中指明的日期后尽快公开。

④如果申请人已经直接或通过多边国际协定在一个或多个国家提交了申请，并且此类外国申请对应于在 USPTO 提交的申请或此类外国申请中对发明的描述不如在 USPTO 提交的申请广泛，申请人可以提交一份在 USPTO 提交的申请的编辑副本，副本中删除了在外国提交的申请中没有包含的发明的一部分或描述。局长只会公开该申请的编辑副本，除非在最早有效申请日后 16 个月内没有收到该申请的编辑副本。

2.6.3　抗议和授权前的反对意见

未经申请人明确书面同意，在申请公开后不得发起对授予专利的任何抗议或其他形式的授权前反对。

2.6.4　国家安全

如果公开或披露发明不利于国家安全，则不会公开此类发明的专利申请，并依据相关规定确保此类专利申请的保密性。

2.6.5　第三方授权前提交

一般情况下，任何第三方可以提交质疑专利申请和记录有与审查该专利申请相关的专利申请、任何专利、公开的专利申请或其他印刷出版物，该提交应在下述时间之前以书面形式作出：专利申请授权通知（Notice of Allowance）的日期；USPTO 根据 35 U. S. C. 122 第一次公开专利申请之日起 6 个月后或审查员在审查专利申请期间根据35 U.S.C.132第一次拒绝的日期中较晚的日期。

上述一般情况中提交文件应当满足：对每份提交文件主张的相关性作简要描述；附有局长所规定的费用；以及包含作出上述提交的人的声明，确认提交的内容符合规定。

第 3 章　美国专利审查程序*

伴随着企业"走出去"的步伐，海外知识产权的布局尤为重要。美国是中国出口的主要市场，为了避免知识产权侵权带来的各种沉重损失，申请专利、运用专利保护企业至关重要。为了方便企业更好地了解美国专利，本章将着重讲解有关美国专利申请的基本流程、操作和一些美国本地独特的相关制度，并且将细分章节来介绍发明专利、外观设计专利申请的基本过程及美国专利申请策略运用。

3.1　发明专利申请的基本过程

发明专利用来保护方法、工艺、产品、设备等，是最为常见的一种专利申请类型。任何人发明或发现任何新颖性而有用的方法、设备、产品、物质，或其任何新颖而实用的改进，均可以按照美国专利法所规定的条件和要求获得发明专利权。❶

图 3-1-1 大概展示了美国发明专利申请的基本过程。

3.1.1　申请递交阶段

随着社会科技的发展及对环境保护问题的关注，专利申请基本上已从过去古老的纸件递交方式变为电子递交方式。因此，下面主要针对电子递交方式的文本和费用进行简单介绍。

---

* 编撰：刘书芝，北京超凡志成知识产权代理事务所；审订：邹志威，美国 Bayes 百盟律师事务所；吴小瑛，隆天知识产权代理有限公司。

❶ 35 U.S.C. 101："Whoever invents or discovers any new and useful process, machine, manufacture, or composition of matter, or any newand useful improvement thereof, may obtain a patent therefor, subject to the conditions and requirements of this title."

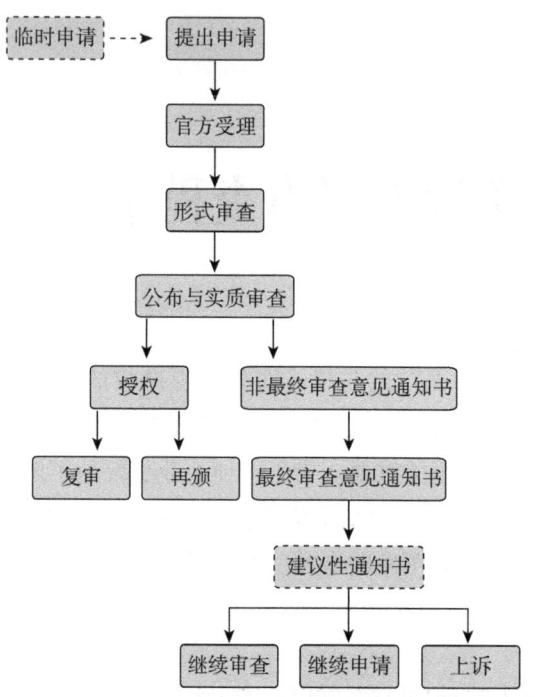

图 3-1-1　美国发明专利申请基本流程图

注：虚线框图为非必须程序。

递交美国发明专利申请时，申请文件以及相关费用需同时交齐，否则可能会导致专利审查初审环节出现不应该出现的问题或产生额外成本等。

3.1.1.1　申请递交阶段需准备的文件

针对不同途径递交的美国发明专利申请，其需要准备递交的文件略有不同。下面将分别进行说明。

1. 正常 PCT 途径

针对 PCT 途径正常进入美国国家阶段的发明专利申请，即基于美国 2017 年 3 月更新的 35 U.S.C.371 递交的美国发明专利，需递交的文件清单如下。

①申请表：在申请表中须填写发明名称、PCT 申请日、申请号、申请人或发明人的英文名称/姓名、地址及邮编、代理机构等信息。

②申请文件：PCT 国际公布文本的英文译文（需与 PCT 国际公布文本完全相同）；依据 PCT 第 19 条提出修改后的权利要求的英文译文（如果有的话）；国际初审报告及依据 PCT 第 34 条修改的申请文件的英文译文（如果有

的话）；依据35 U.S.C. 371递交的主动修改文件（如果有的话）；宣誓或声明或者代替声明：宣誓或声明通常由发明人自己签署，表明自己是本专利的发明人，并了解该申请所记载的内容以及37 CFR 1.56所规定的披露义务。❶ 代替声明是在以下情况下由他人签署：发明人已故或无行为能力或发明人失联。❷

③IDS（如果有的话）：根据37 CFR 1.97（Filing of information disclosure statement）和1.98（Content of information disclosure statement）中的规定，申请人在向美国递交新申请时至该申请结案之前，有持续的义务向USPTO提供所有与本申请的专利性相关的信息，至少包括检索报告、书面意见、对比文件、相关英译文等文件。

④由发明人签署的转让声明（若申请人非发明人）。

⑤由申请人签署的委托书。

2. PCT继续申请方式

针对PCT途径以"继续申请"方式进入美国国家阶段的发明专利申请，即基于35 U.S.C. 111递交的美国发明专利申请，需递交的文件清单如下。

①申请表：在申请表中须填写发明名称、PCT申请日、申请号、申请人或发明人的英文名称/姓名、地址及邮编、代理机构等信息。

②申请文件：英文申请文件（可与PCT国际公布文本完全相同、基本相同或部分相同）。实践中，通常是当进入美国的申请文件与PCT文本不完全一致时采用该方式。

③宣誓或声明或者代替声明：同上内容。

④IDS（如果有的话）。

⑤由发明人签署的转让声明（若申请人非发明人）。

⑥由申请人签署的委托书。

3. 《巴黎公约》途径

针对《巴黎公约》途径进入美国国家阶段的发明专利申请，即基于35 U.S.C. 119递交的美国发明专利，需递交的文件清单如下。

①申请表：在申请表中须填写发明名称、优先权日、优先权号、申请人或发明人的英文名称/姓名、地址及邮编、代理机构等信息。

②申请文件：英文申请文件。

---

❶ 37 CFR 1.63（a）～（c）。
❷ 37 CFR 1.64。

③DAS 码或优先权文件：在先申请的优先权证明文件。

④宣誓或声明或者代替声明：同上内容。

⑤IDS（如果有的话）。

⑥由发明人签署的转让声明（若申请人非发明人）。

⑦由申请人签署的委托书。

待申请文件递交至 USPTO 后，USPTO 将下发官方递交回执并进行形式审查。官方递交回执中会记录该申请的申请号以及相关信息。

3.1.1.2 申请递交阶段的官费

在美国发明专利申请递交阶段，其主要官费可参见表 3-1-1 与表 3-1-2。

表 3-1-1　正常 PCT 途径主要官费

（基于 35 U.S.C.371 递交的美国发明专利申请）　　　　　单位：美元

费用名称		大实体	小实体	微实体
申请费		300	150	75
实审费		760	380	190
检索费		660（无 ISR 时） 520（有 ISR 时）	260（有 ISR 时） 330（无 ISR 时）	130（有 ISR 时） 165（无 ISR 时）
权利要求超项费	总项数>20，每项	100	50	25
	独立权利要求项数>3，每项	460	230	115
	引用多项，每个引用	820	410	205
超页费>100 页，每 50 页		400	200	100

注：

（1）大实体：人数大于 500 人的公司；

（2）小实体：人数小于 500 人的公司、学校等非营利机构或组织、自然人（即个人发明人）；

（3）微实体：满足小实体的资质要求，同时满足以下条件：

A. 发明人、申请人（每人）年收入少于一定数额；

B. 发明人、申请人提交美国非临时专利申请不超过 4 个。

（4）ISR：PCT 国际阶段检索报告。

表 3-1-2　PCT 继续申请方式和《巴黎公约》途径主要官费
（基于 35 U. S. C. 111 和 119 递交的美国发明专利申请）　　　　　单位：美元

费用名称		大实体	小实体	微实体
申请费		300	75	75
实审费		760	380	190
检索费		660	330	165
权利要求超项费	总项数＞20，每项	100	50	25
	独立权利要求项数＞3，每项	460	230	115
	引用多项，每个引用	820	410	205
超页费＞100 页，每 50 页		400	200	100

注：上述费用为 USPTO 2018 年 1 月 16 日更新后的费用。

3.1.2　申请公开和审查阶段

3.1.2.1　发明专利申请的公开

根据 35 U. S. C. 112（b）的规定❶，美国发明专利申请一般自最早申请日起 18 个月自动公开；或可以根据申请人的请求，进行提前公开。对于通过 PCT 途径进入美国国家阶段的美国发明专利，可能早已过了 18 个月公开的期限，则在形式审查通过后，该申请将会被尽快公开。

根据 35 U. S. C. 112 的规定，在某些情况下，美国发明专利申请可以不进行公开。例如，该发明专利申请已撤回；该发明专利申请是正有保密命令的申请；该发明专利申请是临时专利申请；申请人申请时提出了不公开请求，且证明了该发明专利申请未在其他国家递交且未来也不会在其他国家递交等。

3.1.2.2　发明专利申请的审查

美国专利申请的审查制度是自动实审制，即申请文件递交并进行形式审查后，如无形式问题，则自动启动实审程序，并于申请递交日起 1 年左右下发第一次审查意见通知书。

---

❶ 35 U. S. C. 112（b）："each application fora patent shall be published, in accordance with procedures-determined by the Director, promptly after the expiration of aperiod of 18 months from the earliest filing date for which abenefit is sought under this title. At the request of the applicant, an application may be published earlier than the end of such18 - month period."

需注意的是，在美国，发明专利申请的审查程序与公开程序是并行的，无明确的先后之分。因此，在实际专利申请实践中，有的申请人专利申请比较顺利，还未公开即已授权，则该专利将直接进行公告，没有专利公开文本。

在美国专利申请的审查过程中，其审查意见通知书的形式与中国专利申请略有不同，其中答复期限的计算与中国有很大区别。美国申请的期限都是从官文的签发日起计算，且如果期限可以延期，则不需要在期限前提交延期请求，而是答复时缴足延期费即可。关于延期，对于审查意见这类注明了法定期限（Statutory Period）的，按照35 U.S.C.133的规定，其答复期限可逐月延期，但至多延长至签发日起6个月。例如，审查意见的签发日是2018年3月15日，其答复期是3个月内，答复期限为2018年6月15日，该期限可逐月延长，最多可延期至2018年9月15日。对于非法定期限（Nonstatutory Period）内答复的通知书，其延期符合37 CFR 1.136，可最多无理由地延长5个月❶，随后的延期则需充足理由❷。

下面我们就审查意见通知书的种类及其中大致会涉及的审查意见类型作一个简单介绍。

1. 补正通知书（Notice to File Corrected Application Papers）

与中国专利申请类似，在专利申请受理后，官方会对申请文件进行形式审查，如有形式问题，审查员会下发相应的补正通知书，让申请人进行改正。

一般而言，美国专利申请形式审查过程中可能会指出申请文件的形式问题，如页码标注不符合美国专利法的规定，附图不清楚等问题。申请人相应地进行修改和答复即可。

通常，美国补正通知书的答复期限是从官文下发日起2个月内，其延期符合37 CFR 1.136，可最多无理由延期至签发日起5个月❸，随后的延期则需充足理由❹。

2. 限制要求通知书（Restriction Requirement，RR）

RR通常是美国发明专利申请过程中可能最先遇到的审查意见。

根据37 CFR 1.142中的规定，如果在一个专利申请中要求保护2个或2个以上独立的发明，则在审查意见中审查员将要求申请人在审查意见的答复中

---

❶ 37 CFR 1.136 (a).
❷ 37 CFR 1.136 (b).
❸ 37 CFR 1.136 (a).
❹ 37 CFR 1.136 (b).

选择一组权利要求，以保护所选权利要求所对应的发明。

可见，RR 是审查员认为目前的申请中包含多组发明时签发的审查意见，类似中国的不具有单一性的通知书，但该"限制要求"与中国的单一性的判定标准不太相同。根据美国专利实践，该 RR 主要作用是为了减轻美国审查员的工作负担。在实际审查过程中，只要美国审查员认为申请文件的在审权利要求中存在不一样的主题，需要美国审查员在不同领域进行检索，增加其检索负担，美国审查员就会下发 RR。因此，这种通知书是否下发很大程度上取决于审查员的主观判断。目前，审查员大多先给代理人打电话指出在审申请中存在限制要求，并给予几天的答复时间，否则就签发 RR，但审查员的该电话通知没有必须答复的义务。

通常，美国 RR 的答复期限是官文下发日起 2 个月内，至多可延期至签发日起 6 个月。

3. 非最终审查意见通知书（Non-final Office Action，NOA）

在美国发明专利审查的过程中，美国审查员开始实质审查后，如经检索和审查认为在审申请目前还不满足授权条件，则会下发 NOA，全面指出申请文件中所存在的各种缺陷和问题，如保护范围不清楚、不满足新颖性和创造性等。

NOA 与中国专利申请审查期间所下发的第一次至第 N 次审查意见通知书差不多，在此就不做详细介绍了。

通常，美国 NOA 的答复期限是官文下发日起 3 个月内，至多可延期至签发日起 6 个月内。例如，如一 NOA 的官文下发日是 2018 年 3 月 15 日，其答复期限日则为 2018 年 6 月 15 日，至多可延期至 2018 年 9 月 15 日。

4. 最终审查意见通知书（Final Office Action，FOA）

美国发明专利审查的过程中，一般在答复一次 NOA 后，若审查员认为申请人的答复没有全部克服审查意见中指出的实质性缺陷，本申请不满足专利授权条件，则会下发 FOA。该 FOA 与中国专利申请的驳回通知书类似，但由于两国专利法的差异，处理方式有极大的不同。

申请人收到 FOA 后，多种处理方式如下。

①不处理，即放弃申请。

②答复。答复 FOA 的方式有：

a. 直接答复。此时通常不修改权利要求或者只做简单修改，并陈述本申请可授权理由，如果审查员接受答辩理由或修改文本，可直接签发授权通知书；如果审查员不接受答辩理由或修改文本，可能会签发建议通知书（Advisory Action，AA），无论是否收到AA，申请人都可在FOA签发日起6个月内采用下述的③或④的途径。

b. AFCP程序。申请人提出AFCP 2.0（After Final Consideration Pilot 2.0，即最终驳回后再考虑试行计划2.0）申请，并在FOA签发日起2个月内提交答复，此时申请人必须修改独立权利要求，缩小其保护范围，并承诺同意审查员提出的电话或面谈的要求。提出AFCP 2.0之后，如果审查员认为可以在3个小时内完成额外的检索和审查工作，就会同意启动AFCP，审查员可以直接授权全部权利要求或者要求电话或面谈。如果审查员认为在3个小时内不能完成额外的检索和审查工作，此时AFCP 2.0答复就视同上述a途径的答复来处理。

③RCE。如果申请人需实质修改权利要求或提交新的证据，则建议提RCE，之后审查员开启全新的审查工作。如果提RCE时没有对权利要求书进行修改，则审查员在RCE之后的第一次OA就可以是FOA。

④上诉。具体的处理方案将在后面的章节中作详细介绍。

通常，美国FOA的答复期限是官文下发日起3个月内，最多可延期3个月。例如，某FOA的官文下发日是2018年3月15日，其答复期限日为2018年6月15日，可最多延期至2018年9月15日。

5. AA

AA一般是在针对FOA的答复之后所下发的通知书。

AA的内容可能有以下两种情况：

①针对FOA所递交的答复文件，美国审查员认为还需要进一步检索和审查才能够判断答复后的申请文件是否符合授权标准，审查员会在AA中告知申请人递交RCE并缴纳相应官费，以便该申请能够继续进行审查，进入后续的审查流程。

②针对FOA所递交的答复文件，美国审查员认为申请文件已基本上符合授权标准，但还存在一些小的形式或其他问题，则会在AA中提供修改建议，并让申请人确认是否同意其修改建议。

美国AA的答复期限同本次FOA的期限，如已过期，答复AA时则需缴纳相应的延期费用。

例如，某FOA的官文下发日是2018年3月15日，其答复期限日应为2018年6月15日，申请人于2018年5月20日提交了FOA的答复，如审查员在2018年6月15日之前下发了AA，则该AA的答复期限是2018年6月15

日。若审查员在 2018 年 6 月 16 日之后，如 2018 年 6 月 20 日才下发 AA，则该 AA 的答复期限（即 2018 年 6 月 15 日）已过期，申请人如进行答复，则需利用延长期限来答复，此种情况延期计算日以 FOA 期限为基础，即可在 2018 年 7 月 15 日之前提交答复并同时缴纳一个月的延期费。如果申请人于 FOA 签发日起 2 个月内提交了 FOA 的答复，则适用 2 个月规则（Two Month Rule），此时 AA 的签发日与 FOA 的签发日较晚者为 AA 答复的起算日。例如，AA 的签发日仍为 2018 年 6 月 20 日，申请人可在 2018 年 7 月 20 日之前提交答复，答复时仍需缴纳 1 个月延期费。即便是 2 个月规则，答复期限最长都不能超过 FOA 签发日起的 6 个月。

6. 形式缺陷通知书（Ex Parte Quayle Action）

如果审查员认为虽然在审申请还存在一些形式问题，但其所有权利要求大体上均符合授权标准，即满足专利法要求的新颖性、创造性和工业实用性，则审查员会下发形式缺陷通知书。可见，整体来说，该通知书一般象征着该申请有明朗的授权前景，因此是十分有利的。

通常，美国形式缺陷通知书的答复期限是官文下发日起 2 个月内。例如，一形式缺陷通知书的官文下发日是 2018 年 3 月 15 日，则其正常答复期限日则为 2018 年 5 月 15 日。

以上即美国发明专利审查过程中可能出现的审查意见通知书的类型及答复期限。

3.1.2.3　发明专利申请审查期间的官费

根据前述内容可知，在美国专利申请的一般审查过程中，可能会产生延期费用以及 RCE 的费用。相应费用可参见表 3-1-3。

表 3-1-3　美国发明专利申请审查期间的主要官费　　　　　　单位：美元

费用名称	大实体	小实体	微实体
答复延期费，1 个月	200	100	50
答复延期费，2 个月	600	300	150
答复延期费，3 个月	1 400	700	350
答复延期费，4 个月	2 200	1 100	550

续表

费用名称	大实体	小实体	微实体
RCE，第一次	1 300	650	325
RCE，第 N 次（非首次）	1 900	950	475

3.1.3 申请授权阶段

当美国审查员作出授权决定后，即审查员认为目前的申请文件已符合专利授权标准，会下发相应的授权通知书。申请人收到授权通知书后，需在规定的时间（即授权通知书下发日起 3 个月）内进行办登缴费，以便最终获得专利证书。

美国发明专利授权后，仅需缴纳 3 次年费，自专利公告日起计算年费缴纳日期，即于公告日起第 3.5 年缴纳第一次年费，第 7.5 年缴纳第二次年费，第 11.5 年缴纳第三次年费。具体费用参见表 3-1-4。

表 3-1-4 授权阶段的官费 单位：美元

费用名称		大实体	小实体	微实体
办登费		1 000	500	250
年费	第 3.5 年	1 600	800	400
	第 7.5 年	3 600	1 800	900
	第 11.5 年	7 400	3 700	1 850

3.2 外观设计专利申请的基本过程

图 3-2-1 显示的是外观设计专利申请的基本过程，读者可以通过该图有一个大概的了解。

整体来说，美国外观设计专利申请的基本流程和时间跨度可以概括如下。

第一阶段（新申请提交阶段）：递交新申请以及缴纳相关费用得到官方回执；

第二阶段（初审阶段）：经过 1—3 个月的时间，通过美国官方的形式审查后，可收到 USPTO 下发的正式的官方受理通知书；

第三阶段（审查阶段）：自动进入实审程序，经审查合格后（此期间一般会有 1~2 次审查意见，一般 1 年左右下发第一次审查意见通知书）；

第四阶段（授权阶段）：收到授权通知书，按规定进行办登缴费，最终在美国申请日起 1—2 年完成美国外观设计专利的整个流程。

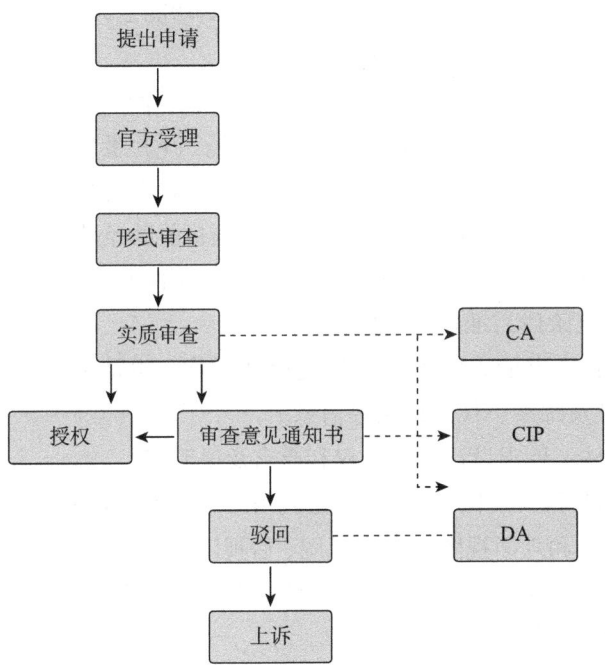

图 3-2-1 美国外观设计简单流程图

3.2.1 申请递交阶段

美国外观专利是美国专利的重要类型之一，也是我国申请人最为关注的海外专利申请类型之一。

美国法典规定了获得外观设计专利权的条件："任何人对一种工业产品做出一项新的、原创的、装饰性的设计，只要符合本法规定的条件和要求，即可获得专利权。"❶

---

❶ 35 U.S.C. 171（a）："（a）IN GENERAL.—Whoever invents any new, original, and ornamental design for an article of manufacture may obtain a patent therefor, subject to the conditions and requirements of this title."

一方面，美国的外观设计强调其与使用该设计的工业品的不可分性，一项设计应当被应用于具体的物品上，它必须是明确的、能预想的，能够进行复制生产，并且不仅仅是一种方法的偶然结果或者其功能上设计的组合。脱离了产品的设计，比如单独的装饰图案是不能获得专利的。

另一方面，美国外观专利保护的客体必须是出于装饰性目的的发明创造。如果一件工业产品的外观设计主要体现在产品的功能上，则认为由于它缺乏装饰性，不能提交外观设计专利申请。

一般情况下，中国专利申请人去美国申请外观设计专利有3种方式：（a）直接申请，即直接在美国递交外观设计专利申请；（b）要求优先权通过《巴黎公约》途径递交美国专利申请，需在优先权日起6个月内递交；（c）通过海牙体系指定美国的方式递交外观设计申请（美国目前已经是海牙体系成员国）。

递交美国外观设计专利申请时的相关流程和文件如下。

1. 申请递交阶段需准备的文件

①申请表：在申请表中须填写外观设计名称、申请人或设计人的英文名称/姓名、地址及邮编、代理机构等信息。

②申请文件：外观设计图片、权利要求及说明书。

美国外观设计的图片，通常要求是线条图。其中，外观设计图片应包括立体图（展开图）和六面视图（即主视图、后视图、左视图、右视图、俯视图和仰视图），六面视图的尺寸比例必须一致。必要时可以提交参考视图。同一申请中，图片数量没有限制。

此外，应该为图纸提供适当的表面阴影，以清楚地显示三维设计的所有的表面特征和轮廓。若提交的图纸中缺乏适当的表面阴影，则可能导致设计的形状和轮廓不满足35 U.S.C. 112的要求。若设计的形状从提交的内容中不明显（即未添加阴影），在提交之后添加表面阴影可能被视为新事物（即修改超范围）。

权利要求声明所要求的保护范围，说明书给出各图的描述以及相互之间的关系。具体可参考下面的实例。

DESCRIPTION（说明书）：

我，约翰·多伊，发明了一种新的首饰柜的外观设计，如下面的说明书中所述。该首饰柜用于存储珠宝，并且该首饰柜可以放置在桌子上。

图1是表示我的新设计的首饰柜的主视图；

图2是首饰柜的后视图；

图3是首饰柜的左视图；

图 4 是首饰柜的右视图；

图 5 是首饰柜的俯视图。

图 6 是首饰柜的仰视图。

我要求保护：图中所示的首饰柜的装饰设计。

③优先权文件（原件）：在先申请的外观设计图片或照片以及简要说明（针对中国优先权文件）。

④宣誓或声明或者代替声明：同发明专利的要求。

⑤IDS 文件（如果有的话）。

⑥由设计人签署的转让声明（若申请人非设计人）。

⑦由申请人签署的委托书。

相应文件准备好并递交 USPTO 后，其将下发官方递交回执并进行形式审查。官方递交回执中会记录该申请的申请号以及相关信息。

2. 申请递交阶段的官费

在美国外观设计专利申请递交阶段，其主要官费可参见表 3-2-1。

表 3-2-1 美国外观设计专利申请阶段主要官费　　　　单位：美元

费用名称	大实体	小实体	微实体
申请费	200	100	50
实审费	600	300	150
检索费	160	80	40

3.2.2　申请审查阶段

3.2.2.1　外观设计专利申请的审查

美国外观设计专利审查制度与中国不同，其是自动实审制，即申请文件递交并进行形式审查后，如无形式问题，则自动启动实审程序，并于申请递交日起 1 年左右下发第一次审查意见通知书。

在保护客体上，中美外观设计保护有一个重要区别，那就是 2021 年 6 月之前，中国只保护针对不可分割的完整产品的外观设计，修改后的中国专利法实施后，中国不仅保护外观设计整体，也保护局部外观设计。而美国可以保护完整产品的局部的外观设计，即部分外观设计。在保护部分外观设计时，可在视图中将该部分外观设计用实线表示,其余部分用虚线表示,并在权利要求中写明"虚线部分不属于保护范围"。

下面简单介绍美国外观设计专利审查期间可能出现的审查意见通知书的种类。

1. RR

与中国外观设计专利不同,美国没有系列外观制度。因此一般在一个外观设计专利申请中仅能有一项设计。该项设计是指外观设计思想一致的设计。例如,一个杯子的把柄和一个水壶的把柄,如果两个把柄的外观设计思想一致,则可以在一件申请中得到保护。

但如果在一件外观设计专利申请中存在外观设计思想不一致的 2 项或多项不同的设计,则审查员将发出 RR。申请人若希望保护所有的外观设计,则需要提交针对所有限制性主题的分案申请,以避免向公众放弃限制性主题而得不到保护的风险。

通常,美国 FOA 的答复期限是从官文下发日起算 2 个月,至多可延期 4 个月。

2. NOA

在美国外观设计专利审查的过程中,美国审查员开始实质审查后,如经审查认为在审外观设计申请目前还不满足授权条件,则会下发 NOA,全面指出申请文件中所存在的各种缺陷和问题。对于外观设计专利申请来说,最常出现的问题是图中结构不对应,这类问题需要经验丰富的代理人在申请前进行全面细致的做图工作来避免。

通常,美国 NOA 的答复期限是官文下发日起 3 个月内,最多可延期 3 个月。

3. FOA

在美国外观设计专利审查的过程中,如经答复后,审查员认为目前的申请文件还存在缺陷,不满足专利授权条件,则会下发 FOA,该 FOA 与中国专利申请的驳回通知书类似。一般申请人收到 FOA 后,有多种处理方式,部分类似于美国发明专利。

不过值得注意的一点是,美国外观设计的审查中,没有 RCE 的程序。申请人在收到 FOA 后,可提交 CPA(Continued Prosecution Application,继续起诉程序)或 CA,以另一申请(申请日不变)的方式来争取相应外观设计的专利权。CPA 虽也是另一件申请,但其与母案的申请号相同,且使用同一个案卷。

通常,美国 FOA 的答复期限是官文下发日起 3 个月内,最多可延期 3 个月。与发明专利申请的相同,在此就不再另外举例说明了。

4. 形式缺陷通知书

通常与发明专利类似,如果审查员认为虽然在审外观设计申请还存在一些形式问题,但其所有权利要求大体上均符合授权标准,即满足专利法所规定的授权标准,则审查员会下发此形式缺陷通知书。

美国形式缺陷通知书的答复期限是官文下发日起2个月内,与发明专利申请相同,在此不再举例说明。

以上即美国外观设计专利审查过程中可能出现的审查意见通知书的类型。

3.2.2.2 外观设计专利申请审查期间的官费

根据前述内容可知,在美国专利申请的一般审查过程中,可能会产生延期费用及RCE的费用。相应费用可参见表3-2-2。

表3-2-2 美国外观设计专利审查阶段主要官费　　　　单位:美元

费用名称	大实体	小实体	微实体
答复延期费,1个月	200	100	50
答复延期费,2个月	600	300	150
答复延期费,3个月	1 400	700	350
答复延期费,4个月	2 200	1 100	550

3.2.3 申请授权阶段

当美国审查员认为目前的申请文件已符合专利授权标准,即作出授权决定,下发相应的授权通知书。

申请人收到授权通知书后,需在规定的期限(即官文下发日起3个月)内进行办登缴费,以便最终获得专利证书。美国审查员有时可能会在授权通知书中指出附图的形式缺陷,如线条不清楚等,届时申请人需在办登缴费的期限内提交符合要求的附图。

美国外观专利有效期为15年,自授权公告日起计算。

授权阶段的官费详情参见表3-2-3。

表 3-2-3　美国外观设计专利授权阶段主要官费　　　　单位：美元

费用名称	大实体	小实体	微实体
办登费	700	350	175

需注意的是，美国外观设计专利年费制度与中国外观设计专利不同。中国外观设计在专利授权后应按规定缴纳年费，而美国外观设计专利授权后，直至其保护期限结束，均无需再缴纳任何年费；中国外观设计专利不经过实审，而美国外观设计专利采用实审制，经过实审，其稳定性好。综上所述，如果能获得美国外观设计的专利权，几乎不会再有任何后期成本产生了，对申请人还是比较划算和有吸引力的。

3.3　美国专利申请策略运用

除了前述内容中介绍的发明和外观设计专利一般流程性事务之外，美国专利制度中还有一些具有本地特色的政策，如临时专利申请、CA、优先审查、优先权恢复政策等。熟悉美国专利制度中比较独特的地方，在专利实践中灵活运用，对申请人申请美国专利时制定相应的申请策略有极大的好处。

因此，我们在本节中分享了一些独特的美国制度。

3.3.1　美国实体介绍

美国专利申请人资质有 3 种类型，即大实体、小实体和微实体。

1. 美国专利大实体

根据美国专利实践，专利权人企业人员规模如果大于 500 人，则只能以"大实体"资格申请专利，费用不可享受减免优惠。

2. 美国专利小实体

根据美国专利实践，专利权人企业所有雇员人员规模如果少于 500 人，或是非营利性机构如学校、科研机构等，或是个人，且没有转让或许可给专利大实体，则均可以"小实体"资格申请专利，费用减免一半，即小实体申请专利的官费是大实体的 50%。

3. 美国专利微实体

美国自 2013 年 3 月 19 日起引入微实体资格，具有微实体资格者，享有官费 25% 的减免，即微实体申请专利的官费是大实体的 25%，小实体的 50%。

申请人要满足微实体资格，除了满足小实体的资格要求之外，还至少需满足以下条件：

①发明人、申请人提交美国非临时专利申请不超过4个。

②发明人、申请人（每人）年收入未达到前一年美国平均家庭收入的3倍。

③其专利未曾转让于或移转至总收入达到前一年美国平均家庭收入的3倍的实体资格者。

3.3.2 临时专利申请

临时专利申请是美国独特的专利制度，涉及37 U.S.C.111与119。临时专利申请是一种较低成本的申请方式。USPTO从1995年6月9日开始实施临时专利申请制度，允许递交一份无需遵循非临时专利申请的形式要求的专利申请，并保留12个月，以使美国申请人与外国申请人享有乌拉圭回合谈判的同等权利。

临时专利申请是为了方便发明人及时就其发明提出专利申请而建立的制度。当某个公司目前有一个发明项目，但仍在概念阶段，技术尚不成熟；或已有科研成果，但尚不明确未来的市场前景等，该公司一方面不希望技术公开后被别人抢先做出成果抢占先机或被别人仿冒而无法维权，另一方面又不希望在不确定市场前景的情况下投入大量成本申请专利，造成资金的浪费。这时可以先申请一个临时专利，成本低且不公开，而且有12个月的时间进行市场调研或技术研究，从而能更准确地把控是否需要进行资本投入。

因而，临时专利申请实质是用于建立"美国优先权日"，但是不可直接获得授权的非正式申请，即临时专利申请仅是在后申请的一个优先权基础。申请人可在自临时申请的申请日起12个月内递交正式申请时要求该临时申请的优先权，或者在自临时申请的申请日起12个月内将该临时申请变更为正式申请。

1. 临时申请的申请文件清单

①申请表：在申请表中须填写发明名称、发明人的英文名称/姓名。

②申请文件（可以只有说明书和附图）：语种不仅限于英语。

2. 临时专利申请的官费

美国临时专利申请成本非常低，只需缴纳申请费用，详见表3-3-1。

表 3-3-1　美国临时专利申请的官费　　　　　　　　　单位：美元

费用名称	大实体	小实体	微实体
申请费	280	140	70

3. 临时专利申请的特点

①申请文件可以不完整，也无需严格遵守美国非临时专利申请的格式要求，即可以没有权利要求书，而只需提供说明书、必要附图及发明人姓名即可建立临时申请的申请日。

②申请文件语种不局限于英文，如直接递交中文文件也是可以接受的。

③仅适用于发明专利。

④不能进行审查和授予专利权，且必须在 1 年内转为非临时专利申请，否则将依规定视为放弃。

⑤不能享有其他专利申请的优先权。

⑥具有保密性，即只要不转为非临时专利申请，就不会被公开。

⑦没有递交 IDS 的义务。

4. 临时专利申请转为非临时专利申请的方式

在 12 个月内递交相应非临时专利申请，并要求该临时专利申请为优先权；或在 12 个月内递交可授权请求（Grantable Petition），要求将该临时专利申请转换为非临时专利申请进行审查。

本质上说，临时专利申请与中国的优先权政策类似，但更为灵活。临时专利申请不需要提供完整的申请文件，仅需说明完整的技术方案，并明确所申请专利的保护范围即能够及早地获得优先权日。美国实施在先申请制度后，临时专利申请是抢占最早申请日的优先策略。

3.3.3　恢复政策

在实际专利申请实践中，有时会出现错过在先申请的可要求优先权的期限或错过答复官方审查意见期限的情况。例如，申请人早期未计划进入美国申请专利，但随着市场发展规模扩大，需要保护美国市场时才发现与产品相关的中国专利已过了优先权期限。这样申请人处于非常尴尬的境地，想申请美国专利保护产品，可是错过了在先申请的可要求优先权的 12 个月期限。或者，在专利审查过程中，由于各种原因，申请人未能及时答复官方审查意见错过了最终延期时限，导致 USPTO 下发了放弃通知书（Notice of Abandonment），但是针对上述情况申请人还是希望该专利申请能够继续审查,从而获取相应的专利权。

对此,美国有相应的恢复政策可以利用。

1. 针对优先权过期的情况

(1)《巴黎公约》途径。

根据37 CFR 1.55中的规定❶,错过优先权期限(发明专利12个月,外观设计6个月)但过期不超过2个月的专利申请(发明专利14个月,外观设计8个月),如果不是故意过期,可以恢复。对于符合上述条件的专利申请,申请人可以通过递交恢复请求书及缴纳相应的费用来恢复优先权。

(2) PCT途径。

根据37 CFR 1.55规定,已过30个月进入国家阶段期限的PCT国际专利申请,如果不是故意过期,可以进行恢复,即通过递交恢复请求书及缴纳相应的费用来进行恢复。

需注意的是,在相关法律规定中,并没有规定PCT进入国家期限过期多久能够请求恢复程序的具体期限。因此,理论上来说,无论PCT进入国家阶段的期限过期多久,都有机会进行恢复。在专利实践中,也确实有过期1年多仍进行恢复而成功的案例。申请人如不能在规定期限内启动进入美国国家阶段的程序,建议尽早恢复,这样成功率会更大。

2. 针对收到放弃通知书的情况

在专利审查过程中,因种种原因而收到USPTO下发的放弃通知书,但申请人却还是希望争取专利保护。这种情况下,美国也有相应的恢复程序(即37 CFR 1.137)。一般来说,因审查意见未答复而收到放弃通知书的,按以下方式进行恢复:向审查员声明虽然未能答复审查意见,但申请人并非有意的,同时递交以下文件并缴纳相应的恢复费用:(a)对审查意见的答复;(b)非故意声明。表示从应答复审查意见之日起至请求恢复权利之日止之间的延误并非有意的。这种情况,官方可能会要求出示进一步的证据;(c)放弃声明

---

❶ 37 CFR 1.55(c):"(c) Delayed filing of subsequent application. If the subsequent application has a filing date which is after the expiration of the period set forth in paragraph (b)(1) of this section, but within two months from the expiration of the period set forth in paragraph (b)(1) of this section, the right of priority in the subsequent application may be restored under PCT Rule 26 bis.3 for an international application, or upon petition pursuant to this paragraph, if the delay in filing the subsequent application within the period set forth in paragraph (b)(1) of this section was unintentional."

(Terminal Disclaimer)。放弃有效期超过规定的专利有效期（15 年或 20 年）的权利，并缴纳费用，放弃声明仅适用于外观设计专利和 1995 年 6 月 8 日之前提交的发明专利和植物专利）。

此外，美国专利申请中因未及时答复审查意见而收到放弃通知书的情况，对提出恢复权利请求并没有时间限制。虽然如此，还是提醒申请人，请求权利恢复依然需要尽可能早地提出，越早被批准，恢复的可能性越大。

3. 恢复程序的官费

从上述内容中可知，恢复程序需缴纳相应的恢复费用详情可参考表 3-3-2。

表 3-3-2　美国恢复程序需缴纳的恢复费用　　　　单位：美元

费用名称	大实体	小实体	微实体
优先权恢复费	2 000	1 000	500
放弃申请恢复费	2 000	1 000	500

3.3.4　宽限期政策

如上述内容中所介绍的，美国针对一些情况有相应的恢复政策，但部分恢复政策有一定的时间限制。通过《巴黎公约》途径进入美国，如果从最早优先权日起算，已超过 14 个月（即过期超过 2 个月），那么此时可以考虑利用美国的宽限期制度。

世界绝大多数国家的专利制度对新颖性都有要求，即新颖性是获得专利授权的必要条件之一。但是，也有很多国家对不丧失新颖性的例外情况作出了规定。作为不丧失新颖性的例外，起源于《巴黎公约》中临时保护原则的宽限期制度，这是给予专利申请人的一种优惠措施。例如，中国专利法中对宽限期的要求相对比较高，需满足以下 3 种情况之一，才符合不丧失新颖性的情况：(a) 在中国政府主办或者承认的国际展览会上首次展出的；(b) 在规定的学术会议或者技术会议上首次发表的；(c) 他人未经申请人同意而泄露其内容的。

但美国就相对宽松很多，35 U.S.C. 102 规定了不丧失新颖性的例外情况❶。

这种情况，为申请日 1 年内发明人或源自发明人的公开。

（1）35 U.S.C. 102（a）规定了现有技术，其包括如下两点。

35 U.S.C. 102（a）（1）：对于一件美国专利申请，在其有效申请日之前，若其发明内容被专利或印刷出版物披露、被公开使用、被销售或通过其他方式为公众所知，则该美国专利申请不能被授予专利权。

35 U.S.C. 102（a）（2）：对于一件美国专利申请，若其发明内容被其他人的美国专利申请、已公开的美国专利申请或公开的 PCT 申请（以下统称"B 公开"）公开，并且"B 公开"的有效申请日在该美国专利申请的有效申请日之前，则不授予该申请专利权。对于公开的 PCT 申请，仅需其指定美国，没有申请日和公开语言限制。

（2）35 U.S.C. 102（b）规定了 35 U.S.C. 102（a）条件下现有技术的例外，即不丧失新颖性的情形。

35 U.S.C. 102（b）（1）（A）：满足 35 U.S.C. 102（a）（1）条件的披露，若其披露时间在该美国申请的有效申请日前 1 年以内，并且披露内容源自发明人、共同发明人，直接或间接源自发明人或共同发明人的，该披露不被视为该美国申请的现有技术。

满足 35 U.S.C. 102（a）（1）条件的披露，该披露由第三方做出，但是

---

❶ 35 U.S.C. 102（b）："（b）EXCEPTIONS.—

(1) DISCLOSURES MADE 1 YEAR OR LESS BEFORE THE EFFECTIVE FILING DATE OF THE CLAIMED INVENTION.—A disclosure made 1 year or less before the effective filing date of a claimed invention shall not be prior art to the claimed invention under subsection (a) (1) if—

(A) the disclosure was made by the inventor or joint inventor or by another who obtained the subject matter disclosed directly or indirectly from the inventor or a joint inventor; or

(B) the subject matter disclosed had, before such disclosure, been publicly disclosed by the inventor or a joint inventor or another who obtained the subject matter disclosed directly or indirectly from the inventor or a joint inventor.

(2) DISCLOSURES APPEARING IN APPLICATIONS AND PATENTS.—A disclosure shall not be prior art to a claimed invention under subsection (a) (2) if—

(A) the subject matter disclosed was obtained directly or indirectly from the inventor or a joint inventor;

(B) the subject matter disclosed had, before such subject matter was effectively filed under subsection (a) (2), been publicly disclosed by the inventor or a joint inventor or another who obtained the subject matter disclosed directly or indirectly from the inventor or a joint inventor; or

(C) the subject matter disclosed and the claimed invention, not later than the effective filing date of the claimed invention, were owned by the same person or subject to an obligation of assignment to the same person."

在该披露之前且在 1 年宽限期内，发明人、共同发明人或直接或间接从该发明人或共同发明人处获得该披露内容的其他人已作出过该披露，则该披露不成为该美国申请的现有技术。

第（2）种情况，为发明人、源自发明人或相同人的申请或专利。

35 U.S.C. 102（b）(2)(A)：满足 35 U.S.C. 102（a）(2) 条件的"B 公开"，若其内容是直接或间接从发明人、共同发明人或其他人处获得，则该"B 公开"不成为该美国申请的现有技术。

35 U.S.C. 102（b）(2)(B)：满足 35 U.S.C. 102（a）(2) 条件的"B 公开"，若在"B 公开"的有效申请日之前，"B 公开"的内容已被发明人、共同发明人或其他人披露，则该"B 公开"不成为该美国申请的现有技术。

35 U.S.C. 102（b）(2)(C)：满足 35 U.S.C. 102（a）(2) 条件的"B 公开"，在美国专利申请的有效申请日之前，若"B 公开"与美国专利申请被共同拥有，则"B 公开"不成为该美国申请的现有技术。

由此可见，一定条件下相同发明人或权利拥有人自身的或来自其自身的披露和在先专利或在先公开的专利申请不会影响其在后专利申请的新颖性。这个制度很形象地被称为"First Inventor to File"（第 1 个归档的发明家）。针对 35 U.S.C. 102（a）(1) 情形，在此种情况下不丧失新颖性的例外是有时间限制的，即在 1 年之内。而针对类似于抵触申请的 35 U.S.C. 102（a）(2)，一方面其不丧失新颖性的例外不受时间限制，另一方面"B 公开"是指他人的申请，这两点与中国专利法所规定的抵触申请情形非常不同。根据中国专利法，包括发明人或申请人的任何人在申请日之前公开的内容均可以作为现有技术。因此，申请人如果有在先专利申请已公开，在中国便无机会获得专利权，但在美国仍存在可能。

假设申请人于 2016 年 10 月 12 日递交了中国专利申请 A，该中国专利申请 A 于 2018 年 4 月 12 日公开，之后申请人想在美国保护该发明。这种情况下，该专利申请 A 作为优先权通过《巴黎公约》途径进入美国国家的期限应该是 2017 年 10 月 12 日，因此，早已过了优先权期限，也无法进行相应权益的恢复。如果申请人基于该专利申请 A 的内容，不要求优先权而直接递交美国专利申请 B，这一篇专利申请 A 在未来也不会作为现有技术而影响美国专利申请 B 的新颖性。申请人仍能够正常争取该美国专利申请 B 的专利权。

3.3.5 后补文件政策

美国专利申请递交时,如有些文件不能及时递交,可以进行后补,当然,需要缴纳相应的后补文件费用。

该政策非常有利于部分无法及时递交专利申请的申请人。众所周知,中国申请人递交美国专利申请的前期准备工作需要一定的时间,申请文件译文翻译、委托书等形式文件签字等都需要时间。如果一件专利申请可享有的优先权的期限临近,如仅剩下一天时间,要完成上述前期工作,时间通常是不够的。如果过期进行恢复,官费成本较高。这时,申请人可利用后补文件程序来节省费用。申请人可以在优先权期限届满之前先将中文申请文件递交,并在官方规定的期限内补交申请文件译文,委托书等形式文件,完成美国新申请的递交。官费成本可参考表3-3-3。

表3-3-3 美国专利申请后补文件官费　　　　　　　　单位:美元

费用名称	大实体	小实体	微实体
后补文件费,一份	140	80	40

整体来说,后补文件的官费与进行权利要求恢复相比,成本较低,是申请人在一些特定情况下可利用的一个策略。

3.3.6 RCE

根据37 CFR 1.114(e)的规定❶,RCE适用于美国发明专利申请和植物专利申请,不适用于外观设计专利申请。

RCE是指当专利的申请与审查程序结束时,申请人可以在提出RCE并缴纳规定费用后,使申请案可获得继续审查的程序。

---

❶ 37 CFR 1.114(e):

"(e) The provisions of this section do not apply to:

(1) A provisional application;

(2) An application for a utility or plant patent filed under 35 U.S.C. 111 (a) before June 8, 1995;

(3) An international application filed under 35 U.S.C. 363 before June 8, 1995, or an international application that does not comply with 35 U.S.C. 371;

(4) An application for a design patent;

(5) An international design application; or

(6) A patent under reexamination."

美国的专利实践中，RCE 一般常用于以下情况中（仅为举例，并不完全仅限于以下几种）：

①申请人答复 FOA 之后，审查员认为还需进行进一步检索和审查才能够确定在审权利要求是否符合授权标准。

②已签发授权通知书的申请，如果申请人想递交新的 IDS 文件，有时需要提交 RCE。

一般而言，中国申请人最常遇到的是情况①，即收到 FOA 后的处理。总的来说，RCE 并不是提出一个新的专利申请，而是原始申请的继续，原始申请进入了新一轮的审查流程。此过程中，审查员不变，即仍会由原审查员继续进行审查。如果申请人发现目前的审查员比较坚定，不可能认可在审申请文件的可授权性，则可以选择其他方式争取专利权，如上诉、CA 等。

可见，美国专利申请大体上呈现为一种循环（参见图 3-3-1）。

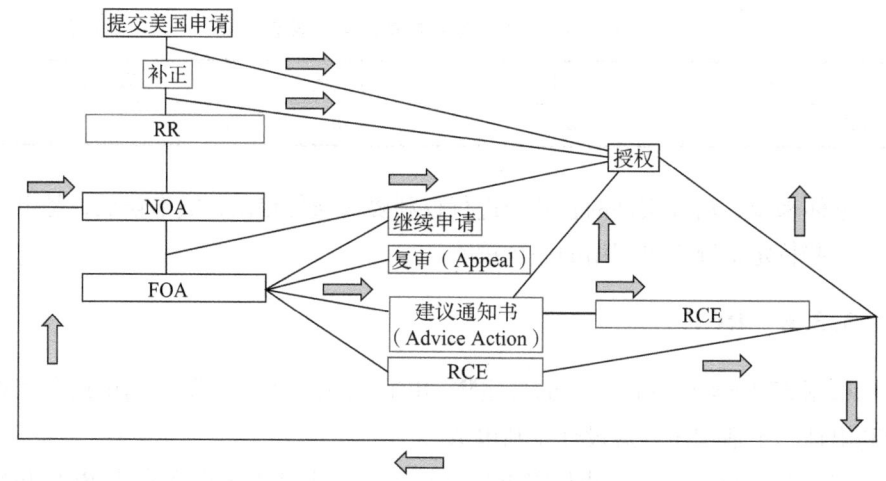

图 3-3-1　美国专利申请流程

注：虚线框图不是必经程序。

根据美国专利法的规定，RCE 没有次数限制，因此，如申请人不放弃，理论上一项专利申请是可以一直审下去的。实践中，从成本及市场等多种因素考虑，一般至多提交两次 RCE 后，便会选择其他方式进行处理。

但需注意，提出继续审查有一个弊端，它会导致专利有效期限受到折损，即授权后进行 PTA 计算时，会因为提出过继续审查而扣除一定时间。

3.3.7 美国部分外观设计保护制度

部分外观设计（Partial Design），即局部外观设计，是指设计者针对产品的不能分割或者不能单独出售且不能单独使用的某一或者某些局部外观所作出的创新设计。由于大多情况下，对产品外观设计的创新一般都是对产品某些部分的改进，因此部分人认为局部外观设计更贴近设计的本质。因此，虽然部分外观设计保护制度起源于美国，但很快地被欧日韩等国家和地区学习并采用。

关于部分外观设计，35 U.S.C. 171 规定："就产品而发明任何新的、原创性的和装饰性的外观设计，其发明者可依据本法的规定和要求获得专利。本法与发明专利有关的规定，适用于外观设计专利，除非另有规定。"显然，美国专利法并没有明确地给予部分外观设计的法律地位，直至 1976 年，才因 *Mr. Zahn* 案在司法上首次确认了部分外观设计仍然是专利保护客体。

在美国的部分外观设计专利申请实践中，对于部分外观设计的表现形式可以采用虚实相结合的方式，申请人可以将其申明要保护的设计部分采用实线绘制，而把不主张权利的部分用虚线绘制，并且需要说明虚线部分不是该外观设计申请所要保护的部分，仅仅是其设计所应用的产品或周边环境，而该虚线部分往往是已经公开过或者是惯常的外观设计。

该制度在美国外观设计专利审查过程中也是比较有利的，由于美国外观设计专利与发明专利一样是自动实审，因此在审查过程中，一般都可能会遇到审查意见。根据专利实践来看，审查意见中常见问题在结构方面，很多情况下可以通过将部分结构修改为虚线，即修改为仅保护局部外观即可顺利地解决审查意见通知书中所提及的问题，并尽快获得授权。

中国申请人一般而言都是先递交中国外观设计申请，以此为优先权再向其他国家递交。而中国外观设计的视图都是针对完整产品的视图，其保护范围小于对部分外观设计的保护。因此，在递交美国外观设计申请时，尽可能修改部分外观设计，即将非设计点的部分改为虚线表示，只将想保护的那部分保留为实线，由此可扩大保护范围。这在美国实践中是允许的。

3.4 AE 政策

美国发明专利的申请周期较长，对于企业来说，越早获得专利权，市场就能越快速的推进。而且，生命周期短的产品、迫在眉睫需要处理的侵权问题、急于推入市场抢占商机的产品、关系小企业生死存亡的技术等情况都意味着更短的专利申请周期非常重要。

USPTO 一直致力于加快专利审查程序,其针对不同情况的申请人提供了多种加快审查的程序。下面对美国专利申请的主要加速方式进行介绍。

3.4.1 优先审查(Prioritized Examination)

根据 37 CFR 1.102(e),美国的优先审查程序分为两种,即第一优先审查(Track One Prioritized Examination)和基于 RCE 的优先审查(pre - RCE Prioritized Examination)。其中,第一优先审查的法律基础主要是根据 37 CFR 1.102(e)(1)的规定❶;而基于 RCE 的优先审查的法律基础主要是 37 CFR 1.102(e)(2)的规定❷。

总的来说,优先审查主要适用于发明专利申请(含 CA/CIP(部分继续申请)/DA/by pass 继续申请、已递交 RCE 的申请)和植物专利申请,但不适用 PCT 进入美国的申请(提交 RCE 的除外),且需要满足以下条件。

①递交时机。(a)在递交新申请时同时递交相应优先审查请求;(b)在递交新申请后的 1 个月(不可延期,针对权利要求书不满足"优先审查"要求而需要递交主动修改的情况)内递交相应优先审查请求;(c)在递交 RCE 或 RCE 之后递交相应优先审查请求。

---

❶ 37 CFR 1.102(e)(1):"(1) A request for prioritized examination may be filed with an original utility or plant nonprovisional application under 35 U. S. C. 111(a). The application must include a specification as prescribed by 35 U. S. C. 112 including at least one claim, a drawing when necessary, and the inventor's oath or declaration on filing, except that the filing of an inventor's oath or declaration may be postponed in accordance with § 1.53(f)(3) if an application data sheet meeting the conditions specified in § 1.53(f)(3)(i) is present upon filing. If the application is a utility application, it must be filed via the Office's electronic filing system and include the filing fee under § 1.16(a), search fee under § 1.16(k), and examination fee under § 1.16(o) upon filing. If the application is a plant application, it must include the filing fee under § 1.16(c), search fee under § 1.16(m), and examination fee under § 1.16(q) upon filing. The request for prioritized examination in compliance with this paragraph must be present upon filing of the application, except that the applicant may file an amendment to cancel any independent claims in excess of four, any total claims in excess of thirty, and any multiple dependent claim not later than one month from a first decision on the request for prioritized examination. This one - month time period is not extendable."

❷ 37 CFR 1.102(e)(2):"(2) A request for prioritized examination may be filed with or after a request for continued examination in compliance with § 1.114. If the application is a utility application, the request must be filed via the Office's electronic filing system. The request must be filed before the mailing of the first Office action after the filing of the request for continued examination under § 1.114. Only a single such request for prioritized examination under this paragraph may be granted in an application."

②缴纳相应优先审查费用。表 3-4-1 列出了美国优先审查官费所需的官费。

表 3-4-1　美国优先审查官费　　　　　　　　　　　单位：美元

费用名称	大实体	小实体	微实体
优先审查	4 000	2 000	1 000

③申请文件（包括主动修改以后）中独立权利要求数不超过 4 项、权利要求总数不超过 30 项，没有引用多项的从属权利要求。

根据 EFS-Web 和 USPTO 官网上公布的相关受理的统计数据，USPTO 每年仅受理 10 000 件优先审查请求。因此，对于某些特殊要求的申请人，如需申请优先审查，需尽早递交优先审查请求。

整体来说，进入优先审查程序的相关专利申请，按照 USPTO 的官方目标，应在自申请日起大约 12 个月内下发最终决定。

3.4.2　PPH

PPH 是各专利局之间互相签订的一项协议。在介绍 PPH 之前，首先需了解在 PPH 中经常遇到的 2 个概念，即首次申请受理局（Office of First Filing，OFF）和后续申请受理局（Office of Second Filing，OSF）。

如申请人提交的 OFF 给予该申请的至少 1 项权利要求以授权，只要相关后续申请满足一定条件，包括首次申请和后续申请的权利要求充分对应、首次申请的专利局工作结果可被 OSF 获得等，申请人可以首次申请专利局的工作结果为基础，请求后续专利局加快审查后续申请。

PPH 可以降低申请的成本，减少答复审查意见的次数，增加申请被授权的可能性。

PPH 大体流程可参考图 3-4-1。

目前在美国，全球 PPH 和 IP5 PPH（中、美、欧、日、韩五局专利审查高速路）试点项目同时进行，并且基本相同，仅在各自的参与办事处方面有所不同。由于 USPTO 已选择参与全球 PPH 试点计划和 IP5 PPH 试点计划，因此可根据参与任一试点计划的任何办事处的工作成果向 USPTO 提交 PPH 请求。此外，由于全球 PPH 和 IP5 PPH 试点项目的相应要求是相同的，USPTO 申请人无需具体说明所使用的是哪个试点项目。

全球 PPH 和 IP5 PPH 试点项目中涉及的国家和地区，且在美国递交 PPH 认

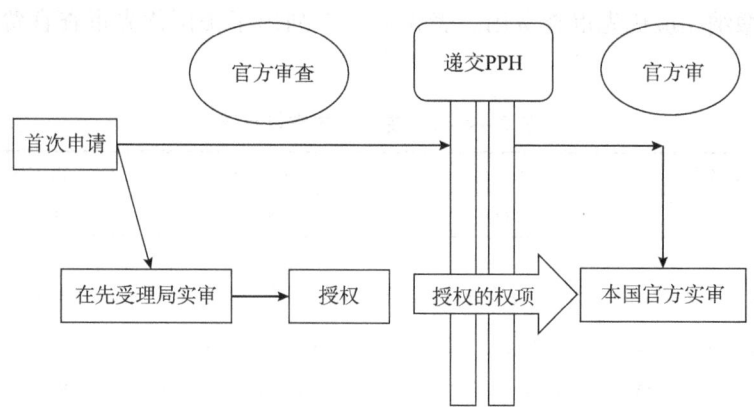

图 3-4-1 美国专利审查高速公路流程

可的在先申请受理局主要有：澳大利亚、奥地利、加拿大、中国、哥伦比亚、德国、芬兰、欧洲、日本、韩国、爱沙尼亚、丹麦、匈牙利、冰岛、以色列、新西兰、北欧、挪威、波兰、葡萄牙、俄罗斯、新加坡、西班牙、瑞典、英国。

除全球 PPH 和 IP5 PPH 试点项目中所涉及的国家之外，美国还与部分国家或地区有双边协议，同样可进入 PPH 程序，如阿根廷、巴西、捷克、欧亚专利局、墨西哥、尼加拉瓜等。

换言之，只要是经上述国家审查后得到认可的专利申请，均有机会作为递交 PPH 的基础。通过递交 PPH 来加速专利申请的审查过程相较于优先审查有一个明显的优点，即美国递交 PPH 没有官费，极大节省了申请人的投入成本。另外，由于有资格递交 PPH 的专利申请都是经在先申请受理局审查认可后的专利，因此，此种途径递交的专利申请获得授权的几率更大。即使不能马上授权，也能尽快收到第一次审查意见通知书，加快了审查程序。据不完全统计，正常美国专利申请的授权率为 60% 左右。收到第一次审查意见通知书的时间约为申请递交后 1.2 年，而进入 PPH 程序的专利申请的授权率则高达 92% 甚至以上，收到第一次审查意见通知书的时间一般在成功进入 PPH 程序之后的 4—6 个月。

显然，PPH 的好处不言而喻。下面介绍一下美国请求 PPH 所需的条件、待交相关文件及时机。

1. 美国请求 PPH 所需条件

（1）在先申请与美国专利申请具有相同的最早申请日或优先权日。

对于中国申请人来说，如果美国专利申请的优先权申请在中国已经获得授权或其国际专利申请的国际检索报告书面意见当中是正面意见（即至少 1 项权利要求具备"三性"），则该在后的美国专利申请可以考虑请求 PPH。

（2）美国专利申请的权利要求与在先申请获得授权的权利要求应充分对应（Sufficiently Correspond）。

所谓"充分对应"，指的是美国专利申请的权利要求与获得授权的在先申请的权利要求需要完全一致。一般来说，是指美国专利申请的权利要求与获得授权的在先申请的权利要求有着同样或相似的范围，或者更小的范围。而目前美国审查员的审查日益严格，些许不同均可导致 PPH 请求的失败。因此在实际操作中，最保险的方式是将美国专利申请的权利要求修改为与中国授权的在先申请的权利要求完全一致。当然，如果仅是为了避免引用多项所引起的额外官费而进行的对权利要求从属关系的适当修改，或为了满足美国专利的形式要求，将中国为避免引起不属于专利保护客体（如疾病治疗方法）的问题而写成"瑞士型权利要求"的权利要求修改为治疗方法权利要求，从美国专利实践来看，这种修改是可以接受的。

（3）必须通过电子申请的方式提交，即通过美国的 EFS – Web 系统提交。

电子递交已成为现如今大部分国家进行专利申请的主要方式，专利代理人或律师会进行相应处理，无需申请人另外花费精力。

2. 美国请求 PPH 所需文件

（1）PPH 请求表。

PPH 请求表中除了应当填写该表格中在先申请的申请号、在先申请与美国申请的共同最早优先权日/申请日等外，还要详细说明美国专利申请的权利要求与获得授权的在先申请的权利要求的对应关系。

（2）在先申请历次审查意见通知书及译文和在先申请引用的参考文献。

申请人在 USPTO 提出 PPH 请求时，需要提交在先申请的 IDS 文件。

①至少提交最后一次审查意见通知书及相应英译文。根据美国专利实践，相关英译文提供机器翻译译文即可，无需准确的人工翻译。当然，如果美国审查员认为机器翻译质量不高，会要求申请人提供人工翻译。

对于 PCT 途径进入美国国家阶段的基于国际检索报告书面意见中的正面意见而请求 PPH 的美国专利申请，则需提供国际检索报告和国际检索报告书面意见的相应译文。

如果网站上可获得（如 patentscope 上可获得），则须指出可以不提交文件。

②审查意见通知书中涉及的对比文件。对于非英文文献，一般无需提供全文翻译，但至少需提供摘要的英译文。同样，如果美国审查员认为某些内容需提供准确翻译，会要求申请人提供准确英译文。

③授权通知书及相应英译文。

④在先申请授权公告文本（如有的话）。

（3）在先申请授权版本的权利要求英译文，以及其与美国专利申请的权利要求对比表。

3. 美国请求 PPH 的时机

在 USPTO 提出 PPH 请求的时机是，该美国专利申请尚未开始进行实质审查之前。

由于美国专利审查是自动实审制，USPTO 在审查过程中不会像中国国家知识产权局那样发出正式的进入实质审查阶段的通知书。对于某一美国专利申请是否已进入实质审查，除非已收到美国官方下发的审查意见通知书，否则在实际操作中无法准确判断是否已进入实质审查阶段。因此，如果申请人需要进入 PPH 程序，应尽早提出相应请求。即一旦在先申请获得授权，只要还未收到美国官方下发的审查意见通知书，申请人便可迅速递交美国 PPH 请求。

理论上，RR 签发之后也可以提出 PPH 申请，但实际意义不大了，因为即便不提 PPH，审查意见也会很快签发。

4. 美国请求 PPH 后的相应程序

美国递交 PPH 请求之后，是否能够成功进入 PPH 程序还需看审查员的判断。

一般来说，审查员会下发相应的官方通知书，即 PPH 请求决定书，其中会对是否接受 PPH 请求作出决定，形式如图 3-4-2 所示。

当然，如果 USPTO 认为 PPH 请求存在缺陷而选择了"dismissed"，申请人会有一次机会克服此缺陷并重新提交参与请求。如最终仍未克服此缺陷，则USPTO 将通知申请人其美国专利申请将按照正常程序等待审查。

另外，申请人还需注意的是，虽然申请人会有一次机会克服请求中的缺陷，但如果在此期间，该美国专利申请已进入了实质审查程序，则任何重新提交的请求也将不再予以受理。因此，如果申请人希望抓住这次机会也应尽快操作。

图 3-4-2 PPH 请求决定书

3.4.3 AE

USPTO 还有一种适用于发明专利申请和外观设计专利申请的普通 AE 程序，以加快某些申请的审查过程，而且请求此 AE 官费并不像优先审查那么贵。

该 AE 的目标是自请求日起 12 个月内能够获得审查结果，给出最终决定。该 AE 不适用的申请包括植物专利申请、再颁专利申请、PCT 进美国的申请。

这种 AE 的程序需要满足相对严格一点的条件，包括：

①申请文件独立权利要求数不超过 3 项，权利要求总数不超过 20 项，没有多重引用的从属权利要求；

②申请文件权利要求不存在单一性问题；

③递交专利申请同时需额外递交审查前的检索声明（即进行符合其规范的审查前检索）、就该专利如何具有可专利性的详细分析等；

④申请人需同意进行会晤，包括第一次答复审查意见通知书之前的会晤，以尽快解决申请中的问题。

其中针对条件④，即申请人必须在申请之前对现有技术进行预审查检索，并提供与预审查检索相关的详细说明。详细说明中检索的充分性是非常重要的，因为 USPTO 会对其进行极其严格的审查，以决定是否批准该请求。因此，申请人通常将该预审查检索委托给水平较高的第三方或者有经验的人来进行，以防止产生严重不利的后果。相应地，这个步骤会产生大量的申请成本，导致部分申请人不愿意利用该程序进行 AE。

首先，申请人必须识别出在预审查检索期间所发现的现有技术或者对比文件是与权利要求最接近的。然后，申请人必须用相当的细节解释为什么每个权利要求相对所识别的对比文件是具备可专利性的。对于每个识别的对比文件，申请人必须列出对比文件所教导的权利要求的特征及在什么地方教导了该特征。如果申请人在描述现有技术过程中被认为不诚实，USPTO 将会否决批准 AE 程序。

可见，这个过程中很容易导致大量的主观自认行为，这在美国专利实践中是非常避讳的。由于专利禁止反悔原则，这种主观自认行为可能会导致在后续的诉讼中面临极大不利的风险。因此，这也是美国专利实践中申请人一般不愿意利用该 AE 程序的一个主要原因。

除上述普通 AE 之外，美国专利制度针对一些特殊情况，如申请人年龄过高（大于 65 岁）、某些特殊领域（如环保、节约能源等）的 AE 申请免收加速审查费。不过，由于在专利实践中，实际利用这些程序的比较少，在此不一一作介绍。

综上所述，针对不同的专利申请情况，专利申请人可以根据自身情况相应地选择不同的加速方式。整体来说，考虑到成本及各种因素，目前中国专利申请人最常利用的美国加速程序还是 PPH 程序，这种方式相对来说成本低、成功率高，且速度在一定程度上有所加快，因而受到大部分申请人的青睐。不过，随着使用 PPH 程序的申请人越来越多，案件请求积压到一定程度后必然会影响其效率，这是 USPTO 将面临的问题。

第4章 美国发明专利申请的文件准备[*]

4.1 申请文件的组成、形式和内容

1. 总体要求

35 U. S. C. 111（a）针对申请文件的总体要求如下：书面申请、申请内容（包括：说明书、附图、宣誓或声明）、申请日（USPTO 收到说明书的日期为申请日）、费用、宣誓或声明，以及权利要求书可以在申请日之后补交。

由以上规定可以看出，在美国申请专利，权利要求书可以在申请日之后补交，但是不能引入新内容，也就是说在美国专利申请中，权利要求书并非取得申请日的必要条件❶。这点与我国权利要求书作为受理条件之一有很大的不同。

美国专利申请类型中作为与我国差异最大的临时申请，可以是不完整的申请，权利要求和宣誓书并不是必需的，而且因为临时申请不进行实质审查，所以也不需要提交 IDS。

在美国专利申请中，每个发明人应该签署宣誓或声明，该文件可以在申请日之后补交，其包括以下内容：（a）申请是由宣誓人或者声明人作出的或者受委托而作出的；（b）相信自己是申请中所要求发明的原始发明人或联合发明人。

2. 申请要素的布局

根据 35 U. S. C. 112（a）规定，为了获得有效的专利，提交的专利申请必须对发明进行完整且清楚的公开。为此，37 CFR 1.77 给出了一件专利申请要

---

* 编撰：4.1~4.2 节，浦彩华，北京派特恩知识产权代理有限公司；4.3~4.4 节，张蓉，北京银龙知识产权代理有限公司。审订：王伶，北京金咨知识产权有限公司；刘继富，北京柏杉松知识产权代理事务所。

❶ MPEP 601.

素的推荐但非强制的布局❶：专利申请传递表格（Utility application transmittal form）；费用传递表格（Fee transmittal form）；申请数据表（Application data sheet）；说明书（Specification）；附图（Drawings）；发明人的宣誓或声明（The inventor's oath or declaration）。

其中，说明书部分应该依次包括：

①发明名称（Title of the invention）。

②相关申请的交叉引用（Cross-reference to related application）。

③关于联邦政府资助的研究和发展计划的声明（Statement regarding federally sponsored research or development）。

④联合研究协议的各方名称（The names of the parties to a joint research agreement）。

⑤"序列表"、表单或计算机程序的引用（Reference to a "Sequence Listing", a table or a computer program），其列出通过光盘提交的附录以及通过光盘提交的其他材料。

⑥关于发明人或联合发明人的声明（Statement regarding prior disclosures by the inventor or a joint inventor）。

⑦发明的背景（Background of the invention），相当于我国的技术领域和背景技术部分。

⑧发明的简要说明（Brief summary of the invention），相当于我国的发明内容。

⑨附图的简要说明（Brief description of the several views of the drawing），相当于我国的附图说明。

⑩发明的具体描述（Detailed description of the invention），相当于我国的具体实施方式。

⑪一项或多项权利要求（A claim or claims），相当于我国的权利要求书。

⑫摘要（Abstract of the disclosure）。

⑬"序列表"（"Sequence Listing"）。

从上可知，相对于中国专利法对申请文件的规定，美国发明专利申请多了若干个特有项目，但一些主要部分如权利要求和说明书的各部分则大致对应于中国专利申请。

---

❶ MPEP 608.01（a）.

3. 形式要求

①规格：所有文件可以为 21.0 厘米 × 29.7 厘米（即 A4）或者 21.6 厘米 × 27.9 厘米（即 8 1/2 英寸 × 11 英寸），但是必须相同尺寸，并且不能永久装订在一起。

②页边：顶部至少 2.0 厘米，左侧至少 2.5 厘米，右侧至少 2.0 厘米，底部至少 2.0 厘米。

③纸张：应当柔韧、结实、耐久、光滑、无光、白色、无孔且单面、单列。

④书写规则：用黑色永久墨水打字或印刷，清晰且与纸张的对比度必须满足通过数字成像和光学字符识别能够直接复制的要求；行距为 1.5 倍或 2 倍；字体为非手写体；字号优选为 12 磅，大写字母高度至少 0.3175 厘米，但是不得小于 0.21 厘米；说明书内各个部分的标题，应使用大写字母并且不带下划线或粗体字。

⑤语言：非临时申请和临时申请可以为非英语，非临时申请必须补交英译文，而且需要提交译者声明，表明翻译是准确的。

⑥页码：说明书（包括权利要求书和摘要）一起编号。

以下，按照权利要求、说明书和其他特有项目的顺序具体介绍各部分的撰写要求。

4.1.1 权利要求书的撰写

要想获得有效的专利权，专利申请必须包括至少一项权利要求，权利要求限定了专利权人的法律权利，排除了他人在专利期限内在美国制造、使用、销售、许诺销售和进口该发明。

4.1.1.1 对权利要求撰写的相关规定

1. 形式要求

美国专利申请要求申请人特别指出并明确给出被视为本发明的主题作为结论，而该结论性的部分构成权利要求。因此权利要求书成了本申请的一个重要部分，因为它是要求授予保护的发明的定义❶。为了充分体现权利要求书的重要性，权利要求书必须开始于单独的物理页面或电子页面，并且应该在发明的

---

❶ MPEP 608.01（k）。

具体描述之后出现。包括权利要求书或权利要求书的一部分的任意页不可以包含本申请或其他材料的任何其他部分。也就是说,应该在说明书的最后从新的一页开始单独地列出权利要求书❶,但是页码与前面的部分连续编号。这与我国权利要求书单独页码单独编号不同。

(1) 权利要求书的起始句。

一般要求权利要求是以"I (or we) claim""What is claimed is"["我(或我们)要求权利如下""所要求的发明是"]或类似的句子开头。

(2) 每项的形式。

每项权利要求均以大写字母开头,以句号结尾。除了缩写之外,在权利要求中的其他地方不得使用句号。每个独立权利要求应包含若干个段落,每段描述该权利要求的一个要素、步骤、和/或关系,由行缩进分开。

(3) 附图标记。

如果有的话,附图标记应该放在括号内。

(4) 编号。

如果专利申请只包括一个权利要求,则不需要编号。如果有若干权利要求,则应以阿拉伯数字连续编号。在申请的整个审查过程中,必须保留原始权利要求的编号。即使删除了权利要求,原来的编号也要保留。在追加权利要求时,要从此前的最后一项权利要求的编号之后,依次添加新编号。只有当申请已经准备授权时,审查员在必要时将按其出现的顺序或申请人要求的顺序,对权利要求进行连续地重新编号。

(5) 项数。

美国的专利申请费涵盖了 3 项独立权利要求并且权利要求总数为 20 项,超过 3 项独立权利要求需要缴纳独立权利要求超项费,权利要求(无论是独立权利要求还是从属权利要求)的总数超过 20 项需缴纳权利要求超项费❷。

(6) 多项引用。

如果权利要求中包括任何涉及多于一项其他权利要求的从属权利要求(称为"多项从属权利要求"),则需要缴纳多项从属权利要求的费用❸,并且多项从属权利要求将被视为其中直接引用的权利要求的数量,多项从属权利要求不能作为任何其他多项从属权利要求的基础。

---

❶ MPEP 608.01 (m).

❷ 37 CFR 1.16 (h)、(i).

❸ 37 CFR 1.16 (j).

下面举例来说明多项从属权利要求的项数计算（表 4-1-1）。

表 4-1-1　多项从属权利要求的项数计算

编号	权利要求引用关系	独立权利要求项数	从属权利要求项数
1	一种显示器，包括	1	
2	根据权利要求 1 所述的显示器		1
3	根据权利要求 2 所述的显示器		1
4	根据权利要求 2 或 3 所述的显示器		2
5	根据权利要求 4 所述的显示器		2
6	根据权利要求 5 所述的显示器		2
小计		1	8

从表 4-1-1 可以看出，不仅引用多项的权利要求 4 被按照所引用的权利要求的项数进行了计数，而且直接或引用该多项引用权利要求 4 的权利要求 5 和 6 也被按多项进行了计数。

2. 实质要求

（1）支持。

描述权利要求中各个特征的术语、短语必须得到说明书的支持，即在说明书中必须明确记载该术语、短语，且两者的内容是对应一致的。如果申请日提交的权利要求中包括足够具体和详细的公开信息，那么可以基于权利要求来修改说明书和附图，此种情况下不能认为该权利要求得不到说明书的支持而被拒绝或驳回，这是因为有缺陷的是说明书和附图，而非权利要求书。

（2）范围。

权利要求书可以包括一项权利要求或彼此明显不同而不会显得重复的一项以上的权利要求。权利要求应该按保护范围从大到小的顺序排列，使开头的权利要求即独立权利要求的保护范围最大，此后的从属权利要求用于与该独立权利要求组合在一起，从而保护独立权利要求的保护范围中的被限定的一部分。

（3）权利要求布局。

存在不同类型（设备、装置、化合物、方法等）的独立权利要求的情况下，首次提交的权利要求书要尽量将相同类型的权利要求汇总在一起，如将产品和方法的权利要求各自分开，这种安排便于分类和审查。但是，在审查中修改权利要求时，新增权利要求永远放在最近已提交的最后一项权利要求之后。

(4) 独立权利要求。

一个独立权利要求通常包括三部分：前序部分、过渡词和主体。前序部分对一些公知或常规的要素或步骤进行一般性描述；过渡词，如包括、进一步包括、由……组成；主体是对构成本发明的新的或改进的部分的描述，可以是要素、步骤和/或关系。

(5) 从属权利要求。

一个或多个权利要求可以以从属形式呈现，进一步限制同一申请中的独立权利要求。从属形式的权利要求应被解释为包括所有限制，通过引用并入该独立权利要求中。

4.1.1.2 中国申请人撰写美国专利申请权利要求注意事项

对于中国专利申请和美国专利申请来说，权利要求的撰写有很多相似的考虑因素，本节主要讨论中国申请和美国申请差异之处，相同的考虑和撰写方式将不再赘述。

(1) 关于独立权利要求的认定。

如上所述，美国专利申请的独立权利要求数目如果超过3项，将需要缴纳独立权利要求超项费。大多数申请人都会考虑控制独立权利要求的数目，从而尽量减少超项费用。

值得注意的是，美国和中国对于独立权利要求的认定存在一定差异，以下面的权利要求为例：

1. 一种阵列基板，包括 A 和 B。
2. 一种显示装置，包括根据权利要求1所述的阵列基板。

权利要求2在美国被认定为从属权利要求，并不会占用三项独立权利要求的数目。但是，根据实践经验，这样表述的权利要求2有可能被审查员认为其是不恰当的从属权利要求而不符合35 U.S.C. 112 (d) 的规定或者权利要求的保护范围不清楚而不符合35 U.S.C. 112 (b) 的规定。表4-1-2给出了几个例子以显示中美专利申请在认定某个权利要求是否为独立权利要求方面的差异。

表4-1-2 中美专利申请在独立权利要求认定中的差异

权利要求	中国	美国
1. 主题 A thin film transistor	独立权利要求	独立权利要求

续表

权利要求	中国	美国
8. 主题 An array substrate，引用 claim 1	独立权利要求	从属权利要求
13. 主题 A display device，引用 claim 8	独立权利要求	从属权利要求
14. 主题 A manufacturing method of a thin film transistor	独立权利要求	独立权利要求
20. 主题 A manufacturing method of an array substrate，引用 claim 14	独立权利要求	从属权利要求

（2）权利要求的项数及多项引用。

由于美国专利申请费能涵盖总计 20 项权利要求，因此在整个申请和审查过程保持 20 项权利要求是最常用的手段。多项引用的从属权利要求由于需要缴纳多项引用费用，并且该多项引用的权利要求在计算权利要求总数时是按其引用的权利要求拆开计算数目，所以在美国申请中应当尽量避免使用多项引用的从属权利要求。

（3）手段加功能（Means plus Function，MPF）权利要求的使用。

当权利要求中的特征使用了手段（Means for 或 Step for）加功能性限定的方式或类似方式进行表述时，该权利要求会被认为涉及 35 U.S.C. 112（f）条款，从而被认定为 MPF 类的权利要求，MPF 类权利要求的保护范围由说明书中描述的相应的结构、材料或动作及其等同方式来限定。

应当注意的是，如果权利要求被认定为 MFP 类权利要求，但是说明书中并没有公开相应的结构、材料或动作，则审查员可能会认为该权利要求不清楚而使用 35 U.S.C. 112（b）的条款驳回该权利要求。所以，当打算撰写 MFP 类的权利要求时，一定注意在说明书中充分公开可选实施例以及具体的结构、材料或动作。由于 MPF 的权利要求在美国几乎总是较非手段权利要求更严格，因此笔者建议不要在所有权利要求中都使用 MPF 的方式。

（4）权利要求中的特征必须在附图中体现。

权利要求中的所有特征必须在附图中出现❶，如果权利要求中的特征没有出现在附图中，审查员可能会针对该问题发出审查意见，认为该权利要求无法实施，应对的方法包括从权利要求中删除该特征，或者修改附图以补充该特征，但是修改附图以补入特征时需要注意不能引入新内容。

---

❶ 37 CFR 1.83（a）.

(5) 商用产品权利要求。

为了避免专利适格性[1]的审查意见,以及避免权利要求的修改带来的等同侵权的权利丧失,推荐在权利要求中撰写描述商用产品的权利要求,从而尽量避免发明被认定为抽象概念,满足对真正的商用产品的技术方案进行保护。

(6) 避免用方法限定产品。

应该尽量避免使用方法限定产品权利要求中的特征,因为该方法特征在专利审查时通常不被考虑,但是在侵权诉讼过程中很可能会被作为权利要求的保护范围的限制进行考虑。

(7) 避免出现商标。

因为商标描述的产品可能被商标所有者改变,这将导致权利要求不清楚。另外,如果商标过期,本领域技术人员可能无法知道如何制造该产品或如何使用本发明,从而可能会导致权利要求变得无法实施。

(8) 静态产品权利要求。

产品权利要求应指向静态,即非操作状态的装置,使产品最终侵权指向制造商、销售商或进口商而非最终用户。例如,"滑块沿着滑槽移动"属于操作状态,而非静态,这类表述笔者建议在产品权利要求中要尽可能避免。也可以使用静态的表述来代替,如"滑块可移动地连接到滑槽",或者"滑块配置为沿滑槽移动"。

(9) 附图标记。

由于侵权阶段,附图标记可能被用于限制权利要求的范围,因此笔者不建议在权利要求书中使用附图标记。

4.1.2 说明书的撰写

4.1.2.1 对于说明书撰写的要求

基于35 U.S.C.112的规定,说明书应当满足书面描述要求(Written Descritpon)、可实现性要求(Enablement)和披露最佳实施例的要求。书面描述要求能够体现申请人拥有本发明。赋能性要求说明书能够使相关领域的技术人员在不需要过度实验的情况下了解如何制作和/或使用本发明,这与我国的公开充分类似。根据AIA法案的规定,最佳实施方式不再是对授权专利的无

---

[1] 35 U.S.C.101.

效理由，但是在审查中还是会将最佳实施方式作为专利性判断的要求。

（1）发明名称。

首先，如果在申请表格中没有注明发明名称，则应放在说明书第一页的顶部，发明名称部分允许附加说明申请人的姓名、公民身份和证据的介绍部分。也就是说，如果申请表格中已经有了发明名称，说明书第一页顶部的发明名称并非必须的。

发明名称应该简短但技术上准确且具有描述性，最好是 2~7 个词，并且应该包含少于 500 个英文字母。发明名称不应该包含"新的"和"改进"等词语。同样，发明名称的第一个单词不应该是冠词"a""an"或"the"。

（2）相关申请的交叉引用。

相关申请的交叉引用可以载明所有相关申请的申请国家、申请日和申请号，并且使用"通过引入并入"或类似表述，来明确引用所有相关申请。所有相关申请包括但不限于要求其优先权的申请，作为其 CA 的母案申请，以及 PCT 国际申请等。

（3）发明背景。

说明书应该以两部分阐述本发明的技术背景（但并不是强制规定的）：

①发明领域：本发明所属的技术领域，一般标题为"技术领域"（Technical Field）。该陈述应针对所要求发明的主题，可以包括适用于发明主题的美国专利分类定义。

②相关技术的描述（Description of the Related Art）：此部分应该对申请人已知的与本发明相关的技术进行简单描述，也可以结合本发明所解决的问题来进行说明。

（4）发明的简要说明。

根据 37 CFR 1.73 的相关规定，发明的简要说明部分阐述本发明的性质和意义。在详细描述之前，可以包括对本发明的目的的陈述。这样的概述应当与所要求保护的内容相称，并且所说明的任何目的应该是本发明要求保护的目的。

由于此部分的目的是向公众简单介绍本发明，因此应该注意以下几点。首先，介绍是为了使对本发明所涉及的特定技术感兴趣的技术人员了解本发明的性质，因此应该针对本申请要求保护的具体发明，而不应该牵扯与本发明关系不大的其他技术、内容或是过于上位的技术。其次，由于是简要介绍，应该用一个或多个简洁明了的句子或段落来描述本发明的主题，而不应该用过多篇幅进行过于详细的说明，也不需要对发明的整体进行完整的说明，只要突出说明与现有技术的不同即可。另外，其内容也不应该与说明书摘要重复。如果发明的简要说明部分正确地阐明了本发明的确切性质、操作和目的，则将有助于在将来的检索中帮助公众理解该专利。

（5）附图的简要说明。

根据 37 CFR 1.74 的规定，当专利申请包括附图时，应该对每张附图进行简要描述，并且在发明具体描述部分中通过指定附图编号来指代不同的视图。

在该附图的简要说明部分中必须对所有的附图进行描述，不能有遗漏。另外，正如附图中的图 1 包括多个附图，则应该区分为图 1A、图 1B……分别进行说明，而不能仅仅概括为图 1 的说明。也不能描述不存在的附图，否则会被视为未提交相应的附图。

（6）发明的具体描述。

根据 37 CFR 1.71 的规定，发明的具体描述部分应符合以下要求。

①说明书必须包括对本发明及制作和使用它的方式和过程的书面描述，并且必须采用完整、清晰、简明和准确的术语，以使本发明或与其最接近的技术或科学所属的领域的任何技术人员能够制造和使用它们。

②说明书必须阐明本发明的精确内容，以便将其与其他发明和现有技术区分开来。它必须完整描述过程、机器、制造方法、物质组成或发明的改进的特定实施例，并且必须尽可能地解释操作模式或原理。必须阐述发明人实施其发明所考虑的最佳模式。

③在改进的情况下，说明书必须特别指出改进所涉及的过程、机器、制造方法或物质组成的一部分或多个部分，并且该描述应限于具体的改进和必须与之组合的部分，或者完整理解或描述它所必需的条件。

针对上面的法律规定，结合 MPEP 中的规定进行解释和说明。

①说明书所说明的客体应该仅限于与本发明的核心内容相关的说明，核心内容不仅指本发明的原理和实质，如本发明保护的是一种机器、设备、方法，还是一种物质的组成、反应过程等，还应该包括相关的如制作本发明的机器、物质、使用本发明的设备、应用本发明的方法等的具体说明。例如，本发明保护一种机械装置，包括第一部件和第二部件。如果说明书仅仅给出本发明的机械装置及第一部件和第二部件的各个名称和功能，而不说明如何使第一部件和第二部件组合在一起而形成该机械装置，即部件之间的组装关系，是无法清楚地说明本发明的结构以使本技术领域的技术人员能够实现。因此，MPEP 要求说明书对本发明的技术内容的说明应该除了包括对结构、成分、步骤这些核心

内容的说明以外,还应该包括使技术人员能够实现它的相关各种信息。

②对于描述的方式,应该采用完整、清晰、简明和准确的语言,以简短和具体的方式充分和准确地描述本发明。既简短又充分,既简明又具体,为了实现这些看似矛盾的要求,我们可以采用一些灵活的手段。首先,只要本领域技术人员能够理解和使用本发明,那么对于本领域中通常公知的各种技术元素,如元件、化学元素、化合物、方法的步骤,以及它们的确切性质或类型,就不需要一一列举并说明了。一般这些通常公知的技术都会在各种公开文献、互联网上被详细描述,只要进行一般性的搜索就能够被找到。例如,如果本发明使用了一种二进制加法器元件,那么在描述了所必需的输入输出位数等参数后,就不必再详细说明该加法器使用哪个厂商的哪个型号的产品了。再如,本发明采用了一种特氟龙,如果没有特殊的要求,就不需要再进一步详细说明其具体化学结构式了。另一种稍微复杂的情况是涉及特别复杂的主题,或者在本领域中可能不普遍或广泛公知的技术元素、化合物或过程等。在该情况下,说明书可以参考充分描述了该主题或技术元素的其他专利或容易获得的出版物。也就是说,对于没有那么明显或不仅仅是简单的结构的技术内容,如果能够找到已知对其进行了说明的其他专利或容易获得的出版物,则可以通过引用而结合到本发明以减少篇幅。例如,本发明保护一种智能终端,其利用了一种最近几年刚刚被发明出来的语音识别装置。虽然该语音识别装置是一种复杂的技术,但由于已经有另一个专利对其进行了详细描述,因此在本发明的说明书中,就不需要再重复说明该技术,而直接公开该上述另一个专利的专利号或公开号等信息,使技术人员能够从另一个专利得到这个语音识别装置的具体知识。又例如,本发明保护一种涂层用材料,而该材料利用了一种共聚物,而该共聚物并不是一般使用的共聚物,而是经过了加工的共聚物,那么也可以通过公开具体描述对该共聚物的加工方法的出版物的名称、索引等,省略对该加工后的共聚物的更多的描述,使技术人员能够从相关出版物中得到具体的信息。

此外,也要尽量避免虽然与本发明相关但并不是必需的描述。MPEP中就有"专利说明书无意也不要求成为生产说明书"的说法。专利申请说到底是要保护一种发明,无论是产品或是方法,总会包含很多组分、部件、步骤等,只有那些与本发明的目的、效果密切相关的部分才需要在说明书中详细说明。例如,本发明保护一种滑轮,虽然滑轮如果没有绳索配合是无法工作的,但绳索在本发明中仅仅作为与滑轮配合的外部组件。说明书的描述还是应该限于滑轮自身的结构,而不需要详细描述该绳索的各种参数或化学组成成分等。

③说明书的描述的目的应该是使技术人员充分了解本发明而使其能够实现本发明。那么怎样的细节才足以使技术人员能够实现呢？应该是使相关领域的技术人员无需进行大量实验就能够制造和使用本发明。

为了使本领域的技术人员能够实现，根据35 U.S.C. 112（a）的规定，必须在说明书中列出发明人设想的实施其发明的最佳模式，也就是最佳的具体实施方式。一种实施方式就是一个完整的技术实现方案，虽然根据所述的要求，其中的一些内容可以简化或省略，但技术人员在看完一个实施方式后，还是可以按图索骥而无需花费创造性的思维就可以得到本发明的各种成果，从而能够实施本发明。既然权利要求就是对发明的最简洁的描述，那么在本部分中，就可以以权利要求作为骨架向其填充具体内容，从而得到完整的技术方案。例如，权利要求1保护一种化合物（A），其通过使组分（B）和组分（C）进行化学反应（D）而制备。可以看出在该权利要求1中出现3个技术特征：组分（B）、组分（C）、化学反应（D）。那么在本部分的描述中，就应该说明一种发明人设想（或实际实现过）的实施方式，具体对该组分（B）和组分（C）各自的化学结构式；以及化学反应（D）的具体操作过程进行明确的描述，同时也可以进而说明它们的可能的替代结构式、操作方式、相关的物理参数、操作参数等。

应该注意的是，最佳模式并不意味着是发明人已经实现或取得的工作实例。例如，本发明保护一种发动机，其工作效率是现有发动机的2倍。那么最佳模式可以是发明人基于现有的经验和实验结果设想的结构模式，而发明人并不需要提供在现实中已经实现工作效率为2倍的发动机的任何原型机、实验参数证据等。

进而，本部分的描述应该成为权利要求的字典，而提供权利要求中使用的所有技术术语的明确的支持或者基础。同时，必须对权利要求中指定的每个特征进行说明。例如，权利要求1保护一种带断电保护功能的变压器，对于该断电保护功能的技术术语，在本部分的描述中应该具有对其的明确说明。又例如，权利要求1保护一种装置，其具备控制部、执行部、以及只读存储器（ROM）。那么在本部分的描述中应该对控制部、执行部、以及只读存储器这3个技术特征都有所说明。其中只读存储器是公知的元件，因此在本部分中只要对其在装置中的连接关系和作用等进行描述即可。而控制部、执行部是本发明特有的部件，就需要对其结构和实现方式等进行具体描述。

在最佳的实施方式的说明中适当使用附图标记可以使说明与附图结合而变

得更清楚、明确，但必须正确应用附图标记，不能将一个附图标记用于两个不同的部分。还需要保证所有的附图标记都在具体描述部分中进行描述。

（7）说明书摘要。

①背景。摘要的目的是使专利局和公众能够通过粗略浏览来快速确定技术公开的性质和要点。

②内容。专利摘要是该专利技术公开的简明陈述，并且应该包括本发明所属领域的新内容。摘要不应指本发明的声称或推测应用，也不应将本发明与现有技术进行比较。如果该专利具有基本性质，则整个技术公开可能是本领域的新技术，并且该摘要应该针对整个公开内容。如果该专利具有改进的设备、工艺、产品或组成的性质，则该摘要应包括改进的技术公开。应避免在摘要中使用专利权利要求中使用形式和法律用语，如"手段"和"所述"等，应该避免使用可以隐含的短语，如"本公开涉及""本发明所定义的公开内容""本公开描述"等。

③形式。摘要必须单启一页，优选地在权利要求之后，在"摘要"或"公开摘要"的标题下，摘要页不包括本申请的其他部分。摘要应该是叙述形式，并且限于单个段落，优选在 50~150 个字的长度范围内，不应超过 15 行。

（8）附图。

对于附图而言，与我国相关规定最大的差异在于：根据 35 U. S. C. 111 的规定，除外观设计申请之后的其他申请，附图不是给予申请日的必要条件，因此，附图可以在申请日之后补交。

①附图的补交。在美国专利申请中，附图被分为两类，这两类对于补交附图的要求和后果也并不相同。

a. 不是理解发明所必需的附图。对于如果审查员认为没有该附图不影响对发明的理解，但是用附图来例示更便于理解本发明时，可以要求申请人补交附图并且补交的附图中不能引入新内容。例如，说明书中记载了本发明的显示器与对照例的显示器相比，在可见光范围内的亮度提升大约 5%。即使没有该附图也可以理解本发明，但是用附图，可以更好地理解本发明，那么本发明的显示器与对照例显示器的亮度对照图就属于"不是理解发明所必需的附图"。

此种情况下，补交附图不会改变申请日，但是 35 U. S. C. 113 规定了申请日之后提交的附图不能用于克服说明书公开不充分导致的无法实施；或者为了解释权利要求的范围而补充到原始公开中。这与我国专利申请中对附图的要求完全不同。

b. 理解发明所必需的附图。缺少此类附图，导致无法理解发明，进而可能导致专利无法授权。例如，权利要求书中一种装置包括部件 A、部件 B 和部件 C，示出了部件 A、B 和 C 的附图就是理解所要求保护的发明所必需的附图。如果补交此类附图，需要修改申请日。这类附图补交的规定与我国专利申请中对附图补交的要求类似，在此不再赘述。

②形式要求。❶

a. 黑白绘图，最常用的情况，用墨水绘制。

b. 彩色绘图，发明专利很少用，对于发明专利仅在申请人提交的解释为什么必须使用彩色绘图的陈述书（Petition）已被批准的情况下才能被接受。

c. 黑白照片和灰度图，仅在照片是示出所要求的发明的唯一可行媒介时才被允许，如电泳图、组织细胞等。

d. 彩色照片，彩色照片仅在能同时满足黑白照片和彩色绘图的条件下才可以接受。

e. 化学式或数学式、表单和波形图可以作为附图提交。

f. 页边，顶部至少 2.5 厘米，左侧至少 2.5 厘米，右侧至少 1.5 厘米，底部至少 1.0 厘米。

g. 两幅或更多幅图之间不能有投影线连接，附图不能含有中心线。

h. 一幅图位于两页或更多页纸上时，应保证能组合出完整的图，而没有遗漏部分。

i. 附图必须保证缩小至 2/3 时仍然能清晰。

j. 如果阴影能帮助理解本发明，附图中可以使用阴影。

k. 附图标记高度不能小于 0.32 厘米，不能与线有交叉、不能置于有阴影线或阴影的表面上。

l. 附图的页码用阿拉伯数字连续编号，必须在每页的顶部中央部分，不能在页边部分，并且包括每页的页码和总页数，如总计 8 页附图，第 1 页附图，可以标记为 1/8。

m. 申请日后提交的附图要标明"替换页"或"新增页"。

③实质要求。❷

a. 附图中应示出权利要求中提到的所有特征。对于一些现有的特征，当

---

❶ 37 CFR 1.84.

❷ 37 CFR 1.83.

其详细示图对于适当理解本发明不是必要的时,可以采用简单的方框等在附图中显示。

b. 当发明是对现有技术的改进时,附图中必须示出与旧结构没有任何连接关系的改进部分本身。

c. 在说明书已示出的表和序列表不能再包含在附图中。

d. 相同的部分必须始终由相同的附图标记指定,并且不能使用相同的附图标记指定不同的部分。不同的部件必须用不同的附图标记指示。

e. 说明书中未提及的附图标记不应出现在附图中。说明中提到的附图标记应当出现在附图中。

4.1.2.2 中国申请人撰写说明书的注意事项

(1) 发明名称。

发明名称个人建议包含本发明的所有种类并且采用最宽权利要求的前序部分,如果申请是部分继续申请或分案,发明名称应反映新的发明。

(2) 相关申请的交叉引用。

从美国专利局最近的规定看,优先权信息可以在申请数据表中列出,这视为隐含的援引。尽管如此,还是推荐加入该交叉引用来明确援引。这样做的好处是,如果在美国专利申请中出现缺页或者翻译错误的情况,可以通过这样的陈述方式从所援引加入的申请中补入内容或改正错误。

(3) 发明背景。

①技术领域匹配独立权利要求的前序部分。个人建议技术领域与独立权利要求的前序部分相对应,尽量不包含发明点。这是因为增加的发明点很可能包含在检索报告中,并且所有的权利要求很可能被解释为包含该新颖性特征。

②背景技术不对本发明进行描述。如果最接近的技术是申请人自己的没有公开的内容,不应在背景技术部分进行描述。在背景技术部分要避免使用诸如常规方法、现有技术类似的术语来承认已知的产品(方法)是现有技术,推荐使用术语"发明人所知的"。

③尽量不使用发明人绘制的附图。有的中国申请人在撰写背景技术时,习惯使用发明人绘制的附图,通过背景技术的附图和本发明的附图比较来明确本发明的发明点所在。这样的撰写方式虽然有利于专利申请的阅读者更好地理解本发明,但是在美国专利申请中,这样的操作方式却带来了很大的风险。这是因为通常背景技术部分的内容在审查中会认定为现有技术,可以被直接用于对

权利要求的新颖性和创造性做出负面评价。

④不要批评和贬低现有技术。因为这样做可能会限制等同侵权原则的应用，所以尽量简要和客观地对现有技术进行描述。

（4）发明的简要说明。

在美国专利申请中，发明内容并非说明书的必要部分，因此可以省略。即使包括发明内容部分，建议遵循以下两点。

①避免技术问题和技术效果。在发明内容部分采用"三步法"的原则，即先描述本发明要解决的技术问题，然后描述技术手段（与权利要求相对应的技术方案），最后描述取得的技术效果，这样的表述在中国和欧洲专利申请中被广泛使用，但是在美国申请中应尽量避免对技术问题和技术效果的描述。这样做的原因在于发明内容部分记载的目的和效果通常被解读为本发明所必须解决的技术问题和取得的技术效果❶，从而不当地限制权利要求。

②没有从属权利要求。在发明内容部分，建议不要出现独立权利要求以外的技术特征或限定，即使是从属权利要求也不要出现。

（5）附图的简要说明。

附图说明应该明确表示附图是用于对实施例进行说明，而不是发明本身进行说明，由此，应该避免如下的描述："图1示出了本发明的电子设备"。而尽量表述为："图1示出了根据本发明的至少一个实施例的电子设备的框图"。实际上，整个说明书都应当避免使用"本发明"的表述方式。此外，不建议将现有技术的图包括在附图中，在发明人或者申请人不明确的情况下，不应对附图进行"现有技术"的标记。

（6）发明的具体描述。

①术语。如果说明书和权利要求书中使用了本领域中没有被广泛采用的术语，那么需要对该术语在说明书中进行定义。说明书和权利要求中的术语要保持一致，尽量避免绝对用词，如"必须的""最重要的""唯一的"等。在说明书中不对安全性进行描述，以避免产品责任诉讼。

②功能限定。针对MPF类权利要求，在说明书中应当给出功能限定的多个具体实施方式，包括具体的结构、材料和动作，如果为纯软件发明，则也需要在说明书中具体公开算法流程，以尽量避免35 U.S.C.112（b）规定的不清楚的审查意见。

---

❶ *Gentry Gallery, Inc. v. Berkline Corp.*，45 USPQ2d 1498（CAFC 1998）.

③针对专利适格性。专利适格性在 Alice 案之后被越来越多地使用,关于专利适格性判定在第五章第二节。在说明书中的撰写中应尽量描述本发明的方案的技术场景,讲述专利故事;尽量描述硬件结构,以及硬件组件之间的相互作用;针对软件发明,应该尽量描述算法流程;尽量描述本发明带来的有益效果,尤其是美国专利局提及的能够带来显著高于司法例外的那些有益效果,从而避免此类驳回意见。

④关于数值范围。美国是一个判例法的国家,在 KSR 案之后,美国审查员不倾向于接受数值范围作为区别技术特征,通常认为仅有数值范围的区别是非显而易见的,或者容易想到的。为了尽可能地克服这样的审查意见,建议在给出足够的支持及针对该范围重要性的有说服力的描述。但同时申请人应当做好无法说服数值范围使本发明具有创造性的准备。

(7)摘要。建议用保护范围最广的独立权利要求进行改写,避免法律用语,如"said""comprises""means"等,不包括技术效果。

(8)附图。由于美国专利申请要求权利要求中的所有特征都必须在附图中标识出来,由此建议在说明书中提到的部件哪怕是公知的部件也尽量在附图中显示,以便后续在修改权利要求时从说明书中加入的特征也在附图中显示。否则,特别是在修改权利要求书之后,很有可能收到权利要求无法实施的审查意见,此时,由于补充的附图特征被审查员认为是新内容而不接受补交的附图,所以只能通过删除权利要求特征才能克服该缺陷。

为了克服上述提及的专利适格性的审查意见,建议尽量提供本发明的工业场景的应用图,以及具体算法流程图。

此外,在提出美国专利申请时,还需要注意以下几个方面。

①注意实线、虚线区别,例如,实线通常是指可看到或包含的特征,虚线通常指看不到或可选的(模块)特征。

②附图中的标号引线尽量用波浪线形式,避免用直线形式,以免与图中线条混淆。

③标号引线的端部尽量指向框图的边框,避免进入框图内部。

④剖面图等注意剖面线。

⑤相同结构的不同附图之间的对应性,避免同一实施例中相同结构在不同视图中矛盾。

⑥附图标记和图中的线条及阴影等不要重叠。

⑦附图中避免使用"第一实施例""第二实施例""第三实施例"等表述,

推荐使用"至少一个实施例"或"一些实施例"。

⑧箭头所指到的表面一般是指该表面。

⑨最好使用可编辑的矢量图。

（9）关于超级链接。

不要通过超级链接或其他形式的浏览器可执行代码引用说明书以外的内容。

4.1.3　申请文件其他部分的撰写

（1）关于联邦政府资助的研究的声明。

如果政府承包人持有美国专利权，要求在专利申请的开头部分包括如下声明：

The U. S. Government has a paid – up license in this invention and the right in-limited circumstances to require the patent owner to license others on reasonable terms as provided for by the terms of Contract No. （or Grant No.） awarded by （Agency）.

（2）联合研究协议各方的名称。

如果申请人希望使用 35 U. S. C. 102（c）的法定例外的权利，则需要提供该部分信息。

（3）关于发明人或联合发明人事先披露的声明。

该声明可以应用于 35 U. S. C. 102（b）中现有技术排除的证据。

（4）序列表、表单和计算机程序列表。

序列表、计算机程序列表和单个长度超过 50 页或多个总长超过 100 页的表单可以通过光盘提交。光盘应满足以下条件：

①光盘是只读介质并且数据一旦录入后不能被改变或擦除。

②光盘必须符合国际标准组织（International Organization for Standardization, ISO）9660 标准，光盘上的内容必须符合美国信息交换标准码（American Standard Code for Information Interchange，ASCII）。

③每个光盘必须装在硬的光盘盒内并放入未封口的有衬垫保护的信封内并且需要附带一封纸件的传输函，传输函需列出各光盘的机器格式（如 IBM – PC）、兼容的操作系统、光盘所含文件列表［包括文件名、大小（按字节计）］、创建日期，以及识别、维护或解释光盘上信息所需的其他专用信息。

④除了仅包含计算机可读形式序列表的光盘之外，其余光盘都需要复制两

份，分别标明"副本1"和"副本2"。传输函必须包括一个声明，表明两个光盘内容相同。当内容不同时，官方将使用标有"副本1"的光盘进行处理。

⑤对光盘内容的任何修改都需要提交替换光盘，替换光盘上应标有"替换日期、副本1的替换光盘"和"替换日期、副本2的替换光盘"，并且在传输函中必须包括一个声明，表明替换光盘内未引入新内容。

⑥说明书必须在单独的段内包括对光盘内容引入的表述（即序列表、表单和计算机程序列表的引用），标明光盘内所含的文件名、创建日期及文件大小。

⑦光盘必须标有以下信息：（a）每个发明人的名字（如果已知）；（b）发明名称；（c）代理备案号或申请号（如果有）；（d）光盘的创建日期；（e）如果提交多个光盘，应标注序号；（f）"副本1"或"副本2"的标识。

⑧一旦两个光盘都不可读，则视为未提交。

⑨在计算说明书超页费时，通过官方电子提交系统提交的光盘的内容不计入说明书页数。

4.2 专利申请文件的翻译

4.2.1 翻译的总体要求

笔者认为，专利申请作为技术性法律文件，除普通翻译所要求的信、雅、达标准之外，最重要的是要将技术方案翻译准确，否则可能会导致真正想要保护的技术方案得不到保护。为使技术方案翻译准确，笔者认为至少要做到以下两点：术语翻译准确，语句翻译准确。

（1）术语翻译准确。

为了使术语翻译准确，代理人一方面需要不断积累该技术领域的知识并持续关注该技术领域的发展，另一方面需要与发明人多沟通，因为发明人作为在本技术领域的前沿者，掌握的信息会更丰富且更准确。在翻译中要注意避免直译或字面翻译导致翻译后的英文不能表达真实的技术方案甚至背离真实的技术方案。可参考以下2个示例。

  例1：在预设时间内所述前缀表中记录的信息没有被更新的情况下，老化所述前缀表中记录的信息。

  "老化"这个词如果被直译成"aging"，则无法理解如何"aging"前缀表中记录的信息。通过上下文理解,真实的意思应该是"删除"前缀表中记录的信息,因此译为"delete"。

例2:一种头戴式耳机,译为"A headset"。

"headset"的基本词义是"a pair of headphones"❶。但是目前更多指虚拟实现设备中的头戴式设备❷,如图4-2-1所示。

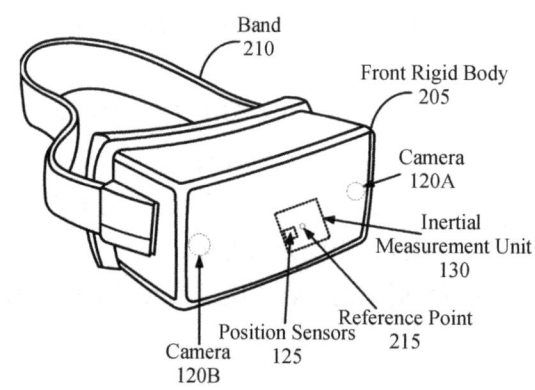

图4-2-1 专利附图示意图

因此,头戴式耳机译成"headphone"比"headset"更恰当。

(2) 语句翻译准确。

由于中文表达和英文表达的语法及逻辑等方面的差别,笔者过往的翻译经历经常遇到的情况是:虽然中文语句的含义能够理解,但直译之后英文的含义反而不清楚。因此,大部分情况下,描述技术内容的中文语句是不能直译的,需要代理人在理解整个技术方案之后再进行翻译。

例3:这就需要服务器的内存足够大。

直译或字面翻译:It would require enough large memory of the server。

建议翻译:It would require the server to have a relatively large memory。

建议的翻译与中文实际想要表达的意思"需要服务器具有大内存"完全相同。

另外,在专利申请文件的翻译中,要确保译文清楚,不存在多义性,以避

---

❶ 朗文出版公司. 朗文当代英语辞典(英语版)[M]. 北京:外语教学与研究出版社,1997.
❷ 美国专利 US10078218B2。

免对技术方案形成误解。

例4：中文：在晶体管 D1 的输出电流变为零的情况下延迟一个等待时间，接通第一开关。

译文：The first switch is turned on after a wait time is elapsed in a case that the output current of the transistor D1 becomes zero.

仅从译文来看"after a wait time is elapsed"与"in a case that the output current of the transistor D1 becomes zero"之间的逻辑关系并不明确，因此英译文的含义存在多义性。除了原文的含义之外，还可以理解为："在经过了等待时间之后，在晶体管 D1 的输出电流变为零的情况下，接通第一开关"；这显然不是原文要表达的意思。这种情况下，需要对英文进行调整。例如，建议改译为：

In a case that the output current of the transistor D1 becomes zero, the first switch is turned on after a wait time is elapsed.

(3) 逻辑顺序。

翻译时需要留意逻辑顺序。也就是说，一般由先前出现的元素引出新的元素。

例5：中文："一装置包括 X。X 与 Y 相连接。"

建议翻译成"An apparatus includes X. X is connected with Y."，而不是"An apparatus includes X. Y is connected with X."

下面将具体讨论专利申请文件各个部分的翻译。

4.2.2 权利要求书

权利要求的翻译方式和说明书的翻译方式是不同的。说明书要用叙述性的语言翻译，权利要求的翻译需要使用权利要求语言（Claim Language）。

4.2.2.1 独立权利要求

独立权利要求的结构包括：前序部分（Preamble）、过渡词（Transition）及主体（Body），如：

A method for …, comprising:

doing …; and

doing ….

"comprising"为过渡词,其前面部分为前序部分,其后面部分为主体部分。

中文独立权利要求中"其特征在于"这样的表达不用翻译出来,前序部分和主体部分直接由过渡词衔接。

如果对"其特征在于"进行了翻译,比如翻译成了"characterized in that",则"characterized in that"前面的部分会被审查员认定为申请人承认的现有技术(Applicant Admitted Prior Art,AAPA)。审查员无需检索对比文件即可认定"characterized in that"前面的部分为现有技术。

方法独立权利要求的翻译示例如下:

A method for …, comprising:

doing …;

doing …;

doing …; and

doing …,

wherein the ….

如果方法独立权利要求中有执行主体,则示例如下:

A method for …, comprising:

doing, by sth., …;

doing, by sth., …;

doing, by sth., …; and

doing, by sth., ….

产品独立权利要求的翻译示例如下:

A device for …, comprising:

a sth., …;

a sth., …;

a sth., …; and

a sth., …,

wherein the….

在装置权利要求中,"用于"这个词可以翻译为"configured to"或"arranged to"。

4.2.2.2 从属权利要求

对于从属权利要求,如果该从属权利要求描述的是附加的技术特征,则翻译示例如下:

The method according to claim 1, further comprising:

doing ….

The device according to claim 1, further comprising:

a sth., ….

对于从属权利要求,如果该从属权利要求是对所引用的权利要求中出现的技术特征进行进一步限定,则翻译示例如下:

The method/device according to claim 1, wherein the ….

由以上可见,中文从属权利要求中经常出现的"其特征在于"这样的字眼,在美国专利申请文件中,被"further comprising"或"wherein"所替代,以体现不同的从属权利要求类型。

4.2.2.3 权利要求翻译的其他方面

1. 隐含操作动作的表述

如果权利要求中涉及 when 的状语从句隐含有操作动作时,建议翻译成动作形式的语句。

例如,针对下述描述"当所述开关电路满足第一条件时,……",很可能第一反应的翻译为"when the switch circuit meets a first condition, doing …"。但是,这样翻译后的技术特征在审查过程中很容易被审查员忽略掉,而且这里面隐含有一个确定操作。因此,笔者建议翻译为:

determining that the switch circuit meets a first condition;

doing….

这样翻译后,使得技术特征在权利要求的主体部分显得更为突出,更容易被审查员注意到。

2. 冠词

每组权利要求中首次出现的技术特征,冠词用"a"或"an",不能用"the",即使是序数词也是要用"a"或"an",例如,"第一控制器"即使在第一次出现也应译为"a first controller",而不是"the first controller"。

技术特征非首次出现且引用前面出现的同样的技术特征时,冠词用

"the"。也即,"所述"翻译为"the"。

例如:

①A low‐voltage control system, comprising:

a first pick‐high circuit configured to…; and

a low‐voltage control circuit configured to …,

wherein the low‐voltage control circuit…。

②The system according to claim 1, wherein the first pick‐high circuit…。

另外,不同组权利要求中的特征即便相同,也不能因为一特征在前组出现过而在后面的组中出现时就用"the"。每组权利要求也即每个技术方案需要保证各自的独立性。

同样,背景技术、发明的简要说明、附图的简要描述、发明的具体描述、摘要这些部分都各自独立,均遵循上面的说明。

3. 缩写

当在一组权利要求中第一次提到缩写时,要写出其全称,并把缩写写在全称后面的圆括号里面,如"downlink control information (DCI)"。缩写第一次提到之后,在该组后面使用时直接用其缩写而不是全称。

当另一组权利要求也需要提到缩写时,首次出现的缩写也需要写出其全称。在说明书部分(包括背景技术、发明的简要说明、附图的简要描述、发明的具体描述)和摘要,也遵循上面的说明。

4. 代词

为了避免指代不清楚,翻译权利要求时避免使用代词,如"it"及"which"等。同样地,为了避免不清楚,也不建议使用"thereon""therein"及"thereof"等。此建议同样适用于申请文件的其他部分。

5. 可选择性用语的翻译

对于X包括"A、B和C中的至少一个"这种可选择性表达,建议翻译为"at least one of A, B or C",因为这样的措辞应该包括了所有可能的变量,即:

X = A, X = B, X = C, X = A + B, X = A + C, X = B + C, 以及 X = A + B + C。

针对马库什(Markush)形式的可选择性表达,"X选自由A、B、C和D组成的组中的材料"或者"X包括选择由A、B、C和D组成的组中的至少一种材料",翻译的示例有"X is a material selectedfrom the group consisting of A, B, C or D"或者"X includes at least one material selectedfrom the group consisting of A，B，C or D"。

其中，"A，B，C or D"属于可选列表，该可选列表应当是封闭的，所以需要用封闭式词语如"consisting of"来引领，而不能使用开放式或半开放式词语如"comprising"或者"essentially consistingof"来引领。

该说明同样适用于说明书的翻译。

6. 复数的译法

当明确表示可以是多个时，中文通常使用"至少一个""一个或多个""多个"等，第一次使用时，可以译为"at least one""one or more"或"a plurality of"类似的词语，后续再次出现时使用"the at least one""the one or more"或"the plurality of"。另外，"at least one"和"a plurality of"属于权利要求特有的用语，在说明书中建议用其他同义词替代。

4.2.3 说明书

4.2.3.1 发明名称（Title）

在中文专利申请中，我们经常能看到如下的发明名称："一种……方法/装置"。但是在翻译发明名称时，不用将"一种"翻译出来。换言之，在英文发明名称中要避免出现冠词"a""an"及"the"。

英文发明名称中的字母全部大写，不超过500个字母。

4.2.3.2 相关申请的交叉引用（Cross-reference to Related Applications）

通过，相关申请的交叉引用的具体内容示例如下：

"本申请要求于××××年××月××日提交的中国申请号……的申请的优先权，其全部内容通过引用的方式并入本文中。"

对此，翻译示例如下：

"This application claims priority to CN patent Application No. …, filed …, the content of which is hereby incorporated by reference in its entirety."

4.2.3.3 技术领域（Technical Field）

"技术领域"部分的这个小标题，建议译为"Field"，而避免翻译成"Field of Invention"。

常见的中文技术领域的描述如下：

"本发明涉及……，尤其涉及……。"

对此，翻译示例为：

"The present disclosure generally relates to …, and in particular to a …."

中文专利申请文件里面，经常用"本发明"这样的描述。但是在美国专利申请文件全文中要避免使用"invention"这个词，以避免对所要求保护的技术方案造成限制。因此，"本发明"通常会翻译为"the present disclosure"。

4.2.3.4　背景技术（Background）

出于与"技术领域"这个小章节类似的原因，也尽量不要将"背景技术"翻译成"Background of Invention"，仅翻译成"Background"。

美国专利申请文件中要避免使用"prior art""conventional""traditional"这种承认或暗示现有技术的词语。一旦使用这样的术语，美国审查员可以直接使用申请文件中提到的 AAPA 来评价所要求保护的技术方案的新颖性和（或）创造性。因此，如果中文申请文件背景技术中确实写了"现有技术"这样的词语，建议翻译成例如"existing art"或"art known by the inventor(s)"。

4.2.3.5　发明的简要说明（Brief Summary of Invention）

类似地，"发明内容"这个小标题不建议翻译成"Summary of Invention"，而是仅仅翻译成"Summary"。

在美国专利申请中，通常避免提及"本发明的目的是……""本发明所要解决的技术问题是……"，因为这样的描述均会对所要求保护的技术方案造成限制。

如果 PCT 国际申请的发明内容部分确实存在这样的描述，则建议翻译成："according to various embodiments, it is provided …"。

翻译发明内容部分与独立权利要求对应的内容时，用一般现在时。如果发明内容部分包含有与从属权利要求对应的内容，翻译时谓语部分用"may + 动词原形"的表述，以表示该技术特征并不是发明的必要技术特征。

在翻译发明内容这个小章节中的技术方案时，不能直接拷贝权利要求的翻译。因为权利要求的翻译使用的是权利要求语言（Claim Language），这不适用于发明内容乃至整个说明书。说明书全文需要用叙述性的语言来翻译。

例如，有如下独立权利要求：

1. 一种 D2D 通信安全配置方法，所述方法包括：

获取指示终端的安全能力的第一信息；

依据所述第一信息确定是否向终端反馈安全配置响应消息或安全配置响应消息的内容。

发明内容部分对应为：

本发明第一方面提供一种 D2D 通信安全配置方法，所述方法包括：

获取指示终端的安全能力的第一信息；

依据所述第一信息确定是否向终端反馈安全配置响应消息或安全配置响应消息的内容。

权利要求的翻译示例如下：

1. A security configuration method for Device to Device (D2D) communication, comprising:

acquiring first information indicating security capability of a User Equipment (UE); and

determining whether to feed back a security configuration response message or a content of the security configuration response message to the UE according to the first information.

在发明内容部分，对应内容建议翻译成：

According to some embodiments of the presentdisclosure, a security configuration method for Device to Device (D2D) communication is provided. First information indicating security capability of a UE is acquired. It is determined according to the first information whether to feed back a security configuration response message or a content of the security configuration response message to the UE.

另外，"comprise" "comprising" 和 "wherein" 这类词语属于权利要求的特有语言，不能在说明书和摘要中使用，可以使用同义词进行代替，例如 "include" " including" "in which"。

发明内容部分的有益效果对美国专利申请文件来说不是必需的。如果中文申请文件中已经包含了这部分，则在翻译的时候，要尽量避免使用限制性的词语，以避免限制范围，如 must、need、critical、key、only、necessary、require、 vital、essential、never、always、better、preferably 和 optimal 等。

4.2.3.6　附图的简要说明（Brief Description of The Several Views of The Drawing）

附图的简要说明这部分的小标题建议译为："Description of Drawings"。对于中文专利申请文件中使用的"根据第一实施例"及"根据第二实施例"这类表述，可以在翻译时改译为"根据一些实施例"。提供下述中文撰写示例供参考：

图1为示出了根据一些实施例的用于……方法的流程图。
图2为示出了根据一些实施例的用于……的装置的结构的示意图。

相应的翻译示例如下：

FIG. 1 is a flowchart illustrating a methodfor …according to some embodiments.

FIG. 2 is a schematic diagram illustrating a structure of a device for … according to some embodiments.

4.2.3.7　发明的具体描述（Detailed Description of the Invention）

发明的具体描述这部分的小标题建议译为："Detailed Description"。这部分对应于我国说明书中的具体实施方式，这个部分应该是整个翻译中的重中之重。首先，技术方案的详细内容主要在这个部分中体现。其次，由于中文语言表达的逻辑性松散，这部分也是整个翻译中的难点所在。如果这部分翻译不准确，可能会导致将来答复审查意见过程中无法基于这部分修改权利要求，甚至即便可以修改，也可能使权利要求偏离了真正想要保护的技术方案。

在翻译这部分内容时，经常会遇到以下难点：语句冗长、语句语法不正确，或者语句含义不清楚等。如果针对上述情况仍然直译或字面翻译的话，则非常有可能导致翻译后的英文难以理解，甚至背离了真实的技术方案。

因此，在翻译之前，强烈建议先通读整个专利申请文件以理解技术方案。只有在理解技术方案的基础上才能将专利申请文件想要表达的真实含义准确地翻译出来。

下面结合例子说明具体实施方式这部分的翻译。

（1）保证每个段落各自完整，避免一个语句跨两个甚至更多个段落。

例如，中文里面经常能看见下述表达方式：

一种……方法，该方法包括：

步骤101：……；

步骤102：……；以及

步骤103：……。

建议翻译成：

A method for… may include step 101, step 102 and step 103.

At step 101, ….

At step 102, ….

At step 103, ….

其中，前文已提到了"comprise"是权利要求用语，在说明书中"包括"可以翻译成"include"。

"step"这个词暗含了步骤的完成必须按照一定的顺序。因此，对于并非必须按照一定顺序执行的方法步骤，翻译的时候也可尽量避免使用"step"这个词，而使用"action（操作）"。

在描述步骤时，中文经常这样表达："步骤101，获取电流信号"。加下划线部分如果直译为"obtaining a current signal"或"obtain a current signal"，则语法不正确。因此，建议将"步骤101，获取电流信号"翻译为"at step 101, a current signal is obtained"。

如果上述步骤针对所要求保护的技术方案来说，并非是一个必要技术特征，则还可以翻译为"the method may include obtaining a current signal at step 101"。

（2）尽量使用短句，避免在一个句子里使用多个从句。

例如，原文为：

电子器件与充电电路通信，该充电电路产生低功率能量信号，该低功率能量信号是能够提供低功率传输的能量信号。

翻译为：

The electronic device communicates with a charging circuit that generates a low–power energy signal, which is an energy signal capable of providing low–power transmission.

上述翻译，从译文的准确性方面来看没有任何问题。但是，基本上来说，一个句子里面如果从句过多或者代词过多，会导致句子的含义理解起来比较困难，易读性差，不如短句那样直接明了。因此，建议少用从句，多使用短句，提高易读性。如果有必要使用从句，需要确保从句的含义容易理解，更要避免出现多义性。

建议改为短句：

The electronic device communicates with a charging circuit. The charging circuit generates a low – power energy signal, which is an energy signal capable of providing low – power transmission.

（3）如果中文本身是长句，则建议拆分成短句进行翻译。
下面这个例子是一个段落，而且整个段落只有一个句子。

控制模块判断接收到的是AC发来的报文还是PW发来的报文，若收到AC发来的报文，则将报文发送给AC处理模块，若收到PW发来的报文，则将报文发给PW处理模块。

建议翻译时拆分成如下3个短句：

The control module judges whether the received messge is sent from the AC or PW. If the received message is sent from the AC, the control module sends the received message to the AC processing module. If the received message is sent from the PW, the control module sends the received message to the PW processing module.

（4）限制性词语。
在翻译中要尽可能避免使用限制性的词语，例如：preferably/preferred、define/definition、require、necessary、must、always、mandatory、only、solely、important、essential、critical、crucial、exactly、key、vital、never、none、exactly 等。

4.2.4　附图（Drawings）

如果附图中含有方法流程图，则方法流程图各个框中的步骤建议以动词为开头并采用动词原形的方式翻译（图4-2-2）。

4.3 美国专利申请文件的要求

4.3.1 限制性条款及重复授权

4.3.1.1 限制性条款[1]

美国专利审查中的"Restriction Requirement"（限制性要求）是在处理美国专利申请过程中经常遇到的一种审查意见。当一件申请中包含多组权利要求时，美国审查员经常会针对权利要求书中的不同组的权利要求提出"限制性要求"。美国专利审查中的限制性要求与中国专利审查和 PCT 国际申请审查中的"单一性（unity）"虽然都涉及同一件申请仅能够包括一项发明和创造，但是判断标准是不同的，不能混为一谈。

限制性要求适用于按照 35 U.S.C. 111（a）而提交的美国国家申请。例如，通过《巴黎公约》途径要求在先申请的优先权而提交的正式申请、基于美国正式申请而提交的 CA 或 CIP，以及 PCT 国际申请按照旁路（Bypass）递交的美国申请。限制性要求不适用于基于 35 U.S.C. 121 针对未被选择的发明而提交的分案申请，也不适用于 PCT 国际申请按照 35 U.S.C. 371 条款进入美国国家阶段的专利申请，美国国家阶段申请应按照单一性（Unity）来进行审查。以下将对美国专利申请中的限制性要求和单一性进行详细介绍。

1. 限制性要求

审查员作出"限制性要求"的依据为 35 U.S.C. 121 条款，该条款是关于分案申请的条款，规定了如果一件申请要求保护两项或两项以上独立的（Independent）且可分的（Distinct）发明，可以要求将该申请限制为其中一项发明。

限制性要求针对两种对象，一种是要求对"发明"（Invention）作出"限制"（Restriction），另一种是要求对"子类"（Species）作出"选择"（Election）。

对发明的限制通常涉及不同类型的发明，如产品及其制造方法、产品及其制造装置、装置及其使用方法等。当一件专利申请中含有上述不同类型的发明

---

[1] MPEP 800.

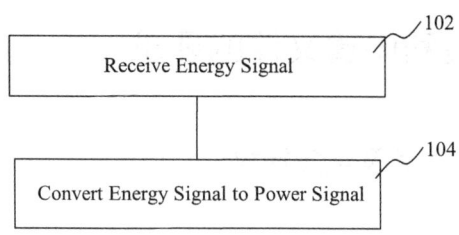

图 4-2-2　附图示意图

4.2.5　摘要（Abstract）

翻译之后需要确认字数没有超过规定的 150 个单词，翻译时非必要单词尽量缩减。

翻译摘要时，避免使用法律术语（legalese），例如，"comprising" "a plurality of" 及 "means" 等，可以使用 "include" "a number of" 等同义词代替。

摘要中也要避免使用限制性的词汇，如 "invention" "disclosure" 及 "embodiment" 等。

摘要一般描述与一个独立权利要求对应的内容。但是，不要直接复制权利要求语言，而是需要用陈述性的语言改写独立权利要求的内容。

下面提供一摘要的翻译示例。

　　本发明公开了一种界面显示方法，其中，该方法包括：接收触控屏上触点连续的运动轨迹；根据该运动轨迹，划分触控屏为多个显示区域或多层显示区域；以及通过该多个显示区域或多层显示区域，显示应用程序界面和/或应用列表界面。

　　An interface display methodis provided. A motion trail of a continuous touch on a touch control screen is received. The touch control screen is divided into multiple display areas or multiple layers of display areas according to the motion trail. An application program interface and/or an application list interface is displayed via the multiple display areas or the multiple layers of display areas.

从上面的示例可以看出，摘要中的主题部分直接翻译成 "a method for … is provided"，避免翻译为 "the present disclosure/invention provides …"；并且，每个技术特征用独立的陈述句表达。

且彼此之间独立或可分开时，则可能会招致限制性要求。

对子类的选择通常涉及同一类别下的不同或并列实施例。例如，有以下一组权利要求：

① 一种装置，包括 A、B 和 C；
② 根据权利要求①所述的装置，其中 C 为 C1；
③ 根据权利要求①所述的装置，其中 C 为 C2；
④ 根据权利要求①所述的装置，其中 C 为 C3；

权利要求①为总括式权利要求（Generic Claim），其限定了一个种类（Genus）——C。从属权利要求②~④分别限定 C 的一个子类（Species），即 C1、C2 和 C3。在此情况下，审查员可以通过限制性要求通知书要求申请人从子类 C1、C2 和 C3 中作出选择。

审查员可以作出"限制性要求"的标准包括：（Ⅰ）发明必须是独立的（Independent）或者是可分（Distinct）的且（Ⅱ）对审查员的检索和审查存在严重负担（Serious Burden）。一件国家申请即使可能包括独立的或可分的发明的权利要求，但是只要检索和审查可以在排除严重负担的情况下完成，那么审查员应当进行实质审查。只有当审查员有理由认为一件申请的权利要求书中同时存在两种以上情况时，才可以发出"限制性要求通知"。

（1）发明必须是独立的或者是可分的。

① "独立的"是指发明与发明之间是不相关的（Unrelated）。如果没有公开的这两个发明可以一起使用并且它们具有不同的设计、操作模式和效果，从而没有公开它们之间的关系，则它们是不相关的。例如，权利要求保护"核燃料组件"和"制造液晶显示面板的方法"。制造液晶显示面板的方法不能用来制造核燃料组件，因此，这两个发明彼此是不相关的，即独立的。

子类的"独立的"是指各个子类不相关，也即各个实施例是独立的。

② "可分的"是指两个或两个以上发明是相关的但又是可分的。例如，权利要求保护一种检测方法和实施该检测方法的检测装置。但是，检测方法还可以由其他检测装置或者手工实施；或者检测装置也可以实施其他检测方法。这样的两个发明不是独立的，是相关的，但是属于"可分的"。

如果相同类型的两件发明中的第一件发明不会对第二件发明造成侵权，并且第二件发明也不会对第一件发明造成侵权，那么这两件相同类型的发明被认为是互相排斥的或者范围没有交叉，从而是可分开的。如果相关的两件产品发明或者相关的两件发明之间满足以下条件，那么它们是可分开的：（a）范围没有交叉，即互相排斥；（b）不是明显变型；（c）不能一起使用或者具有不同的材料设计、操作模式或效果。例如，中间产品和最终产品不是明显的变形而是互相排斥的（范围没有交叉），并且中间产品除了可以用于制作最终产品之外还可用于制作其他产品，通常在最终产品中找不到中间产品本身，那么中间产品和最终产品虽然是相关的，但是是可分开的。

子类的"可分的"指各个子类彼此之间是专利性上可分的（Patentably Distinct），即一个子类相对于另一子类具有非显而易见性。

（2）对审查员的检索和审查造成严重负担。

如果审查员基于合理理由认为申请存在以下情况之一，可以认为对审查员存在严重负担。❶

①单独分类：各发明具有单独的主题，因而具有单独的检索领域，所以需要单独进行分类。这种情况下，审查员不需要引用专利来证明各发明属于单独分类。

②在技术上是单独状态，即使可以分类在一起，但是各发明已经形成单独的主题。这种情况下，审查员可以引用专利作为证据表明各发明在技术上是单独的状态，并且也是单独的检索领域。

③不同检索领域：需要检索不同的类或子类或电子资源，或者采用不同的检索式，表明检索领域不同。在这种情况下，即使各发明可以分类在一起审查员也不需要引用专利来证明检索领域不同。

事实上，在美国专利申请过程中，对于是否对审查员造成严重负担的判断非常主观，很大程度上取决于审查员的意愿。

2. 单一性

上一文中的限制性要求适用于美国普通申请，而不适用于 PCT 国际申请按照 35 U.S.C. 371 进入美国国家阶段的专利申请。美国国家阶段申请应当用单一性（Unity）来进行审查。该单一性要求与中国的单一性要求及 PCT 国际申请的单一性类似，都要求两项以上的发明应当在技术上相互关联，包括一个或多个相同或相应的特定技术特征，在此不再展开说明。

---

❶ MPEP 808.02.

4.3.1.2 重复授权

美国审查员作出"重复授权"的依据为 35 U.S.C. 101，其规定了每件发明可授予一项专利。由于美国专利法在 2013 年 3 月 16 日之前的旧法采用的是先发明制（First – to – Invent），之后的新法（AIA）采用的是发明人先申请制（First – Inventor – to – File），这与我国的先申请制（First – to – File）有着根本的不同，导致在 35 U.S.C. 102 中关于新颖性的判断中列出了现有技术的例外情形，具体参见本书第五章第一节。这些例外情形的存在为一项发明被授予多项专利权提供了可能性，这可能导致专利保护期不当地延长，明显侵犯了公众利益，重复授权将解决该问题。因此，在美国重复授权的原则是防止不当延长专利保护期❶，这与我国为了防止权利之间存在冲突❷而禁止重复授权大不相同。

在美国专利申请中，重复授权有两种，一种是法定重复授权（Statutory Double Patenting），另一种是非法定重复授权（Nonstatutory Double Patenting）。

无论是法定重复授权还是非法定重复授权，均只针对所涉及的申请或专利具有至少一个共同的发明人（申请人）和（或）共同的受让人或这些申请或专利同属于一个联合研发协议的情况。也就是说，针对在权属关系上有特定联系性的申请或专利，审查员可以提出重复授权的问题。如果无此关系，申请不适用于重复授权问题，而应当用其他方式解决。

重复授权可以发生在两件或多件待决（Pending）申请之间，一件或多件待决申请与专利之间，或者正在复审（Reexamined）的专利与一个或多个申请和/或专利之间。但是，重复授权不涉及尚未进入美国国家阶段的 PCT 国际申请。如果正在复审的专利是在 2004 年 12 月 10 日或之后授权的并且在案卷中已经记录了联合研发协议的证据，则重复授权可以适用于属于一个联合研发协议的情况。如果是在 2004 年 12 月 10 日之前授权的，则不适用于属于一个联合研发协议的情况。

重复授权不仅发生在发明与发明申请之间，也可以发生在发明与植物（Utility – Plant）申请之间，或者专利发明与外观设计（Utility – Design）申请之间。发明与植物申请之间和发明与外观设计申请之间的重复授权标准与发明

---

❶ MPEP 804.
❷ 《专利审查指南 2010（修订版）》第二部分第三章第 6 节"对同样的发明创造的处理"。

与发明之间的相同，下面关注发明与发明申请之间的重复授权。

下面将针对这两种分别说明。

1. 法定重复授权

法定重复授权也称为"相同发明的重复授权"（Same Invention Double Patenting）。这与中国《专利法》第9条中的"同样的发明创造只能授予一项专利权"类似，因此，针对这种类型的重复授权，处理方式与中国专利申请中的重复授权类似。

（1）判断标准。

法定重复授权的判断标准是：是否存在被审权利要求会被字面侵权（Literally Infringed）而对照权利要求不会被字面侵权的情况。如果是，则不存在法定重复授权，否则存在法定重复授权。也就是说，是否存在这样一个实施例，它落入被审权利要求的范围内但是不会落入对照权利要求内。如果存在这样的实施例，则不存在法定重复授权。

例如，被审权利要求限定了具有"卤素"取代基的化合物，对照权利要求限定了除了具有"氯"取代基代替卤素的相同化合物，由于"卤素"比"氯"范围更广，因此不具有同等范围（Coextensive in Scope）。因此，不存在法定重复授权。

（2）解决办法。

法定重复授权可以通过删除或修改冲突的权利要求使其不再具有同等范围来避免。

（3）临时法定重复授权。

当涉及的专利申请是共同待决（Copending）申请或者已公开的申请，尚没有一件申请授予专利时，如果审查员认为它们的权利要求涉及相同的发明，则会发出临时法定重复授权驳回通知，其相同发明的判断标准与法定重复授权的判断标准相同。

如果临时法定重复授权涉及的申请中尚有其他驳回条款时，临时法定重复授权可以暂时搁置，这是因为在克服其他缺陷时，权利要求可能被修改，从而可避免具有同等范围解决了临时法定重复授权的问题。

如果临时法定重复授权涉及的多件申请中，一件申请的临时法定重复授权是唯一驳回条款时，需要以该申请的有效申请日是否为最早来确定处理办法：

①该申请的有效申请日是最早的，此时，该临时法定重复授权转换为其余涉及申请中的"法定重复授权"通知，并且允许该有效申请日最早的申请

授权；

②该申请的有效申请日并不是最早的（包括相同），则必须在按照解决法定重复授权的办法解决该临时法定重复授权之后，才能被授权。

注意：确定有效申请日时不考虑本国和外国优先权日，因为在确定专利权保护期时也没有考虑优先权日。

2. 非法定重复授权

非法定重复授权是司法上基于公共利益考量而产生的驳回理由，除了防止两件专利性上不可分的发明在前后两件专利中得到保护而导致专利期限不正当延长之外，还防止针对相同发明的专利性上不可分的变型的多个专利的不同受让人对被控侵权人的多个诉讼。

如果被审权利要求与对照权利要求保护范围不同，但是在专利性上不可分（Not Patentably Distinct），则可能被认为非法定重复授权，但被审权利要求与对照权利要求曾经涉及同一"限制性要求"的除外，也就是说针对"限制性要求"所涉及的权利要求而提出的分案申请不适用非法定重复授权。

（1）判断标准。

在非法定重复授权的判断中，至少一个被审的权利要求由于相对于对照权利要求是可预见的（Anticipated）或显而易见的（Obvious），而与对照权利要求是专利性上不可分的。

①可预见性分析。当对照权利要求落入被审权利要求范围内时，如被审权利要求是上位概念，而对照权利要求是子类或下位概念时，相对于对照权利要求来说，被审权利要求是可预见的。因此，如果在子类授权之后，再对上位概念授予专利权则子类会被不当地延长专利保护期。此时即可确认存在非法定重复授权，而不需要进行显而易见性分析。

以下两种情况不属于可预见的，需要进行显而易见性分析：（a）被审权利要求是子类或下位概念，而对照权利要求涉及上位概念，也即被审权利要求落入对照权利要求的范围内；（b）被审权利要求与对照权利要求的保护范围有重叠但是对照权利要求的范围并未落入被审权利要求范围内。

②显而易见性分析。该显而易见性分析首先确定对照权利要求和被审权利要求之间的不同之处；然后判断上述不同之处对于本领域技术人员是否显而易见。在确定对照权利要求和被审权利要求之间的不同之处时，对照申请（专利）中落入对照权利要求范围内的内容可以用来解释对照权利要求，但是没有落入对照权利要求范围内的内容不可以用来解释对照权利要求。

③可分性的单向测试（One-way Test for Distinctness）。所谓可分性的单向测试是指只需要确定被审权利要求对于对照权利要求是可预见的或显而易见的，即可发出非法定重复授权驳回。可分性的单向测试适用于以下情况：

a. 被审权利要求所在的申请是在后提交的；

b. 被审权利要求和对照权利要求所在的申请是同日提交的；

c. 被审权利要求所在的申请是在前提交的，并且没有出现以下情况：在前提交申请的审查中，USPTO是唯一对于延迟有责任的人；在前申请提交时无法在同一申请中包括被审权利要求和对照权利要求。例如，被审权利要求范围更大并且是A完成的，而对照权利要求范围更小且是A和B共同完成的，当在前申请提交时，由于关于共同发明人的相关规定没有明确授权可以以没有对专利中每个权利要求所限定的发明做出了贡献的共同发明人的名义提交专利申请，而不得不提交多件申请以要求保护被审权利要求和对照权利要求。申请人在在前提交申请的答复审查意见期间提出过延期请求，那么就不满足条件。

④可分性的双向测试（Two-way Test for Distinctness）。所谓双向测试是指不仅需要确定被审权利要求对于对照权利要求是可预见的或显而易见的，而且需要确定对照权利要求相对于被审权利要求是可预见的或显而易见的。只有在两次确定都认为是显而易见的情况下，才发出非法定重复授权驳回。

可分性的双向测试仅适用于被审权利要求所在的申请是在前提交的，并且同时满足以下两条：一是在前提交申请的审查中，USPTO是唯一对于延迟有责任的人；二是申请人无法在单一（即在前提交的）申请中提交被审权利要求和对照权利要求。

⑤基于等同原则的非法定重复授权。在一些情况下，可以基于等同原则而作出非法定重复授权驳回。例如，MPEP 804中给出了法院利用等同原则认定非法定重复授权而无效权利要求的示例。在 *Geneva Pharmaceuticals Inc. v. GlaxoSmithKline PLC*，349 F.3d 1373，1385-86，68USPQ2d 1865，1875（Fed. Cir. 2003）案中，在前专利的专利要求保护一种化合物并且在说明书中描述了该化合物的唯一用途，作为证明对于抑制β-内酰胺酶对人体有效的量。在后专利仅通过使用该化合物的方法来要求保护在前专利公开的用途。法院通过等同原则而非显而易见性分析确定在后专利的权利要求与在前专利的权利要求不是专利性上可分的，从而认为属于非法定重复授权，而无效了在后专利的权利要求。

(2) 解决办法。

可以通过末期放弃（Terminal Disclaimer）来避免非法定重复授权。

注意：末期放弃不能用来解决法定重复授权。

(3) 临时非法定重复授权。

当涉及的专利申请是共同待决（Copending）申请或者已公开的申请，尚没有一件申请授予专利时，如果审查员认为它们的权利要求不是专利性上可分的，则会在每件申请中发出临时非法定重复授权驳回通知，其判断标准和方法与非法定重复授权的判断标准和方法相同。

如果临时非法定重复授权涉及的申请中尚有其他驳回条款时，临时非法定重复授权可以暂时搁置，这是因为在克服其他缺陷时，权利要求可能被修改，从而使被审权利要求和对照权利要求之间是专利性上可分的，因此不存在非法定重复授权。

如果临时非法定重复授权涉及的多件申请中，一件申请中临时非法定重复授权是唯一驳回条款时，需要以该申请的有效申请日是否为最早的来确定如何处理：(a) 该申请的有效申请日最早的，此时，该临时非法定重复授权转换为其余涉及申请中的"非法定重复授权"通知，并且允许该有效申请日最早的申请授权；(b) 该申请的有效申请日并不是最早的（包括相同），则必须在按照解决非法定重复授权的办法解决该临时非法定重复授权之后，才能被授权。

注意：确定有效申请日时不考虑本国和外国优先权日，这是因为在确定专利权保护期时也没有考虑优先权日。

4.3.2 披露的义务

37 CFR 1.56 和 37 CFR 1.555 规定了一项特别的义务——信息披露（Information Disclosure）义务，要求和专利申请的提交和审查有关的所有人基于诚实的义务在专利申请的整个过程中要将所知晓的与专利申请相关的所有材料递交给 USPTO。所有负有信息披露义务的人员可以通过向 USPTO 递交 IDS 来履行此义务。

1. 何人有披露义务？

履行递交 IDS 义务的主体是与专利申请的提交和审查有关的所有人，包括：申请的每个发明人；撰写和审查意见答复有关的每个代理人；其他实质性涉及申请的撰写和审查答复并且与发明人、申请人、受让人或者与有义务转让该申请的任何人相关的每个其他人。

注意：诸如辅助专利申请的打字员、书记员或类似人员不属于实质性涉及申请的人，没有信息披露的义务。

2. 何时递交？

在美国专利申请处于待决（Pending）状态期间，即从美国专利申请之日起到专利证书颁发之日，以及再颁、单方复审（Ex Parte Reexamination，EPR）、多方复审（Inter Partes Review，IPR）以及补充审查阶段，都有义务递交IDS。

原则上，所有信息应在"首次知晓"之日起3个月内提交，申请前知晓的内容可以在申请之日起3个月内提交。"首次知晓"主要是指：负有递交义务的主体首次知道该文件与申请的专利性相关之日，在同族申请的审查意见或检索报告中所引用的对比文件的首次知晓日是实际收到之日，那么递交这样的对比文件的期限为审查意见或检索报告的实际收到之日起3个月内。申请人或发明人等自行检索后发现的对比文件也需要在首次发现之日起3个月内递交。但是，中国申请人或发明人一般都是在中国国内申请递交前进行的检索，等到递交美国专利申请时，从知晓这些对比文件之日起必然超过3个月了。在这种情况下，在美国专利申请提交之日起3个月内提交，在下发非最终驳回意见前递交这些对比文件都是免费的。

在专利申请的待决阶段提交的IDS应该被审查员考虑，未被考虑的文件需要查明原因，确定是否需要补交。如果补交IDS，需要根据案件的状态，确定是否需要提交声明、缴费或者启动RCE、再颁、EPR或补充审查程序，以便被审查员考虑。

对于专利证书颁发之后的其他时间，如果专利权或任何公众希望将一些信息记录在专利案卷中，也可以按照35 U.S.C. 301和37 CFR 1.501提交至USPTO。此阶段提交的文件限于：现有技术的专利、印刷出版物或者专利权人提交的与专利权利要求范围相关的书面陈述。审查员不会考虑在该阶段提交的文件，如果需要审查员考虑这些文件，需要启动再颁、EPR或补充审查程序。

3. 何种材料需要递交？

前面已提到，与专利申请的专利性相关的材料都需要递交。所谓"与专利性相关的材料"，是指与专利申请的新颖性、创造性、清楚性等影响专利是否可授权相关的材料。

在实际操作中，相关材料通常来源于以下几种：

（1）确定该申请的权利要求范围有关的最接近的信息。

①申请文件中引用的文献和技术交底书中包含的文献。

②发明人/申请人/代理人自行检索的对比文件。

需要递交自行检索的对比文件，并不意味着为了递交 IDS 必须进行检索。只不过是如果申请人主动进行了检索，则需要将检索到的材料作为信息揭露声明递交。

（2）除美国之外同族申请所引用的对比文件。

由除美国之外的外国专利局作出的审查意见或检索报告中所引用的对比文件也需要作为 IDS 提交至 USPTO。此处所谓同族申请是指权利要求范围实质相同的申请，并不仅指要求相同优先权或同一 PCT 国际申请进入各国国家阶段。

最常见的此类文件包括：

①中国优先权申请及其中国同族申请的审查意见或检索报告中列出的对比文件，中国同族申请可以是同日提交的发明和实用新型中的另一件申请，以及分案申请等。

②欧洲、日本、韩国等各国和地区同族申请的审查意见或检索报告中列出的对比文件。

③PCT 国际申请的国际检索报告中列出的对比文件，美国国家申请如果是按照 35 U.S.C. 371 进入美国国家阶段的可以不用提交该类文件，如果是按照 35 U.S.C. 111（a）必须要提交该类文件。

（3）美国相关申请的对比文件。

被美国审查员认为涉及重复授权的两个美国专利申请，需要交叉递交 IDS。例如，申请 A 和申请 B 涉及重复授权，在申请 A 中，已提交了对比文件 X1、X2 并且审查意见中引用了 X3；在申请 B 中，已提交了对比文件 Y1、Y2 并且审查意见中引用了 Y3。那么，需要将申请 B 中的 Y1、Y2 和 Y3 作为 IDS 递交至申请 A 中，将申请 A 中的 X1、X2 和 X3 作为 IDS 递交至申请 B 中。

另外，递交至母案中的且已被审查员考虑的 IDS 及母案中审查员检索到的对比文件无须重复递交至分案申请、接续申请或部分接续申请（统称为"后续案"）中。因为母案中的这些材料会自动视为后续案中的一部分。当然，保守起见，也可以将母案中的这些材料递交至后续案中。

反过来，后续案中审查员检索到的对比文件，则需要交到母案中，前提是母案仍然处于审查中。

（4）与诉讼和（或）审判相关的信息。

如果诉讼和（或）审判程序涉及的专利正在审查过程中，则需要递交在诉讼和（或）审判程序中所涉及的与专利性相关的信息，以备审查员在判断专利性的过程中考虑。专利审判与上诉委员会（PTAB）所进行的审判程序包括 IPR、授权复审（Post – grant Review）、覆盖商业方法复审（Covered Business Method Reviews）及衍生程序。

（5）非英文文献。

如果所需提交的文件是非英文的，需要同时附上其英文简介，如摘要的英文译文（用机器翻译也可接受）。如果递交 IDS 时仅包含非英文文献而未包含其（至少部分）英文简介，审查员可能不会考虑该文件，这将导致需要重新递交。重新递交时，距离首次知晓日可能超过 3 个月，这样就有可能需要缴费甚至提 RCE 等。

4. 未尽义务的后果

USPTO 要求申请人坦率诚实的递交 IDS。如若发现申请人隐瞒 IDS 不递交，则有可能导致专利申请不被授权或授权后的专利无效或不允许实施。因此，隐瞒的后果非常严重，建议对于无法判断是否与专利性相关的文献都尽可能递交。

5. 如何递交？

递交 IDS 根据美国专利申请的状态及对比文件首次披露的时间而不同。下面参照图 4 - 3 - 1 详细说明自申请至授权公告阶段 IDS 的递交。

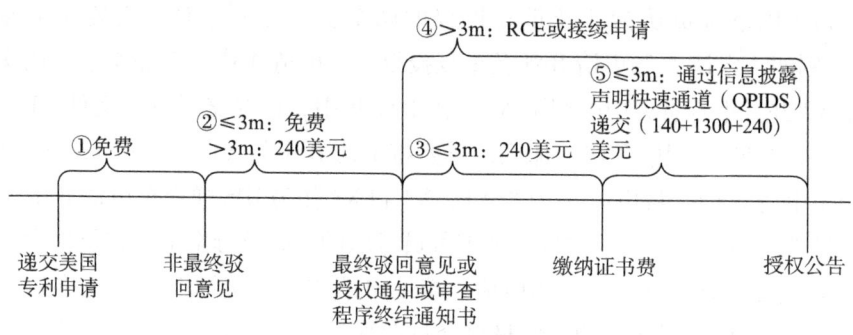

图 4 - 3 - 1　IDS 在美国专利申请各阶段的情形

（1）情形①。

此情形为美国专利申请递交之后，首次下发非最终驳回意见（Non - final Rejection）之前或者提交 RCE 后首次下发非最终驳回意见之前。在此阶段递交 IDS 免费，无需 37 CFR 1.97（e）中规定的声明，即所有文件是在首次知晓日起 3 个月内提交的，以下称为 3 个月内声明。

（2）情形②。

此情形为非最终驳回意见下发之后，最终驳回意见（Final Rejection）或授权通知（Notice of Allowance）或审查程序终结通知书（Ex Parte Quayle Action）下发之前。如果从首次知晓日起至递交时未超过 3 个月，则递交 IDS 免费，但是需要同时提交 3 个月内声明；否则，需要缴纳 IDS 提交费（Fee for Submission of an Information Disclsoure Statement），目前为 240 美元。

（3）情形③。

最终驳回意见或审查程序终结通知书下发之后，或在授权通知下发之后缴纳证书费之前，并且首次知晓日至递交时未超过 3 个月。在此情形下，需要提交 3 个月内声明并且缴纳 IDS 提交费 240 美元。

（4）情形④。

此情形为最终驳回意见、授权通知或审查程序终结通知书下发之后，颁发证书之前并且首次知晓日至递交时超过 3 个月。在此情形下，需要通过提交 RCE 或接续申请、再颁的方式使申请重新回到待决状态来递交 IDS。

（5）情形⑤。

此情形为缴纳证书费之后、授权公告（即证书颁发日）之前并且首次知晓日至递交时不超过 3 个月。在此情形下，可以通过 QPIDS 途径递交 IDS。通过 IDS 快速通道递交时，需要同时提交 3 个月声明并且缴纳请求撤回颁发证书的费用（140 美元）、RCE 请求费（1300 美元，如果是第一次 RCE），以及信息披露提交费（240 美元）。

通过 IDS 快速通道递交之后，如果审查员考虑了该 IDS 且认为其不影响申请的专利性，则下发新的授权通知并退回请求 RCE 的官费 1300 美元。如果审查员认为该 IDS 可能会影响申请的专利性且需要进一步审查，则退回 IDS 的官费 240 美元，进入 RCE 程序。

2018 年，USPTO 宣布 QPIDS 将成为一个永久性项目。

需要说明的是，上述提及的费用是目前针对申请人为大实体的情况，如果申请人是小实体，则费用减半。如果申请人是微小实体，则费用再减半。

从上面递交 IDS 的整个过程来看，IDS 的递交要把握 3 个月准则，即在首次知晓日起 3 个月内递交 IDS。这样可以避免启动额外的程序并缴纳昂贵的费用（比如提 RCE 及缴纳 RCE 的费用）才能将 IDS 递交进去的状况。

4.4 专利申请文件的修改

《巴黎公约》途径和 PCT 途径是我国企业和个人提出美国专利申请的常用途径。从前面的介绍可以看出,美国专利申请文件的要求与我国专利申请的要求有很多不同之处,为了更好地在美国获得专利授权和专利保护,基于我国在先专利申请提交美国专利申请时,建议在提交前根据美国对申请文件的要求修改申请文件。下面针对上述两种途径提出美国专利申请时,对在先专利申请文件进行的修改分别进行说明。

4.4.1 基于《巴黎公约》途径提出美国专利申请时的专利申请文件的修改

基于《巴黎公约》途径提出美国专利申请时,需从权项的附加费、当前了解的现有技术情况,以及发明人的技术是否有改进等方面综合考虑专利申请文件的修改。下面针对基于《巴黎公约》途径提出美国专利申请时的专利申请文件的修改作进一步详细说明。

对于基于《巴黎公约》途径提出美国专利申请的修改,涉及申请文件布局结构类的形式修改和实质内容方面的修改。结合上节介绍的美国专利申请文件的形式和内容,通过表 4-4-1 可以清楚地看出中国专利申请文件与美国专利申请文件布局和形式上的差异。

表 4-4-1 中美在申请文件布局和形式上的差异

名称	中国	美国
摘要	第一部分,页码单独编号	作为说明书的最后一部分,单独分页,编号续前页
摘要附图	第二部分,页码单独编号	说明书不包括摘要附图,仅在请求书指明作为摘要附图的图号
权利要求书	第三部分,页码单独编号	说明书的一部分,在具体描述之后、摘要之前,单独分页,编号续前页
说明书	第四部分,页码单独编号	第一部分,页码与权利要求书和摘要一起编号
附图	第五部分,页码单独编号	第二部分,页码单独编号

因此,在准备美国专利申请文件时,需要按照表 4-4-1 的要求,对申请文件的布局和页码进行调整。

除了形式修改之外,根据美国专利申请实践,在提出美国专利申请时可以从以下几个方面针对专利申请文件的实质内容作出适应美国专利申请要求的修改。

(1) 发明名称。

通常,撰写时发明名称涵盖了权利要求所要保护的所有主题。例如,权利要求保护一种界面显示方法和界面显示装置,相应地,发明名称会被撰写为"界面显示方法和装置"。但是,最终授权的权利要求可能不一定包含装置,这样一来,发明名称的描述就不是很有针对性。为了避免这种情况,发明名称尽量宽泛些,上例中发明名称可修改为"界面显示",对应的英文翻译为"interface display"。

发明名称应使用"描述性"语言,例如,不能使用单纯的"装置"等。美国审查员曾经在审查意见通知书中指出"显示装置"不属于描述性语言,需补入权项中的部分特征,如"具有……的显示装置"。

(2) 新增相关申请的交叉引用。

交叉引用是美国专利申请中特有的段落,通过在此部分的明确援引可以将在先申请的内容并入本申请中,而我国专利申请中不允许通过引用的方式并入在先申请的内容。因此,美国申请专利中,建议在标题下方新增相关申请的交叉引用段落。例如,相关申请的交叉引用可以采用下面的表述方式:

> 本申请要求于××××年××月××日提交中国专利局、申请号为×××××××××的优先权,其全部内容据此通过引用并入本申请。

(3) 发明背景。

①技术领域。在我国专利申请中,技术领域应当是要求保护的发明或者实用新型技术方案所属或者直接应用的具体技术领域,而不是上位的或相邻的技术领域,也不是发明或实用新型本身❶。因此,美国专利申请和我国专利申请对技术领域的要求基本上相同,在提出美国专利申请时,可以根据新近了解的现有技术的状况(如在先申请审查过程中审查员使用的对比文件),判断当前技术领域的表述是否合适,并考虑是否需要相应调整技术领域的表述。

②背景技术。在我国专利申请中,背景技术中除了写明对发明的理解、检索、审查有用的背景技术,还要客观地指出背景技术中存在的缺点和本发明要

---

❶ 《专利审查指南2010(修订版)》第二部分第二章第2.2.2节"技术领域"。

解决的问题。❶ 而基于上一节的分析，这与美国专利申请中对背景技术的要求有所不同，建议从以下几点修改背景技术。

a. 避免承认现有技术。美国审查员通常认为背景技术中描述的方案是申请人默认的现有技术，因此，美国审查员可以基于背景技术中描述的技术方案评述本申请的创造性。为了避免被默认承认较多的现有技术，可以从以下几个方面简化背景技术部分的描述：

尽量简要引出技术问题；尽量避免使用绝对性的说明；尽量避免陈述过多的相关技术特征；尽量不使用发明人自行绘制的附图，这是因为附图显示的特征通常多于文字表达的特征；若需使用，需要从文字描述上清楚区分出背景技术附图和本发明方案的附图，并且确定附图及其所属文字都属于现有技术，不能影响本案新创新性。

"现有的""传统的"等承认属于已知技术的词语建议改为"相关的""相关技术中""发明人已知的"等相对比较中性的表述。

删除对现有技术内容缺点的评价，如果确实需要由此引出本发明的发明点可以将这部分放在说明的具体描述部分，因为发明人发现问题的过程也是创造性劳动的一部分。

b. 描述语言尽量与实施例中的不同。在必须描述一些现有技术中特征的情况下尽量避免采用与说明书实施例中完全相同或相似的语言陈述相同的部件。

例如，现有技术为 A + B + C，本发明为 A + B + C + D（或 A' + B' + C' + D）；对于特征 A + B + C 的描述，背景技术中应尽量简化，尽量以不同的方式去描述，以免审查员基于背景技术直接找到 D 而简单结合。

若已经采用完全相同的描述，可能的情况下，尽量挖掘、补充本方案中由于采用 D 导致 A + B + C 之间在功能、原理、效果等方面产生的改变加以补充。

c. 附图标记尽量与实施例中的不同。相同的标号通常指代相同的元件，因此，尽量针对背景技术和实施例中的相同元件采用不同的附图标记，以免在后续陈述本发明中这些元件与背景技术或对比文件中相应元件存在不同时增加困扰。

d. 尽量不要引用具体的技术文献。国内申请中背景技术中习惯引用具体的技术文献，并给出具体出处，例如，"目前，各种散热器结构众多。如中国

---

❶《专利审查指南 2010（修订版）》第二部分第二章第 2.2.3 节"背景技术"。

专利200420099197.0号便提出了一种'钢铝复合柱翼式散热器'"。

但在美国专利实践中,背景技术中不建议引用具体的技术文献,因为背景技术中引用具体的技术文献容易导致下述问题:

一是错误或不当的阐述技术文献中的内容,容易不当地扩大引用的技术文献的内容,并容易将原本不相关的技术承认为属于相关技术。

二是技术文献中存在更多的相关技术,容易导致禁反言问题。

在某些必须引用具体的技术文献情况下,尽量引用英文对比文件,优选具有中英文同族的对比文件。另外,描述文献中的内容时,不要进行概括和总结,而直接引用其摘要部分。

e. 技术问题。由于在美国专利申请中,技术问题并非背景技术中的必要部分,建议可以从背景技术中删除本发明要解决的技术问题。

如果仍然想保留技术问题,可以根据新近了解的现有技术的状况(如在先申请审查过程中审查员使用的对比文件),判断当前描述的技术问题是否合适、是否有利于区别现有技术。例如,可以从以下几个方面考虑技术问题的选择:

范围最宽独立权利要求的技术方案可以解决哪些技术问题,对于最宽独立权利要求不能解决的技术问题,建议从此处删除;现有技术的情况;选取有利于获得合理保护范围并有利于规避现有技术的技术问题;针对小改进发明,考虑是否存在技术偏见、技术问题的先发现。由于美国允许基于技术问题的首先发现而产生的发明具备专利性([A] patentable invention may lie in the discovery of the source of a problem even though the remedy may be obvious once the source of the problem is identified)等❶,从而为后续陈述本案具备创造性奠定基础。

(4) 发明的简要说明。

国内申请中,通常在发明内容中陈述本申请所要解决的技术问题及达成的技术效果。而在美国专利实践中,上述本申请所要解决的技术问题及达成的技术效果有可能会不当地限缩本申请的保护范围,即禁反言问题,因此,为了防止产生不当的禁反言问题,可删除发明部分中陈述的本申请所要解决的技术问题及达成的技术效果。

例如:如果该部分内陈述本申请的目的是"为了克服上述缺陷,实现一

---

❶ *In re Sponnoble*, 405 F.2d 578, 585, 160 USPQ 237, 243 (CCPA 1969).

种散热片间距小、总散热表面积大，又加工容易的散热器"；被诉侵权者可能会尝试争辩其所生产的产品不同时具备上述三个特征：散热片间距小、总散热表面积大又加工容易的散热器。换言之，被诉侵权者可能会尝试争辩其所生产的产品不是"散热片间距小、总散热表面积大且加工容易"的散热器，因而不侵权，这样为被诉侵权者提供了可争辩的空间。

需要说明的是，此处仅为举例说明发明的简要说明部分中陈述的本申请的目的、所解决的技术问题、所要达成的技术效果可能会影响保护范围，并非仅基于发明陈述的内容就可以排除被诉侵权者不侵权。

(5) 附图及简要说明。

美国专利实践中，权利要求中提到的特征均需要在附图中显示，否则可能会被审查员以不满足可实现性要求（Enablement）而拒绝该修改。虽然在美国存在在申请日后补交附图而不会修改申请日的情况，但是此类缺陷无法通过后补附图来克服。因此，一定要复核权利要求书提到的所有特征均在附图中标出。

此外，说明书中提到的元件尽量在附图中显示，以便后续在意见陈述修改权利要求时从说明书中加入的特征也在附图中显示。此外，在提出美国专利申请时，还需要注意附图的形式要求，如最小字号等，尽可能减少补正的发生。

对于附图的简要说明，国内申请撰写时习惯使用第一实施例、第二实施例、第三实施例等表述。此类表述在美国申请中，容易收到限制性要求通知书，因此，建议修改为诸如"至少一个实施例""一些实施例""至少一个实施方式"或"一些实施方式"的表述。

(6) 发明的具体描述。

①与我国专利法相同部分的复核。此部分与我国专利申请中的具体实施方式类似，要求对优选的具体实施方式进行详细说明，以支持权利要求，并且使发明或实用新型所属技术领域的技术人员能够实现该发明或实用新型。与我国的要求类似，美国专利申请也要求发明的具体描述部分能够支持权利要求并且对权利要求的技术方案进行充分公开。为此，在对中国在先申请进行修改时，可以从下面几个方面进行复核，不满足时进行修改。

②每个技术方案能够实现。例如，实施例中简单提及本发明中的其他实施例中还可以采用方案 A 等，需要确保在本发明中的其他实施例中采用方案 A 是可以实现的，且实现的方式需要与描述的实施例中采用相同或相似的方法，而不需要本领域技术人员创造性的劳动，否则易导致说明书公开不充分的

问题。

③技术方案原理描述正确。需确保技术方案的原理、工作过程等的描述正确，以免对保护范围造成不利影响。

④各技术部分组合成整体方案时不能存在矛盾。例如，一套设备包括两大块系统，其中一块包括特征 A+B+C+D，另外一块包括 C+D+E+F；这两块各自运行都没问题。然而，在作为一个整体时，存在不能实现或者说未清楚说明 C+D 如何既可以跟 A+B 合作运行，同时又可以跟 E+F 合作运行，导致说明书公开不充分的问题。

⑤元件名称、标号前后一致。说明书中存在元件标号及名称错误时，可能导致方案混淆不清。

⑥数值范围清楚。数值后面标记对应的单位，以免不清楚。特别是对于数值范围的两个端值，每个数值后面标记对应的单位，以免范围不确定。例如，"所述微纳米结点的直径为 20 纳米~200 微米"。

⑦方法步骤。"步骤"在英文中译为"step"，这个词暗含了步骤的完成必须按照一定的顺序。因此，对于并非必须按照一定顺序执行的方法步骤，可以将中文专利申请中的"步骤"这个词修改为"操作"。这样，翻译的时候也可以避免使用"step"这个词，而使用"action"。

⑧最佳实施方式。我国关于具体实施方式部分要求公开优选的具体实施方式，但是并没有规定必须要公开最佳的具体实施方式。但是在美国专利申请中，要求公开发明设想的实施其发明的最佳模式。如果在申请日，发明人对于未记载在说明书的最佳实施例是已知的，而且本领域技术人员根据所公开的内容不能实现该最佳实施例，那么审查员可能会发出最佳模式驳回。

因此，在提交美国专利申请时，需要复核以前发明人提供的资料，如果发明人已知的最佳模式并没有记载在说明书中，需要补入。

⑨关于数值范围。美国专利实践中，审查员通常认为数值范围的变化是显而易见的。因此，需要在说明书中记载每个数值范围对应解决的技术问题、达成的效果、功能等，以上最好有实验数据说明。例如，可参考下面的实验说明。

> 将实施例四的导电聚合物的纳米材料作为气体传感器，其中哑铃两端被用来和外界电路连接，中间的导电聚合物纳米线用来作为敏感材料。以干燥空气作为稀释气体和参比气体，以氨气作为待测气体，以导电聚合物的导电性能作为信号输出进行检测。经过测试，本例的气体传感器比采用

一般的材料制备的气体传感器灵敏度高,可以达到1ppb,如图4-4-1所示,是目前商化的气体传感器的几十万倍。其中R为氨气通入后的导电性,R_0为空气状态下的导电性。

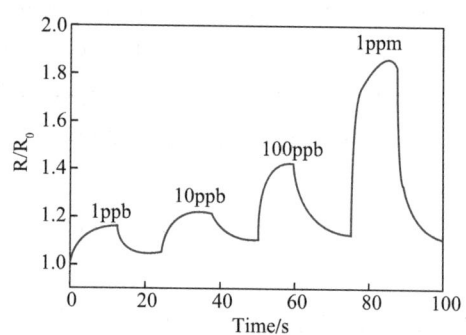

图4-4-1 气体传感器灵敏度随通电时间变化图

采用实验数据的方式可以有效地证明参数变化的重要性和非显而易见性。因此,涉及数值范围变化的发明时,尽量补入实验数据。

⑩虚拟模块元件。国内专利申请中支持虚拟模块元件的保护可参考如下。

一种基于支持向量机的视频对象识别系统,其特征在于,该系统包含:样本生成单元、轮廓特征生成单元及支持向量机模型单元,其中,样本生成单元,用于构造训练样本及根据接收的视频对象构造视频对象样本并输出至轮廓特征生成单元;轮廓特征生成单元,用于根据接收的训练样本生成训练样本轮廓特征数据及根据接收的视频对象样本生成视频对象样本轮廓特征,输出至支持向量机模型单元;支持向量机模型单元,用于根据接收的训练样本轮廓特征数据,生成支持向量机模型;根据接收的视频对象样本轮廓特征,识别出视频对象所属的类别并输出。

在美国专利实践中,美国专利申请有限度地支持虚拟模块元件的保护,但是:(a)美国专利申请中要求说明书中记载实现虚拟模块的功能的具体结构或方法等,使本领域技术人员了解如何实现虚拟模块的功能;(b)虚拟模块的保护范围对应于说明书中记载的实现虚拟模块的功能的具体结构或方法等。

若说明书未记载实现虚拟模块功能的具体结构或方法,则易导致不清楚。为了避免该问题,说明书应尽量描述本申请所涉及的硬件,如硬件环境等。此外,可以在说明书中增加处理器的描述以说明相关虚拟模块的功能可以由处理器实现。例如,可以参考下面的表述。

以上实施例可以由硬件、软件或者硬件和软件的结合实现。例如，本申请实施例中描述的各种方法、步骤和功能模块（或功能单元）可以由处理器实现（处理器是指广义上的处理器，包括CPU、处理单元、ASIC、逻辑单元或者可编程逻辑阵列，等等）。本申请实施例中描述的过程、方法和功能模块可以由一个单独的处理器实现也可以分别由多个处理器实现。本申请实施例或权利要求中所述的处理器应当理解为一个或者多个处理器。本申请实施例描述的过程、方法和功能模块也可以由一个或者多个处理器、一个或者多个处理器的硬件逻辑电路或者二者的结合可执行的机器可读指令来实现。此外，以上描述的实施例可以以软件产品的方式实现。该计算机软件产品存储在非易失性存储介质中并包括一系列指令用于使得计算机设备（例如，个人计算机，服务器或者网络设备如路由器、交换机、接入点，等等）来执行本申请实施例中所描述的方法。

对于在说明书中增加处理器的描述以说明相关虚拟模块的功能可以由处理器实现。分为两种情况：一种情况是处理器本身固有的功能就可以实现虚拟模块的功能，如存储功能；另一种情况是非处理器本身固有的功能可以实现虚拟模块的功能。对于非处理器本身固有的功能可以实现虚拟模块的功能的情况，尽量增加相应的步骤描述以具体描述虚拟模块的功能是如何实现的，如增加简单的逻辑步骤图等。再如，可以将"……模块用于从基站获取×××信息"进一步细化为多个步骤：

第一步，终端向基站发送请求信息，请求信息中携带……

第二步，基站接收来自终端的请求……

第三步，基站根据请求信息中携带的……找到×××信息，并根据×××发送给客户端。

⑪术语与表述问题。

a. 避免单独使用"本发明"，可使用"一些实施例""一个或多个实施例"等，以免针对"本发明"的技术问题、技术效果等的描述被认为是针对整个发明，而限制保护范围。

b. 避免使用限定性或绝对性表述，如核心特征（essential feature）、最重要的（most important）、关键的（critical）等。

c. 避免出现"现有技术"，可用"相关技术"替代。

d. 申请文件中尽量避免使用代词"其"，因为"其"容易导致不清楚，尽量使用具体的元件名称。

e. 阐述技术效果和描述元件的变化等时，尽量使用虚拟语气，如"可以（may）"，而尽量不要使用肯定语气，如"能够"。

（7）权利要求。

由于我国基础申请费涵盖10项权利要求，因此超过10项的需缴纳增加的费用，对独立权利要求的数量没有限制。而美国专利申请的基础申请费涵盖20项权利要求，含3项独立权利要求，超出的需要缴纳权利要求超项费和独立权利要求超项费，同时对于多项引用，需要缴纳多项引用费。因此，建议在提交美国专利申请时，结合案件的实际情况及费用情况，对权利要求进行适当修改。另外，在美国审查过程对权利要求的修改是否超范围的尺度相对宽松，在向美国提交申请前，认为在先中国申请的权利要求撰写并不理想，可以基于说明书及附图对权利要求进行修改。修改时，可以从以下几个方面进行考虑。

①保护主题。

a. 按照最小可销售单元确定保护主题。例如，一件发明涉及一种新的电机和一种新的叶轮；若新的电机可以适用多种场合且可以使用现有的叶轮，可以单独保护新的电机；若新的叶轮可以适用多种场合且可以使用现有的电机，可以单独保护新的叶轮；并且可以同时保护新的电机和新的叶轮的组合。

b. 考虑消费习惯，如成套使用的豆浆机。

c. 当保护的产品存在于多个技术领域中时，其改进之处在一个技术领域中具备创造性，而在另一技术领域中创造性并不明确时，可以考虑结合实际应用的技术领域来限定保护主题，以提高其创造性。

例1：一件申请的主题为"隔离柱"，实际上是用于显示器面板的隔离柱。

对于本案的保护主题"隔离柱"，是以形成在基板上等形式出现，不以单独形式出现；且其他领域中有较多的"隔离柱"。若以"隔离柱"作为主题，现有技术的范围较大，对创新性的要求会增加。因此，建议保护主题可以由"隔离柱"进一步限定为"用于显示面板的隔离柱"。

d. 便于保护与权利主张，如每个主题内限定的特征应属于该主题本身的特征，尽量避免限定不属于该主题的特征。

例2：一件申请中涉及下面多个主题：

第一组（权利要求1~10）涉及一种衬底基板的制作方法……，其中，所述中间层的热膨胀系数大于所述无机薄膜的热膨胀系数，所述中间层位于所述有机基板和所述无机薄膜之间；

第二组（权利要求11~15）涉及一种衬底基板；

第三组（权利要求16~17）涉及一种显示基板的制作方法；

第四组（权利要求18~19）涉及一种显示基板。

其中，第一组中的权利要求1与第三组中的权利要求16的主题名称不同但内容相同，且权利要求1的部分特征如"所述中间层的热膨胀系数大于所述无机薄膜的热膨胀系数，所述中间层位于所述有机基板和所述无机薄膜之间"不属于其主题（无机薄膜不属于衬底基板，而属于显示基板）；类似的问题也可能存在第二组与第四组中。在基于第一组行使权利时，对应的方法中没有"无机薄膜"，不便于主张权利。因此，可以考虑将第一组和第三组合并，保护主题选择为"一种显示基板的制作方法"；将第二组和第四组合并，保护主题选择为"显示基板"。

②增加中间权利要求。在权利数量不足20项时，可以在独立权利要求后面，尽量布局过渡的中间从属权利要求，以尽早了解审查员对于这些改进之处的倾向性意见，更快地获得保护范围得当的授权。

③涵盖全部技术方案。美国专利实践中认为仅记载在说明书中而未记载在权项中的方案，是申请人主动做出的依次默认的单一性选择，在后续意见陈述过程中不允许加入仅记载在说明书中而未记载在权项中的方案；同时，仅记载在说明书中而未记载在权项中的方案会被认为是贡献给公众，并且可能会影响权利要求中的特征的等同范围。

因此，需要使权项尽量可以涵盖全部的技术方案。

④避免用方法限定产品权利要求。产品权利要求尽量用结构特征、采用结构性语言来限定，而方法类权利要求尽量用工艺、流程和参数，通过工艺、流程步骤等动作来限定。

例3：一件美国申请中在产品权利要求中提到了"A与栅线同层制备"，但审查员认为该表述属于"用方法限定产品"（product by process），不考虑方法本身。审查员给出了下述意见：

The expressions "manufactured from a same layer as the data signal lines" and "manufactured from the same layer as the gate lines" are taken to be a product by process limitations and is given no patentable weight. A product by process claim directed to the product per se, no matter how actually made.

Moreover, an old and obvious product produced by a new method is not a patentable product, whether claimed in "product by process" claims or not.

例4：1. 一种显示面板的制作方法，包括分别形成阵列基板和彩膜基板的步骤，以及在阵列基板和彩膜基板之间形成封框胶的步骤。其中，所述制作方法还包括在阵列基板与封框胶之间，和/或，彩膜基板与封框胶之间形成连接层的步骤，以增强阵列基板与封框胶，和/或，彩膜基板与封框胶的附着力。

11. 一种采用如权利要求1~10中任一项所述制作方法制成的显示面板。

在上述例4中，产品权利要求的特征是由权1~10中任一项所述制作方法制成，但在美国专利实践中，审查员一般不会考虑产品权利要求中的方法特征，因此，上述权利要求11实际上相当于没有进一步限定显示面板的任何结构特征。

例5：1. 一种阵列基板的制造方法，包括：
提供一基板；
在所述基板上设置金属层材料；
在所述金属层材料上设置热反应光阻材料；
采用光罩和热反应制程获得热反应光阻层；
通过蚀刻工艺得到金属层。
10. 一种显示装置，所述显示装置包括：
驱动单元；以及
显示面板；
其中，所述显示面板包括如权利要求1~9任一制造方法制造的阵列基板。

在上述例5中，产品权利要求10中的特征"所述显示面板包括如权利要求1~9任一制造方法制造的阵列基板"属于以方法限定产品。在美国专利实践中，审查员一般不会考虑产品权利要求中的方法特征，因此，上述权利要求10实际上相当于限定了：所述显示装置包括：驱动单元、显示面板以及阵列基板，显然不具备新颖性。因此，需要用产品的结构特征对产品权利要求进行改写。

权利要求用语要求清楚、准确、不包含多余特征、能够区别于背景技术。

下面两个例子为表述不清楚的情况：

例6：后一权项与其所引用的权项中的"相同特征"指代不清楚，例如，不确定后一权项中的"某一特征A"是否与前面的权项中的"特征A"相同。

例7：一种制造A的方法，包括在A上设置B。

在例7中，要求保护A的制造方法，但是包括的步骤与A的制造无关，导致权利要求不清楚。

⑤独立权利要求项数的控制。当独立权利要求的数量超过3个，但不希望删除且不希望缴纳附加费时，可以考虑将其中一个独立权利要求改为从属权利形式。

⑥附图标记。国内申请中有时会在权利要求的特征后面添加标号，如下所示：

例8：1. 一种散热器，其特征在于，它包括散热基板（10）和一体成型在散热基板（10）上端的若干个相间隔开的散热片（20），所有的散热片（20）分成两组对称分布在散热基板（10）的两侧；同一组的散热片（20）相互平行且朝外呈弧形。

在美国专利实践中，权利要求中的附图标号可能对权利要求构成限制。例如，若标记在权利要求中的标号出现在附图中，被诉侵权者可能会尝试争辩权利要求中的特征应只限于附图中标号所指的结构，这会对保护范围造成不利的影响。因此，可以删除权利要求中的标号。

⑦避免划界。国内一般采用分段式写法，即权利要求包括前序部分和特征部分，现有技术写在前序部分中，新的特征写在特征部分，用"其特征在于"分开；而美国专利申请中权利要求也包括前序部分、过渡词和主体三部分，通常前序部分仅写明发明的主题，过渡词为"comprising（包括）"。

例9：1. 一种散热器，该散热器由散热片和散热底板组成；其特征在于：它还有固定管；所述散热底板上有槽，每两片散热片的端部成对装入散热底板的同一槽内，固定管安装在已装入散热底板槽内的两片散热片端部之间；固定管通过外力压入，受槽两侧尺寸限制而被挤压，产生回弹力变形，使两散热片的端部侧面紧紧压靠在散热底板的槽壁上。

在上述权利要求中，该散热器由散热片和散热底板组成属于前序部分，一般默认为属于现有技术。例如，可以修改为：

1. 一种散热器，包括：

散热片；

散热底板，该散热底板上设置有槽，每两片散热片的端部成对地安装在散热底板的同一槽内；以及

固定管，该固定管安装在已装入散热底板槽内的两片散热片端部之间；固定管被构造为通过外力压入，受槽两侧尺寸限制而被挤压，产生回弹力变形，使两散热片的端部侧面紧紧压靠在散热底板的槽壁上。

例10：1. 一种散热器，所述散热器包括多个散热片，其特征在于：所述散热片包括：散热片主体、设置在所述散热片主体的第一侧面和第二侧面边缘的卡扣部件，所述第一侧面的卡扣部件可与相邻散热片第二侧面的卡扣部件相扣合，使所述散热片主体间隔排列。

在上述权利要求中，所述散热器包括多个散热片属于前序部分，一般默认为属于现有技术。例如，可以修改为：

1. 一种散热器，包括：

多个散热片，各散热片包括：

散热片主体；以及

卡扣部件，其设置在所述散热片主体的第一侧面和第二侧面边缘，所述第一侧面的卡扣部件可与相邻散热片第二侧面的卡扣部件扣合地连接，使所述散热片主体间隔排列。

⑧摘要。摘要要求不超过150个英文单词，对应的中文字数大约250个。摘要中尽量描述独立权利要求中的技术特征，建议删除不必要的说明、技术问题和技术效果。对于与方法独立要求对应的摘要，建议将每个技术特征改为用独立的陈述句描述。

例11：一项中国在先申请的摘要如下：

本发明提供的光接收模块和光模块组件，涉及光信号聚焦处理技术领域。其中，光接收模块包括聚透镜、光探测器以及位于所述聚透镜和所述光探测器之间的硅透镜。所述硅透镜与所述聚透镜之间的光信号传输距离小于或等于所述聚透镜的焦距，所述硅透镜与所述光探测器贴合设置。所述聚透镜用于对接收的光信号进行聚合处理并在聚焦前发送至所述硅透

镜，所述硅透镜用于对接收的光信号进行聚合处理后发送至所述光探测器，所述光探测器用于将接收的光信号转换为电信号。通过上述硅透镜的设置，可以解决现有的光接收模块中存在聚合后的光信号难以与光探测器有效匹配的问题。

上面摘要中的"涉及光信号聚焦处理技术领域"可能被审查员认为摘要描述不简洁。可以修改为：

  一种光接收模块可以包括聚透镜、光探测器以及位于聚透镜和光探测器之间的硅透镜。硅透镜与聚透镜之间的光信号传输距离小于或等于聚透镜的焦距，硅透镜与光探测器贴合设置。聚透镜对接收的光信号进行聚合处理并在聚焦前发送至硅透镜，硅透镜对接收的光信号进行聚合处理后发送至光探测器，光探测器将接收的光信号转换为电信号。

4.4.2 PCT 途径进入美国国家阶段时的专利申请文件的修改

基于 PCT 途径按照 35 U.S.C. 111（a）提交 PCT 国际申请的 CA 时，专利申请文件的修改可以与上一节的"《巴黎公约》途径提出美国专利申请时的专利申请文件的修改"相同，可以直接提交修改后的文本作为申请文本。基于 PCT 途径按照 35 U.S.C. 371 进入美国国家阶段时，专利申请文件的修改可参考上一节中"《巴黎公约》途径提出美国专利申请时的专利申请文件的修改"，只是需要在 PCT 国际申请提交之后，以初步修改（Preliminary Amendment）的方式提交。另外，PCT 国际申请进入美国国家阶段，单一性标准与国际申请相同，说明书中的"第一实施例""第二实施例"不修改为"一些实施例"，一般也不会招致"限制性要求"的通知。

只是以 PCT 途径进入美国国家阶段时对于修改超范围的尺度要求更为严格。

此外，基于 PCT 途径进入美国国家阶段时，相关申请的交叉引用可以采用下面的表述方式：

  相关申请的交叉引用

  本申请以××××年××月××日提交的 PCT 国际申请××××××××××××进入美国国家阶段，其主张在××××年××月××日在中国提交的中国专利申请号 No. ××××××××××的优先权，其全部内容通过引用包含于此。

此外，如果 PCT 国际申请的《书面检索意见》中指出至少一项权利要求具备新颖性和创造性，那么在基于 PCT 途径进入美国国家阶段时，可以根据《书面检索意见》中指出的具备新颖性和创造性的权利要求相应地修改权利要求书，并且提出 PCT – PPH，从而实现 AE。

第 5 章　美国发明专利申请的审查程序*

5.1　美国发明专利审查的要求

与中国专利申请一样，在申请人提交美国专利申请后，USPTO 会对申请人提交的专利申请进行全面审查，以确定专利申请是否符合各项法律规定，并最终决定授予专利权或驳回专利申请。

USPTO 主要依据以下法律规范对专利申请进行审查：

①《美国联邦宪法》第 1 章第 8 节第 8 款（U. S. Constitution Article I, §8, cl. 8.）：为了促进科学和实用技术的进步，对作者和发明家的著作和发明在一定期限内授予专有权。

②现行的美国专利法，即 35 U. S. C.，尤其是 35 U. S. C. 100、35 U. S. C. 101、35 U. S. C. 102、35 U. S. C. 103 及 35 U. S. C. 112 等。

③37 CFR 和 MPEP。

④法院的判例。

5.1.1　美国专利审查程序

在对专利申请进行审查时，审查员首先要确定申请人发明了什么及要保护什么。在基于具体的法规进行审查前，审查员将阅读整个说明书，包括对发明的详细描述、已公开的任何具体实施方式、权利要求书，以及对本发明所主张

---

* 编撰：5.1 节，吕俊刚，北京三友知识产权代理有限公司。5.2~5.3 节，赵囡囡，北京康信知识产权代理有限公司；江舟，北京康信知识产权代理有限公司。5.4 节，韩宏星，北京集佳知识产权代理有限公司。5.5 节，吴贵明，北京康信知识产权代理有限公司。审定：王赛，北京华进京联知识产权代理有限公司；宋晓雯，林达刘知识产权代理事务所；郑娟娟，掌阅科技股份有限公司；赵爽，Condo Roccia Koptiw LLP。

的任何具体的、实质的和可信的应用，以确定申请人所要求保护的发明。

在了解申请人发明了什么之后，审查员将对现有技术进行检索。在评估所要求保护的发明的专利性之前，审查员必须对现有技术进行全面检索。如果有理由预期在说明书中描述的未要求保护的技术方案可能在以后被要求保护，则未要求保护的技术方案和已要求保护的技术方案都应该被检索。检索的范围一般包括美国及其他国家的专利和非专利印刷出版物。

审查员会对所要求保护的发明是否属于可授予专利权的客体进行判断，以确定所要求保护的发明是否符合 35 U.S.C. 101 的规定。所要求保护的发明属于可授予专利权的客体是可专利性的首要条件。

此外，审查员还会对所要求保护的发明是否有用（是否具有实用性）进行判断，以确定所要求保护的发明是否符合 35 U.S.C. 101 及 35 U.S.C. 112(a) 的规定。审查员还会判断专利申请的说明书是否符合各种要求（如充分的书面描述、可实施性、最佳模式等），以确定所要求保护的发明是否符合 35 U.S.C. 112 的规定。

审查员在专利审查过程中的一项重要任务是判断所要求保护的发明是不是新的和非显而易见的，以确定所要求保护的发明是否符合 35 U.S.C. 102 及 35 U.S.C. 103 的规定。审查员将所要求保护的发明与现有技术进行比较，如果两者间没有差异，则所要求保护的发明缺乏新颖性，不符合 35 U.S.C. 102 的规定。一旦发现在所要求保护的发明和现有技术之间存在差异，则必须根据本领域的普通技术人员所掌握的知识来评估这些差异。在这种情况下，必须确定所要求保护的发明对本领域的普通技术人员来说是否非显而易见，如果是，则该发明符合 35 U.S.C. 103 的规定。

当审查员根据所有法定条款如 35 U.S.C. 101、35 U.S.C. 112、35 U.S.C. 102 和 35 U.S.C. 103，完成了对所要求保护的发明的以上分析时，如果专利申请符合所有法定条款，则审查员将发出授权通知；如果专利申请不符合任一法定条款，审查员将发出审查意见通知书，给出拒绝理由及其依据，以清楚地传达审查结论和支持该结论的理由。

5.1.2 专利保护客体的审查

35 U.S.C. 101 规定了能够授予专利权的发明创造的类型或分类。

　　35 U.S.C. 101 可授予专利的发明
　　任何人发明或发现任何新且有用的制法（Process）、机器、制造品或物质组分，或它们的新且有用的改进，都可依本法的规定及条件获得专利。

35 U.S.C. 100 对制法的定义如下：

除另有规定外，本法名词定义如下：

（a）发明是指发明或发现。

（b）制法是指制法、技术或方法，并包括已知制法、机器、制造品、物质组分或材料的新用途。

35 U.S.C. 101 从正面定义了可授予专利权的客体，即规定了什么是可授予专利权的情况，但没有规定不能授予专利权的情况，这一点中国专利法是完全不同的。《中国专利法》第 2 条第 2 款规定了可授予专利权的客体是"对产品、方法或者其改进所提出的新的技术方案"。《中国专利法》第 5 条明确规定了"对违反法律、社会公德或者妨害公共利益的发明创造，不授予专利权。对违反法律、行政法规的规定获取或者利用遗传资源，并依赖该遗传资源完成的发明创造，不授予专利权"。此外，《中国专利法》第 25 条明确规定了科学发现、智力活动的规则和方法、疾病的诊断和治疗方法、动物和植物品种、用原子核变换方法获得的物质、对平面印刷品的图案及色彩或者二者的结合作出的主要起标识作用的设计是不可授予专利权的客体。也就是说，中国的专利法既规定了可授予专利权的客体，也规定了不可授予专利权的客体。

尽管美国的成文法中没有关于不可授予专利权的客体的法律规范，但在美国专利法的框架中，判例法提供了更多的关于可授予专利权的客体和不可授予专利权的客体的规范。

对于专利保护客体的审查，在 2014 年的 Alice 案之后，USPTO 在 MPEP 中规定了"两步法"审查的流程，如图 5-1-1 所示。

审查员根据图 5-1-1 所示的流程图对权利要求进行评估，确定权利要求是否满足客体适格性的标准。该流程图展示了在审查期间要使用的针对产品和制法的客体适格性分析的步骤，用于评估权利要求是否属于具有专利适格性的客体。

如图 5-1-1 所示，步骤 1 涉及法定类别，并且通过确认权利要求是否属于四种法定类别之一来确定是否满足第一标准。步骤 2 是两步测试，也被称为 Alice/Mayo 测试，用于确定权利要求是否属于对法定例外的描述（步骤 2A），随后评估权利要求是否记载了显著多于法定例外的其他要素（步骤 2B）。

图 5-1-1 还展示了符合专利适格性的三个路径（A、B 和 C）。

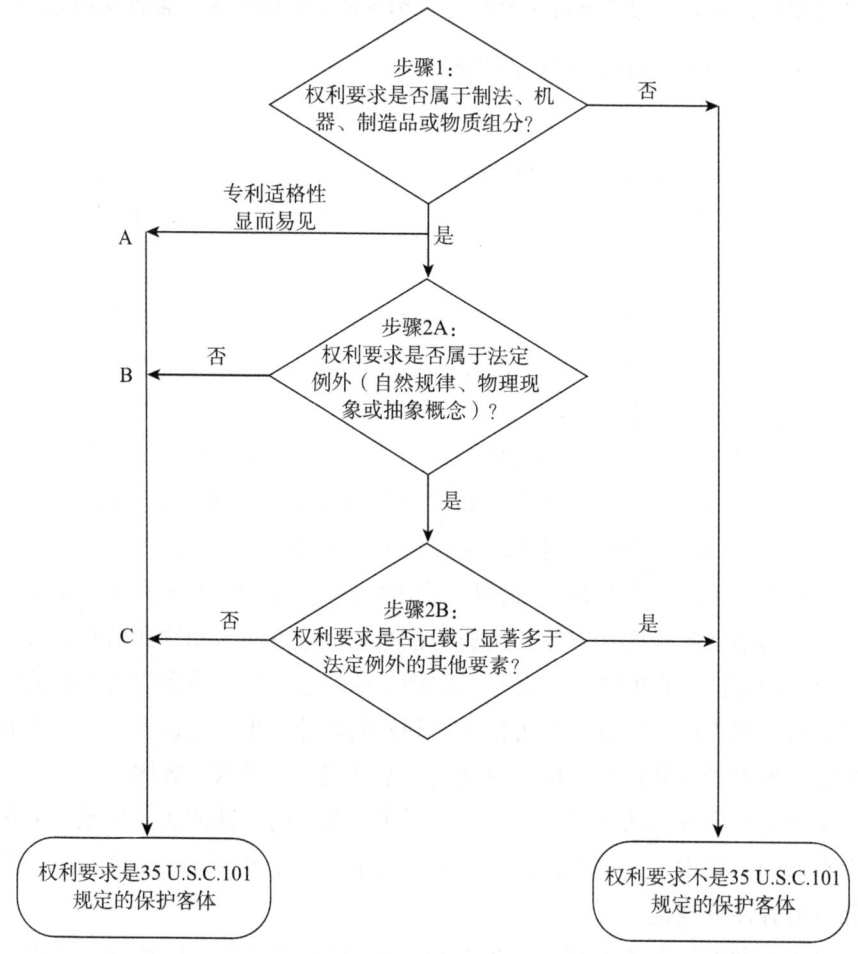

图 5-1-1　35 U.S.C.101 的审查流程

路径 A：权利要求作为一个整体属于法定类别（步骤 1：是），并且其专利适格性是显而易见的。在这种情况下，权利要求可能有也可能没有对法定例外的描述。

路径 B：如果权利要求作为一个整体属于法定类别（步骤 1：是），并且没有对法定例外的描述（步骤 2A：否），则确定权利要求具有专利适格性，不需要进行步骤 2B。

路径 C：如果权利要求作为一个整体属于法定类别（步骤 1：是），且有对法定例外的描述（步骤 2A：是），并记载了显著多于法定例外的其他要素或要素组合，则确定权利要求具有专利适格性。

如果在路径 A、B 或 C 中的任一处未确定权利要求具有专利适格性，则该权利要求不具有专利适格性，审查员将依据 35 U.S.C. 101 驳回该权利要求。

1. 法定类别

根据 35 U.S.C. 101 的规定，制法、机器、制造品和物质组分是目前美国专利法规定的四类保护客体。

第一类保护客体"制法"定义的是"行为过程"，也就是由要执行的步骤或动作或者要执行的一系列步骤或动作组成的发明。根据美国最高法院的解释，"制法"是处理特定材料以产生给定结果的模式。制法是对要转换或还原成不同状态或物的素材执行的动作或一系列动作。

后三类保护客体（机器、制造物和物质组分）定义的是物理的或有形的"物"或"产品"。对于除制法权利要求以外的所有类别，具有专利适格性的客体必须以某种物理的或有形的形式存在。因此，在确定权利要求是否属于这三种类别之一时，审查员将确认权利要求是否属于以下三种类别中的至少一个，并且是否为物理的或有形的形式。

（1）机器是由部件或由特定装置或装置的组合构成的具体的物。该类别包括用于执行某种功能并产生特定效果或结果的各种机械装置或机械动力和装置的组合。

（2）制造品是通过人工或人造手段被赋予新的形式、品质、属性或组合的有形物品。根据法院的解释，制造品是通过制造工艺得到的物品，也就是说，制造品是通过手工劳动或通过机器赋予这些材料新的形式、品质、属性或组合。

（3）物质组分是两种或多种物质的组合并且包括所有复合制品。该类别包括两种或多种物质的所有组合或所有复合制品，无论它们是化合或机械混合的，或者是气体、流体、粉末或者固体的。例如，经过基因修改的微生物是制造品或物质的组合。

此外，不需要确定权利要求所属的每一个类别，只需确认权利要求属于至少一个类别即可。例如，因为微处理器通常被认为是制造品，所以针对微处理器或包括微处理器的系统的产品权利要求满足步骤1，而不管该权利要求是否还属于任何其他法定类别（如机器）。在许多情况下，权利要求可以满足多个类别的要求。例如，自行车满足机器和制造品类别要求，因为它是一种有形的产品，该产品是具体的且由诸如车架和车轮部件组成（因而满足机器类别），而且它是通过赋予诸如铝合金和液态橡胶的原材料新的形式而由这些原材料生产的物品（因而满足制造品类别）。类似地，经过基因修改的微生物满足物质组分和制造品类别，因为它是一种有形产品，该有形产品是两种或多种物质（如蛋白质、碳水化合物和其他化学物质）的组合（因而满足物质组分类别），并且它是由人进行了基因修改而具有新属性（如消化多种类型的烃的能力）的制品（因而满足制造品类别）。

不属于任何法定类别的权利要求的非限制性示例包括：（a）不具有物理或有形形式的产品，如信息（通常称为数据本身）或计算机程序本身（通常称为软件本身）被要求作为没有任何结构描述的产品进行保护时；（b）信号传输的瞬态形式（通常称为信号本身），如传播的电或电磁信号或载波；以及（c）专利法明确禁止专利保护的客体，如人类本身。

法院对机器、制造品和物质组分的定义表明，产品必须具有物理或是有形的才能落入这些法定类别之一，所以联邦巡回法院认为无形的信息集合的产品的权利要求不落入任何法定类别，即使它是通过人工创建的。类似地，被表达为从任何介质分离的代码或指令集的软件是没有物理实施方式的构思。因此，不包含任何结构性限定的软件程序本身的产品权利要求（如"means + function"的限定）不具有物理或有形形式，因此不落入任何法定类别。不落入任何法定类别的无形产品的另一示例是营销公司的商业模型。

即使当产品是物理存在的，它也可能不落入任何法定类别。例如，瞬时信号虽然是物理存在和真实的，但不满足机器定义下的设备或部件的具体结构，因此不是有形的制品或商品，并且不是由满足物质组分的物质组成，因而不落入任何法定类别。

2. 法定例外

法院的判例提供了针对35 U.S.C.101的广义专利适格性原则的三个特定的例外：自然规律、自然现象和抽象概念。仅涉及自然规律、自然现象和抽象概念（如数学算法）的权利要求不具有专利保护的适格性。原因在于，法院认为自然规律、自然现象和抽象概念是科学技术工作的基本工具，因此将其排除在可专利性之外，因为通过授予专利权而垄断这些工具可能会阻碍创新，而不是促进创新。

除了术语自然规律、自然现象和抽象概念之外，法定例外也用各种其他术语来描述，包括"物理现象""自然产物""科学原理""仅依赖人类智力的系统""无实体的概念""心理过程"和"无实体的数学算法和公式"。应该注意，例外的类型之间没有鲜明的界线。例如，数学公式被认为是法定例外，因为它们表达了科学事实，但也被法院归为抽象概念和自然规则。同样地，"自然产物"被认为是法定例外，因为它们阻碍了自然产生的事物的使用，但也被归为自然规律和自然现象。因此，在审查过程中，审查员只需确定权利要求至少符合一种法定例外就足够了。

3. 审查流程

（1）步骤1：确定权利要求是否属于法定类别。

在确定权利要求是否属于法定类别之前，审查员必须通过阅读整个申请的公开内容，并根据公开内容对权利要求进行最宽泛合理解释（broadest reasonable interpretation，BRI）来确定申请人发明了什么。

在专利审查过程中，审查员必须与说明书相一致地对权利要求进行BRI。除非申请人在说明书中给出了清楚的定义，否则权利要求中出现的术语必须被解释为该术语的普通含义，即在发明作出时本领域的普通技术人员对于该术语作出的普通、常规的解释。仅在说明书对出现在权利要求中的术语给出了定义的情况下，说明书才能用来解释权利要求中的术语。根据MPEP的规定，BRI并非最宽泛的可能解释，而必须以合理为限，也就是说，BRI这个表述的关键词在于"合理"，而不是"最宽泛"。

对权利要求的解释会影响权利要求专利适格性的评价结果。例如，在 *Mentor Graphics v. EVE – USA, Inc.* 案中，权利要求的解释对法院认定"机器可读介质"不是法定类别的判决至关重要。该案中，法院根据说明书解释权利要求，说明书明确地定义了该机器可读介质包括"任意数据存储设备"，包括随机存取存储器和载波。虽然随机存取存储器属于法定类别，但载波不属于法定类别，因为它们是一种信号，类似于被认为不属于法定类别的瞬时信号。由于权利要求的BRI涵盖了属于法定类别的客体（随机存取存储器）和不属于法定类别的客体（载波），所以作为一个整体，该权利要求不属于法定类别。

在步骤1时，审查员基于对权利要求的BRI进行以下判断：（a）如果作为一个整体的权利要求不属于任何法定类别（步骤1：否），则不符合35 U.S.C. 101的规定；或（b）如果权利要求作为一个整体属于一个或多个法定类别（步骤1：是），则必须进一步分析，以确定其是否符合路径A的专利适格性，或需要在步骤2A进行进一步分析，以确定该权利要求是否涉及法定例外。

对包括法定和非法定实施例的权利要求的BRI涵盖了不具有专利适格性的客体，并因此涉及非法定客体。这样的权利要求被判断为不符合

35 U. S. C. 101的规定（步骤1：否），并且至少因为这个原因会被审查员基于35 U. S. C. 101驳回。在这种情况下，审查员将给出BRI，并给出修改建议。如果可能，可以将权利要求的范围缩小至属于法定类别的那些实施例。

例如，机器可读介质的BRI可以包括非法定的信号传输的瞬时形式，如传播的电或电磁信号本身。当BRI包括信号传输的瞬时形式时，权利要求将基于35 U. S. C. 101被驳回。

（2）步骤2：确定权利要求是否涉及法定例外。

如果在步骤1中确定了权利要求属于四种法定类别之一（步骤1：是），审查员下一步将确定权利要求作为一个整体是否涉及自然规律、自然现象和抽象概念中的至少一种法定例外。步骤2也被称为Alice/Mayo测试，并且被分成两个子步骤（步骤2A和步骤2B）。首先，在步骤2A中判断权利要求是否涉及法定例外，如果否，则权利要求是可授予专利权的客体；如果是，则继续进行步骤2B，在步骤2B中判断权利要求是否还记载了显著多于法定例外的其他要素或要素组合，如果是，则权利要求是可授予专利权的客体，如果否，则权利要求是不可授予专利权的客体。

（3）步骤2A。

当在权利要求中描述了自然规律、自然现象或抽象概念时，权利要求涉及法定例外。审查员对于这样的权利要求会更仔细地审查专利适格性，因为在这种情况下会存在阻碍他人使用自然规律、自然现象或抽象概念的风险。因此，审查员将仔细辨别描述了法定例外的权利要求（这种权利要求需要进行进一步的适格性分析）与仅基于法定例外的权利要求（该权利要求是可授予专利权的客体，不需要进行进一步的适格性分析）。

描述法定例外的权利要求的示例如下：

> 权利要求：一种机器，该机器包括根据 $F = ma$ 操作的要素。

该权利要求描述了力等于质量乘于加速度（$F = ma$）的原理，并因此涉及自然规律这一法定例外。因为 $F = ma$ 为数学公式，所以也可以认为该权利要求涉及抽象概念。因为该权利要求涉及法定例外（步骤2A：是），所以需要在步骤2B中进行进一步的分析。

仅基于法定例外的权利要求的示例如下：

> 权利要求：一种跷跷板，该跷跷板包括可枢转地附接到基座构件的细长构件，该跷跷板的两端安装有座椅和把手。

该权利要求基于在支点上枢转的杠杆的构思,涉及机械效率的自然法则和杠杆原理。然而,该权利要求并没有描述这些自然法则,因此不涉及法定例外(步骤2A:否)。因此,该权利要求是可授予专利权的客体,不需要进一步的分析。

除非权利要求明显描述了不同的法定例外(如自然规则和抽象概念),否则不需要将所描述的法定例外解析成多个法定例外,特别是在涉及抽象概念的情况下。例如,通过一系列智力活动步骤描述信息处理的权利要求的多个步骤将被视为单个抽象概念来进行分析,而不是被视为多个独立的抽象概念来单独进行分析。然而,描述多个法定例外的权利要求涉及至少一个法定例外(步骤2A:是)(不管该多个法定例外是否彼此不同),因此必须在步骤2B中进行进一步分析。

根据法院的判例,自然规律和自然现象包括自然存在的原理(物质)和与自然存在的相比不具有显著不同特性的物质,因而可以基于对显著不同特性的分析来确定包括自然产物限定的权利要求是否属于法定例外。以下列出了在法院的判例中被认为是自然规律或自然现象的一些示例。

示例1:分离的DNA❶

权利要求1:一种用于编码BRCA1多肽的分离的DNA,所述多肽具有以SEQ ID NO:2描述的氨基酸序列。

该权利要求属于一种法定类别,如物质组分(步骤1:是),并描述了基于自然的产物(DNA)。因此,使用显著不同分析来确定该基于自然的产物是否是"自然产物"例外。

该权利要求包含了与天然存在的 *BRCA1* 基因具有相同核苷酸序列的分离的DNA。DNA的分离导致其与天然基因结构特征不同,因为天然基因在端部具有用于将该基因连接到染色体的共价键,而该权利要求的DNA没有。然而,该权利要求的DNA与天然基因在结构上是相同的,如它具有与 *BRCA1* 基因相同的遗传结构和核苷酸序列。该权利要求的DNA没有不同的功能特征,即它与天然基因一样是编码相同的蛋白质。这种分离但未改变的DNA不是可授予专利权的客体,因为它与自然界中存在的并没有显著不同,但若其是专利保护的客体可能阻碍未来对天然 *BRCA1* 基因的使用和研究。换言之,该权利要求

---

❶ Association for Molecular Pathology v. Myriad Genetics, Inc. (U.S. Patent No. 5,747,282).

的 DNA 与天然存在的对应物（*BRCA*1 基因）是不同的，但没有显著不同，因此涉及"自然产物"例外（步骤 2A：是）。

示例 2：传输信号的电磁学[1]

权利要求 8：我不打算把自己限制于特定的机器或机器的部件，……我的发明的本质是利用电或电流的原动力，我称之为电磁学，然而，它用来在任何距离产生或打印可读的字符、符号或字母，是这种原动力的一种新的应用……

该权利要求是使用电磁学产生可辨别符号来发报的方法。不考虑权利要求的格式，可以看出，权利要求 8 描述电磁学的使用，而没有限定用于记录的机器，这是不可授予专利权的。电磁学是一种自然现象，它本身不具可专利性。

对于抽象概念的判断，审查员首先要确定权利要求中被认为可能是抽象概念的要素，然后将所确定的要素与以前被法院认为是抽象概念的要素进行比较，以确定是否相似。

如果所确定的要素与以前被法院认为是抽象概念的一个或多个要素相似，则可以认为所确定的要素是抽象概念，并且该权利要求涉及抽象概念例外（步骤 2A：是）。因此，该权利要求需要在步骤 2B 中进一步分析，以确定该权利要求是否记载了显著多于法定例外的其他要素。

如果所确定的要素不与以前被法院认为是抽象概念的要素相似，并且没有其他理由认为所确定的要素是抽象概念，则可以认为该权利要求不涉及抽象概念例外。

以下列出了在法院的判例中被认为是抽象概念的一些示例。

示例 3：降低结算风险[2]

权利要求 33：一种在各方之间交换债务的方法，每一方保持有与交换机构的信用记录和借记记录，信用记录和借记记录用于交换预定债务，该方法包括以下步骤：

（a）为交易机构的监管机构独立持有的每个利益相关方创建影子信用记录和影子借记记录；

（b）从每个交换机构获得每个影子信用记录和影子借记记录的开始

---

[1] *O'Reilly v. Morse*（U. S. Reissue Patent No. RE 117）.
[2] *Alice Corp. v. CLS Bank*（U. S. Patent Nos. 5，970，479 和 7，725，375）.

日余额;

(c) 对于导致交换债务的每笔交易,监管机构调整各方的影子信用记录或影子借记记录,只允许在任何时候都不导致影子借记记录的值小于影子信用记录的值的交易,每个调整按时间顺序进行;和

(d) 在当天结束时,监管机构指示交易机构之一根据上述允许的交易的调整,将信用或借记兑换成各方的信用记录和借方记录,信用和借记是交换机构处的不可撤销的、时间不变的债务。

该权利要求属于法定类别,即制法(步骤1:是)。该权利要求描述了通过中介管理结算风险的概念,即中介结算。要求保护的发明描述了中介在管理双方之间的结算风险时应采取的过程,即中介结算的具体细节。中介结算的概念是商业体系中长期存在的一种基本经济实践(一种组织人类活动的方法),属于最高法院确定的抽象概念的范畴。因此,该权利要求涉及中介结算的抽象概念(步骤2A:是)。

示例4:用于计算橡胶的固化时间的 Arrhenius 方程❶

权利要求1:一种借助数字计算机操作用于精密模制化合物的橡胶模压机的方法,该方法包括:

为所述计算机提供用于所述模压机的数据库,该数据库至少包括自然对数转换数据(ln)、对于每批模制的所述化合物唯一的活化能常数(C),以及取决于所述模压机的特定模具的几何形状的常数(x);

在封闭模压机时启动所述计算机中的间隔计时器,用于监控所述封闭的经过时间;

在成型过程中不断确定模具的与模压机中的模腔紧密相邻的位置处的温度(Z);

不断为计算机提供所述温度(Z);

在计算机中在每次固化过程中以频繁间隔重复计算在固化过程中反应时间的 Arrhenius 方程,即 $\ln v = CZ + x$,其中 v 是所需的总固化时间,在计算机上在每次固化过程中以所述频繁间隔重复比较用 Arrhenius 方程计算的每个所需的总固化时间与所述经过的时间;以及

当所述比较表明相当时,自动打开模压机。

---

❶ *Diamond v. Diehr*(U. S. Patent No. 4,344,142)。

该权利要求属于法定类别，即制法（步骤1：是）。该权利要求描述了 Arrhenius 方程，这是数学公式 $\ln v = CZ + x$。法院认为算法或数学公式是自然规律，不是授予专利权的客体。从整体上看时，所要求保护的制法涉及使用 Arrhenius 方程来固化合成橡胶。因此，该权利要求涉及法定例外（步骤2A：是）。

（4）步骤2B。

对于涉及法定例外的权利要求，必须进行进一步分析，以确定该权利要求的要素（单独考虑或者作为有序组合）是否足以确保该权利要求作为一个整体显著多于法定例外本身。为了可授予专利权，涉及法定例外的权利要求必须包括其他特征，以确保权利要求描述以有意义的方式应用法定例外的方法或产品。重要的是，要将整个权利要求视为一个整体，单独地考虑单个要素可能看起来不会使权利要求显著多于法定例外，但是单个要素的组合可能显著多于法定例外。

对于"显著多于"的含义，最高法院已经确定了若干考虑因素，以确定权利要求是否具有显著多于法定例外本身的附加要素。以下是这些考虑因素的示例，这些示例不是排他性的或限制性的。显著多于法定例外本身的附加要素包括：

①对某一技术或技术领域的改进。
②对计算机本身的功能的改进。
③通过特定机器使用法定例外。
④实现了特定物品到不同状态或事物的转变。
⑤增加的要素不属于本领域众所周知的、惯用或常规技术手段。或者
⑥增加的非传统步骤将权利要求限制于特定的实际应用。

如果权利要求作为一个整体显著多于法定例外本身，则该权利要求是可授予专利权的（步骤2B：是），专利适格性分析结束。如果权利要求作为一个整体并不显著多于法定例外本身，则该权利要求是不可授予专利权的（步骤2B：否），从而将基于 35 U.S.C. 101 被驳回。

4. 专利保护客体的审查示例

示例5：从电子消息中隔离和移除恶意代码

本发明涉及从电子消息（如电子邮件）中隔离和移除恶意代码以防止计算机由于感染病毒而受到危害。说明书解释了计算机系统需要扫描电子消息以查找恶意计算机代码并在可能发起恶意行为之前清理电子消息。

所公开的发明通过在计算机存储器的检疫区中物理隔离所接收的电子消息来进行操作。检疫区是由计算机操作系统创建的存储器区,存储在该区中的文件不允许作用于该区之外的文件。当包含恶意代码的消息存储在检疫区时,将消息中包含的数据与存储在签名数据库中的恶意代码表示模式进行比较。特定恶意代码表示模式的存在指示恶意代码的性质。签名数据库还包括恶意代码的起点和终点的代码标记。然后,从包含恶意代码的消息中提取恶意代码,提取例程由处理单元的文件解析组件运行。文件解析例程执行以下操作:

①扫描消息以识别恶意代码的开始标记。

②对开始标记和恶意代码的后续结束标记之间的每个扫描到的字节做标志。

③继续扫描,直到找不到恶意代码的开始标记为止。和

④通过将所有未做标志的数据字节顺序复制到新文件中来创建新数据文件,从而形成经消毒的通信文件。

经消毒的新消息被转移到计算机存储器的非检疫区,随后,擦除检疫区的所有数据。

权利要求 1. 一种用于保护计算机免受包含恶意代码的电子消息危害的计算机实现的方法,包括在处理器上执行以下步骤:

在具有存储器的计算机中接收包含恶意代码的电子消息,该存储器包括引导区、检疫区和非检疫区;

将所述消息存储在计算机的存储器的检疫区中,其中,检疫区与所述存储器中的引导区和非检疫区隔离,其中阻止检疫区中的代码在其他存储区上执行写操作;

通过文件解析从电子消息中提取恶意代码以创建经消毒的电子消息,其中提取的步骤包括:扫描所述消息以识别恶意代码的开始标记;对开始标记和恶意代码的后续结束标记之间的每个扫描到的字节做标志;继续扫描,直到找不到恶意代码的开始标记为止;通过将所有未做标志的数据字节顺序复制到新文件中来创建新数据文件,从而形成经消毒的通信文件;

将经消毒的电子消息转移到存储器的非检疫区;以及

删除检疫区中剩余的所有数据。

权利要求 1 符合专利适格性条件。该方法权利要求描述了用于保护计算机免受包含恶意代码的电子消息危害的一系列动作。因此,该权利要求涉及一种

制法，该制法是发明的法定类别之一（步骤1：是）。

然后，对该权利要求进行分析，以确定是否涉及任何法定例外。所要求保护的发明涉及用于隔离和提取电子消息中包含的恶意代码的软件技术。该权利要求涉及在存储器区上物理地隔离接收到的消息，并从该消息中提取恶意代码以在新数据文件中创建经消毒的消息。这种动作并不是抽象概念。相反，所要求保护的发明涉及执行计算机病毒、蠕虫和其他恶意代码的隔离和根除，该概念与计算机技术密不可分，并且不同于法院所认为的抽象概念。因此，所限定的步骤不涉及抽象概念，也不涉及任何其他法定例外。因此，该权利要求不涉及任何法定例外（步骤2A：否）。该权利要求符合专利适格性条件。

示例6：提供交易履约保证的电子商务

本发明涉及在电子商务环境中进行可靠交易的方法。更具体地，本发明涉及在交易中提供履约保证的方法。当安全交易服务提供商从第一方接收用于获得交易履约保证服务的请求时，安全交易服务提供商通过认购第一方来处理该请求。如果认购成功，则向第一方提供交易履约担保服务，该交易履约担保服务将交易履约保证与涉及第一方的在线商业交易绑定，并在第一方和第二方进入在线交易时保证第一方的履约。

权利要求1. 一种方法，包括：

通过在安全交易服务提供商的计算机上运行的至少一个计算机应用程序接收来自第一方的请求，用于在关闭在线商业交易之后获得关于在线商业交易的交易履约保证服务；

通过在安全交易服务提供商计算机上运行的至少一个计算机应用程序，通过认购第一方以向第一方提供交易履约保证服务来处理该请求；

其中，安全交易服务提供商的计算机通过计算机网络提供交易履约保证服务，该服务将交易履约保证绑定到涉及第一方的在线商业交易，以保证在线商业交易关闭后第一方的履约。

权利要求1不符合专利适格性条件。该权利要求涉及用于提供履约保证的制法，即一系列步骤或动作。制法是发明的法定类别之一（步骤1：是）。

接下来分析权利要求，以确定它是否涉及法定例外。该权利要求描述了以下步骤：创建合同，包括接收履约保证（合同）的请求；通过认购来处理该请求以提供履约保证。描述了合同关系的产生。合同关系是一种商业安排，类似于法院认为是抽象概念的基本经济实践。因此，该权利要求涉及抽象概念

（步骤2A：是）。作为一个整体分析权利要求的发明概念，除了抽象概念之外的权利要求限定包括在计算机和计算机网络上运行的计算机应用程序。这只是执行其基本功能的计算机和计算机网络的一般描述。该权利要求只是说明在计算机上创建合同并通过网络发送合同，这些通用计算要素并不显著多于法定例外（步骤2B：否），因而该权利要求不符合专利适格性条件。

5.1.3 实用性的审查

美国专利法要求可授予专利权的发明创造必须具有实用性，实用性是专利申请获得专利权的一项重要实质条件。35 U.S.C.101 和 35 U.S.C.112（a）规定了实用性。

35 U.S.C.101 可授予专利的发明

任何人发明或发现任何新且有用的制法（Process）、机器、制造品或物质组分，或它们的新且有用的改进，都可依本法所定的规定及条件获得专利。

35 U.S.C.112 说明书

（a）总体— 说明书应当包括发明的书面描述，以及作出和使用发明的方式和过程，言词应该完整、清晰、简洁、确切，使任何在同一领域或相关领域的技术人员能作出和使用这个发明，说明书还应当阐述发明人或共同发明人所设想的使用这项发明的最佳模式。

35 U.S.C.101 明确要求发明创造必须是"有用的"，而 35 U.S.C.112（a）要求专利的申请人公开"作出和使用发明的方式和过程"。

类似地，中国专利法也要求可授予专利权的发明创造必须具有实用性。根据中国专利法的规定，实用性是指发明或实用新型申请的主题必须能够在产业上制造或者使用，并且能够产生积极效果。对于产品，必须在产业中能够制造，并且能够解决技术问题；而对于方法，必须在产业中能够使用，并且能够解决技术问题。根据中国《专利审查指南2010（修订版）》的规定，"能够制造或者使用"是指发明或者实用新型的技术方案具有在产业中被制造或使用的可能性。满足实用性要求的技术方案不能违背自然规律并且应当具有再现性。此外，中国《专利审查指南2010（修订版）》明确给出了不具备实用性的几种主要情形：无再现性、违背自然规律、利用独一无二的自然条件的产品、人体或者动物体的非治疗目的的外科手术方法、测量人体或者动物体在极限情况下的生理参数的方法、无积极效果。

对于实用性问题，USPTO 和法院在长期的司法实践中逐渐形成了独具特色的实用性判断规则。根据美国的司法判例，"有用的"是指特定的（Specific）实用性、本质的（Substantial）实用性和可信的（Credible）实用性。具体来说，实用性是指发明创造能够以其技术创新点为根据，向社会公众提供某种直接而现实的好处，即专利的运用可以为公众带来直接的便利或利益，且这种好处在技术上是可信的。绝大多数的发明创造不会因为缺乏实用性而受到质疑，对于实用性的质疑基本上都涉及化学和生物技术领域的发明创造。

1. 特定的实用性

特定的实用性是指发明创造的实用性必须是具体的，并且能够向公众提供定义清晰的且特别的益处。特定的实用性与一般用途（General Utility）是相对的概念。一般用途是指一大类发明创造共有的用途，是对不同发明的特定用途的抽象概括。审查员在审查过程中会区分申请人公开了其发明的特定使用或应用的情形与申请人仅指出其发明可以证明是有用的而没有说明为何其发明是有用的情形。如果仅指出了发明创造的一般用途，则在很多情况下将导致其无法被直接使用。例如，仅指出某种化合物可用于治疗非特定疾病或者该化合物具有"有用的生物学"特性并不足以限定该化合物的特定的实用性。类似地，一项要求保护多核苷酸的权利要求，如果其仅被揭示可以作为"基因探针"或者"染色体标记"这类多核苷酸的一般用途，则由于没有公开特定的 DNA 目标，其实用性将不会被认为是特定的。

2. 本质的实用性

本质的实用性是指发明创造的实用性必须是现实性的，而不能是潜在的。根据 MPEP 的规定，专利申请必须展示其在目前状态下对公众有用，而不是证明其对将来研究有用。也就是说，为满足本质的实用性要求，所称的用途必须表明所主张的发明对公众具有显著的且当前可得的利益。在 *In re Fisher* 案中，权利要求涉及表达序列标签 ESTs（Expressed Sequence Tags），ESTs 能够用来发现在细胞中表达了什么基因和下游蛋白质。法院认为 Fisher 所主张的 ESTs 仅能够用于获得关于潜在基因和由这些基因编码的蛋白质的进一步信息，所主张的 ESTs 本身并不是申请人研究工作的最终目的，而只是在寻找实际应用的过程中要使用的工具，申请人并没有确定潜在的编码蛋白质的基因的用途。因为没有确定潜在的编码蛋白质的基因的用途，所以所主张的 ESTs 并没有被研究到可以向公众提供即刻的、明确的和现实的好处而值得授予专利权。因此，本质的实用性限定了"现实世界"（Real World）的用途。需要进行进一步研究才能确定或合理地确定"现实世界"背景下的用途的实用性并不是本质的实用性。例如，治疗一种已知的或者新发现的疾病的方法及识别那些本身具有本质实用性的化合物的分析方法限定了"现实世界"背景下的用途。在识别潜在的患者以便采取预防措施和进行进一步的监控方面，测量与特定疾病的发生有公认相关性的物质的分析方法同样限定了"现实世界"背景下的用途。以下示例由于需要进行进一步的研究以确定"现实世界"背景下的用途，因而没有限定"本质的实用性"：

①基础研究，如研究所要求保护的产品本身的特性及其所包含的材料机理。

②治疗非特定疾病的方法。

③分析或识别其本身没有特定的和/或本质的实用性的材料的方法。

④制作其本身没有特定的、本质的和可信的实用性的材料的方法。

⑤用于制作没有特定的、本质的和可信的实用性的最终产品的中间产品。

3. 可信的实用性

发明创造的实用性必须是可信的。如果一项发明创造违背了自然规律或普遍认可的科学原理，或者不能像权利要求所记载的那样工作，则该发明创造不具备可实施性，即不具有可信的实用性。根据 MPEP 的规定，申请人所主张的实用性在如下两种情形下将被认为是不可信的：

①申请人对实用性的主张，其所依赖的逻辑存在严重缺陷。

②该主张所依赖的逻辑与事实不一致。

在这两种情况下，审查员将会要求申请人提供逻辑上和事实上的可信性证据，用于支持申请人的实用性主张。如果申请人没有提供相应的证据，或者所提供的证据不满足要求，审查员就可以所主张的实用性不可信为由驳回决定。

4. 实用性的审查过程

审查员在审查专利申请是否符合 35 U.S.C. 101 和 35 U.S.C. 112（a）的"有用的发明"（"实用性"）要求时，会按照以下流程进行审查。

（1）确定所要求保护的发明是否具有公认的实用性，如果具有公认的实用性，则不以缺乏实用性为由进行驳回。如果本领域普通技术人员基于该发明的特征（如产品或工艺的特性或应用）能够立即理解该发明为什么是有用的，并且该实用性是特定的、本质的和可信的，则该发明具有公认的实用性。

（2）确定申请人是否对所要求保护的发明主张任何可信的、特定的和本质的实用性。

①如果申请人声称所要求保护的发明对任何特定的实际目的有用（即具有"特定的和本质的实用性"），并且被本领域普通技术人员认为是可信的，则不以缺乏实用性为由进行驳回。

②如果申请人声称的所要求保护的发明的特定的和本质的实用性是不可信的，并且所要求保护的发明没有明显的公认的实用性，则基于35 U.S.C.101以所要求保护的发明缺乏实用性为由进行驳回，同时基于35 U.S.C.112（a）以所公开的内容未能教导如何使用该发明为由进行驳回。

③如果申请人没有声称所要求保护的发明具有任何特定的和本质的实用性，并且该发明没有明显的公认的实用性，则基于35 U.S.C.101以没有披露特定的和本质的实用性为由进行驳回，同时基于35 U.S.C.112（a）以缺乏特定的和本质的实用性因而未披露如何使用该发明为由进行驳回。为此，申请人可以在以下两个方面进行争辩或者提供证据：（a）明确地确定所要求保护的发明的特定的和本质的实用性；和（b）提供证据证明在申请提交时本发明特定的和本质的实用性对于本领域的普通技术人员是公认的。

5.1.4 新颖性的审查

根据美国专利法，可授予专利权的发明创造必须具有新颖性，新颖性是专利申请获得专利权的必要条件之一。

与中国专利审查相似，审查员在审查专利申请的新颖性时，将权利要求与现有技术进行比较。当发现所要求保护的发明创造被占先（Anticipate）时，也就是当对比文件的公开内容教导了权利要求的每一个要素时，审查员将依据35 U.S.C.102驳回该专利申请。另外，在判断新颖性时，审查员通常将权利要求与一项现有技术进行比较，而不是将其与多项现有技术的组合进行对比。与中国专利审查不同的是，美国并不强调新颖性的单独对比原则，即当一篇现有技术文献中记载有多个技术方案时，应按照技术方案的划分，将权利要求与其中的一项技术方案进行比较。35 U.S.C.102规定了新颖性和现有技术。

35 U.S.C.102 可专利性的条件：新颖性

（a）新颖性；现有技术——发明人应享有专利权，除非——

（1）主张权利之发明在其有效申请日之前已经获得专利，在出版物中已有描述，或者公开使用、销售或者以其他方式为公众所知；或者

（2）主张权利之发明在根据第151条所授予的专利中，或者在根据

第122（b）条而公开或者被视为公开的专利申请中已有描述，而在此情况下，该专利或专利申请之署名为其他发明人，且在该主张权利之发明的有效申请日之前已经有效提出申请。

(b) 例外—

(1) 在主张权利之发明的有效申请日之前1年或1年以内所作的披露—在主张权利之发明的有效申请日之前1年或1年以内所作的披露不属于根据第（a）(1)款所规定的主张权利之发明的现有技术，如果—

(A) 该披露系由发明人或合作发明人，或者因发明人或合作发明人直接或间接披露从而获得该发明的他人所作；或者

(B) 在该披露作出之前，被披露之发明已经由发明人或合作发明人，或者因发明人或合作发明人直接或间接披露从而获得该发明之他人公开披露。

(2) 在专利申请或专利中所出现的披露—以下披露不属于根据第（a）(2)款所规定的主张权利之发明的现有技术，如果—

(A) 披露之发明系从发明人或合作发明人处直接或间接获得；

(B) 该被披露之发明在根据第（a）(2)款而被提出有效申请之前，已经由发明人或合作发明人，或者因发明人或合作发明人直接或间接披露从而获得该发明之他人披露；或者

(C) 在主张权利之发明的有效申请日之前，被披露之发明与该主张权利之发明已经归为同一人所有或者负有向该同一人转让之义务。

(c) 根据合作研究协议的共同所有权—被披露之发明或者主张权利之发明在适用第（b）(2)(C)款时，以下情形应被认为已经归为同一人所有或者负有向该同一人转让之义务。

(1) 被披露之对象和主张权利之发明系由在该主张权利之发明的有效申请日当日或之前生效的合作研究协议之一方或多方所开发和完成，或者代表其开发和完成；

(2) 主张权利之发明属于为实施合作研究协议范围内的行为所导致的结果；并且

(3) 在主张权利之发明的专利申请中披露或经修改而披露了合作研究协议的当事人姓名。

(d) 专利和已公开之申请作为有效的现有技术—在确定一项专利或专利申请是否属于根据第（a）(2)款所规定的主张权利之发明的现有技

术时，应当就其中所描述的任何对象，考虑该专利或专利申请是否已经有效提出——

（1）若不适用以下第（2）项，则指在该专利或专利申请的实际申请日；或者

（2）如果该专利或专利申请根据第 119 条、第 365（a）条、第 365（b）条、第 386（a）条或第 386（b）条而享有优先权的，或者根据一项或多项在先提出的专利申请而依照第 120 条、第 121 条、第 365（c）条或第 386（c）条对更早之申请日享有利益的，则指对该对象作出描述的此类专利申请的最早提出日。

《中国专利法》基于"先申请制"，且第 22 条第 2 款规定了："新颖性是指该发明或者实用新型不属于现有技术；也没有任何单位或者个人就同样的发明或者实用新型在申请日以前向专利局提出过申请，并记载在申请日以后（含申请日）公布的专利申请文件或者公告的专利文件中。"根据《中国专利法》第 22 条第 5 款的规定，"现有技术是指申请日以前在国内外为公众所知的技术。现有技术包括在申请日（有优先权的，指优先权日）以前在国内外出版物上公开发表、在国内外公开使用或者以其他方式为公众所知的技术。"

美国专利法遵循的是"发明人先申请制"（First Inventor to File），这与中国实行的"先申请制"有很大区别。在 35 U.S.C. 102（a）、102（b）、102（c）、102（d）中，102（a）定义了现有技术的范围，现有技术分为两类：102（a）（1）规定了第一类现有技术，即在先的为公众所知的披露；102（a）（2）规定了第二类现有技术，即在先申请、在后公布的美国专利或专利申请。条款 102（b）定义了现有技术的一般规定的例外情形，分为两个部分：第一部分 102（b）（1）定义了 102（a）（1）的例外情形，即宽限期；第二部分 102（b）（2）定义了 102（a）（2）的例外情形。条款 102（c）进一步定义了 102（b）（2）例外中的共同所有权。条款 102（d）进一步定义了对现有技术的时间要求。

1. 现有技术

35 U.S.C. 102（a）（1）"主张权利之发明在其有效申请日之前已经获得专利，在出版物中已有描述，或者公开使用、销售或者以其他方式为公众所知"规定了以下几种现有的技术：

①已经获得专利的。

②在出版物中已有描述的。

③公开使用的。

④公开销售的。或者

⑤以其他方式为公众所知的。

其中，根据35 U. S. C. 102 的规定，"有效申请日"是指专利申请的实际申请日，或者当可以享有优先权时，指优先权日。

根据以上对现有技术的规定，美国专利法中的现有技术与中国专利法中的现有技术的相同点在于，都采用绝对新颖性的原则，对于现有技术的形式和地域都没有限制，只要在有效申请日之前为公众所知的技术都可以作为现有技术。

此外，35 U. S. C. 102（a）（2）"主张权利之发明在根据第151 条所授予的专利中，或者在根据第122（b）条而公开或者被视为公开的专利申请中已有描述，而在此情况下，该专利或专利申请之署名为其他发明人，且在该主张权利之发明的有效申请日之前已经有效提出申请"规定了以下现有的技术：由其他发明人在要求保护的发明的有效申请日之前提交，且在该有效申请日之后公开的美国申请。

35 U. S. C. 102（a）（2）规定的现有技术的定义类似于中国专利法中的抵触申请的定义，但是两者有本质的区别：一是，35 U. S. C. 102（a）（2）规定的是现有技术，它可以用于评价新颖性，也可以用于评价创造性，而中国专利法中的抵触申请只能用于评价新颖性。二是，35 U. S. C. 102（a）（2）规定的现有技术包括本国专利申请（即美国专利申请）和指定美国的PCT 国际申请❶，而中国专利法中的抵触申请只适用于本国专利申请（即中国专利申请）。

需要注意的是，35 U. S. C. 102（a）（2）规定的现有技术的"有效提出申请"的日期可以作为优先权日（如果要求了本国或外国优先权）或者实际申请日，这与中国专利法中的抵触申请的申请日规定相同。

2. 宽限期

35 U. S. C. 102（b）（1）规定了35 U. S. C. 102（a）（1）的现有技术的例外情形，为发明人提供了一年的宽限期：

（A）该披露系由发明人或合作发明人，或者因发明人或合作发明人直接或间接披露从而获得该发明的他人所作；或者

（B）在该披露作出之前，被披露之发明已经由发明人或合作发明人，

---

❶ 自2004 年开始，所有PCT 申请提出时自动指定所有PCT 成员国，包括美国。

或者因发明人或合作发明人直接或间接披露从而获得该发明之他人公开披露。

也就是说，在有效申请日之前1年内，发明人或者从发明人处获得的披露不属于现有技术。此外，如果发明人与他人在有效申请日之前1年内均有披露，但发明人的披露早于他人的披露的，则他人的披露不属于现有技术。

与《中国专利法》第24条规定的不丧失新颖性的情形相比，美国专利法规定的宽限期规则具有明显的特点：

①宽限期的长度不同。美国专利法规定的宽限期为1年；而中国专利法规定的宽限期为6个月。

②宽限期内可允许的披露方式不同。美国专利法规定的宽限期并不限定披露的方式；而中国专利法规定的宽限期只适用于规定的3种披露方式，即在中国政府主办或者承认的国际展览会上首次展出的、在规定的学术会议或者技术会议上首次发表的、他人未经申请人同意而泄露其内容的，实际中很难得到应用。

③宽限期的功能不同。美国专利法规定的宽限期使发明人的披露具有优先权，使其在宽限期内能够对抗他人的在后披露；而中国专利法规定的宽限期只能使专利申请不因被以规定的方式披露而丧失新颖性，但在宽限期内他人或其他方式的披露依然会使其丧失新颖性。

④判断新颖性的基准日不同。根据美国专利法规定的宽限期，判断某一专利申请的新颖性的基准日不再是申请日，而是在宽限期内发明人首次公开发明的日期；而根据中国专利法规定的宽限期，判断某一专利申请的新颖性的基准仍然是申请日，宽限期仅仅排除了将某些特定的公开作为现有技术。

3."在先申请、在后公开"现有技术的例外

35 U. S. C. 102（b）(2) 规定了35 U. S. C. 102（a）(2) 的现有技术的例外情形，即针对"在先申请、在后公开"现有技术的例外，包括以下3种情形：

（A）披露之发明系从发明人或合作发明人处直接或间接获得；

（B）该被披露之发明在根据35 U. S. C. 102（a）(2) 而被提出有效申请之前，已经由发明人或合作发明人，或者因发明人或合作发明人直接或间接披露从而获得该发明之他人披露；或者

（C）在主张权利之发明的有效申请日之前，被披露之发明与该主张

权利之发明已经归为同一人所有或者负有向该同一人转让之义务。

具体地说,首先,当他人"在先申请、在后公开"的美国专利申请中所披露的内容是从发明人或合作发明人处直接或间接获得时,该专利申请不构成现有技术。其次,如果他人根据35 U. S. C. 102(a)(2)在先提出有效申请,但发明人在该申请之前已经披露,则他人的在先专利申请不构成现有技术。这里应该注意的是,发明人自己在申请之前的披露是否构成现有技术,必须参照35 U. S. C. 102(b)(1)的宽限期规则来判断,也就是说,尽管发明人的披露使他人的在先申请不破坏其新颖性,但是发明人的披露也需要在其有效申请日之前1年内作出,才不构成现有技术。最后,如果发明人与在先披露该发明的他人存在合作研究协议,即如果是合作研究协议的另一方所作的披露,则不构成现有技术。

4. 现有技术示例

示例7:

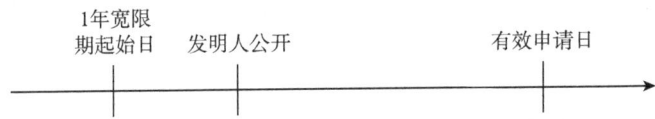

根据35 U. S. C. 102(b)(1)(A),该发明人的公开在1年的宽限期之内,因此不构成现有技术。

示例8:

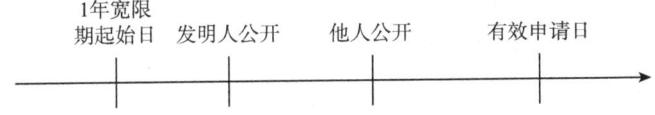

根据35 U. S. C. 102(b)(1)(B),该发明人的公开在1年的宽限期之内,并且在他人公开之前,因此他人公开不构成现有技术。另外,根据35 U. S. C. 102(b)(1)(A),该发明人的公开在1年的宽限期之内,因此也不构成现有技术。

示例9：

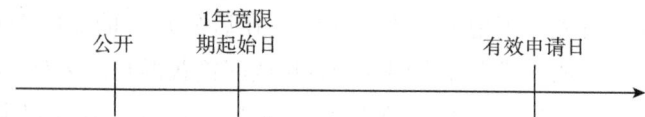

根据35 U.S.C.102（a）（1），该公开在有效申请日之前并且不符合1年的宽限期规则，因此构成现有技术。

示例10：

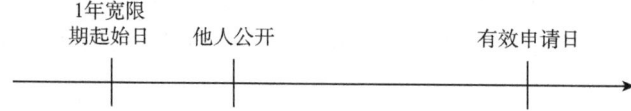

根据35 U.S.C.102（a）（1），如果他人公开并非直接或间接源自发明人，则该公开在有效申请日之前并且不符合宽限期规则，因此构成现有技术。

5.1.5 创造性的审查

创造性的判断是专利审查过程中的一个重要环节。根据美国专利法，可授予专利权的发明创造必须是非显而易见的，非显而易见性也是专利申请获得专利权的必要条件之一。35 U.S.C.103对创造性进行了描述：

35 U.S.C.103 可专利性的条件：非显而易见的主题

一项发明，虽然不是像本编第102条所述已经完全一样地披露过或叙述过，但是，如果申请专利的主题与现有技术之间的差异是这样的微小，以致在发明作出时，该主题整体对其所属技术领域具有普通技术的人员而言是显而易见的，则不得授予专利。可专利性不应根据作出发明的方式而予以否定。

1. 非显而易见性的判断

如上所示，35 U.S.C.103并没有给出非显而易见性的详细定义，而是要通过司法实践来进一步明确对非显而易见性的具体要求。对于非显而易见性的判断，1996年，美国联邦最高法院在 *Graham v. John Deere Co.* 案中确立了Graham事实要素，要求在判断发明创造是否具有非显而易见性时，首先应当审查以下的事实要素：

①确定现有技术的范围和内容。

②确定权利要求与现有技术的区别。

③确定相关技术领域的普通技术人员的水平。

④考虑辅助因素，包括商业上的成功、长期存在的未解决的需求、他人的失败、预料不到的结果。

一旦确定了 Graham 事实要素，审查员必须确定所要求保护的发明对于本领域的普通技术人员来说是否是显而易见的。

为此，美国联邦巡回上诉法院（CAFC）通过判例逐步发展出"教导—启示—动机"（Teaching - suggestion - motivation）判断标准，即 TSM 判断标准。根据 TSM 判断标准，如果现有技术中存在某种启示、教导或动机，使本领域的普通技术人员可以组合现有技术以得到权利要求的技术方案，则该技术方案是显而易见的。与新颖性的审查基于事实不同，非显而易见性的审查除了基于 Graham 事实要素以外，更多的是基于主观推论。审查员在进行非显而易见性的审查时，会先找到一个相似的现有技术作为基础，确定权利要求与该现有技术之间的区别，然后确定该区别是否存在于其他现有技术中。如果是，则将该其他现有技术与作为基础的现有技术相结合，以判断本领域的普通技术人员是否可以简单地通过组合现有技术而得到权利要求的技术方案。该判断过程是创造性审查中最关键也是最具主观性的步骤。

TSM 判断标准使非显而易见性的判断在实践中具有可操作性，并且能够避免审查员基于专利申请的公开内容而作出"事后诸葛亮"的判断，从而否定发明创造的非显而易见性。长期以来，Graham 标准与 TSM 判断标准构成了美国专利的非显而易见性判定的统一标准。然而，在审查实践中，美国审查员为避免"事后诸葛亮"而过于依赖 TSM 判断标准，对 TSM 判断标准严格、僵化的应用反而降低了非显而易见性的标准。TSM 判断标准要求在现有技术中明确存在启示，由于很多非常简单的发明在现有技术中并不能找到明确的启示，导致很多创造性不高的发明被授权，从而产生大量垃圾专利，不利于技术的进步。

2. 非显而易见性的其他判断方式

针对 TSM 判断标准的局限性，2007 年，美国联邦最高法院通过 KSR 案对 TSM 判断标准的应用进行了修正，明确了在非显而易见性分析时不应过分强调现有技术和专利申请中明确提出的内容。现有技术也不局限于所引用的对比文件，还应包括本领域的普通技术人员的理解。现有技术/对比文件（或对比文件的组合）不需要教导或启示权利要求的所有特征，但审查员必须解释为什么现有技术与所要求保护的发明之间的区别对于本领域的普通技术人员是显而易见的。在确定显而易见性时，作出所要求保护的发明的具体动机和发明人所解决的问题都不是决定性的因素，而应在考虑了所有的事实之后确定所要求保护的发明对于本领域的普通技术人员是否显而易见。除所引用的对比文件的公开内容以外的因素，也可以作为判断显而易见性的基础。

尽管美国联邦最高法院认为 TSM 判断标准的应用过于僵化，但 TSM 判断标准仍是确定非显而易见性的有效方式之一。如果现有技术的检索和 Graham 事实要素表明，可以使用 TSM 判断标准来确定是否具有显而易见性，则仍然可以这样进行确定。但是，除了 TSM 判断标准，审查员还可以考虑以下判断方式来进行非显而易见性的审查。

(1) 按照已知方法组合现有技术的要素以产生可预见的结果。

为了基于该方式判断非显而易见性，审查员必须首先确定 Graham 事实要素，然后清楚说明以下内容：

①现有技术包括所要求保护的发明的每一个要素，虽然不需要包括在单个现有技术中，但所有要素应包括在缺少区别要素的单个现有技术的实际组合中。

②本领域的普通技术人员可以将已知方法的要素组合起来，并且在组合时每个要素仅执行与其单独存在时相同的功能。

③本领域的普通技术人员将认识到该组合的结果是可预见的。

如果权利要求的所有的要素在现有技术中是已知的，且本领域的普通技术人员可以按照已知方法的要素组合而不改变其各自的功能，并在发明作出时该组合对于本领域的普通技术人员产生了可预见的结果，则该权利要求对于本领域的普通技术人员是显而易见的。

示例 11：

权利要求：一种抗菌组件，其包括：

平面形状的上部吸收构件；

平面形状的中间吸收构件，其中形成有多个孔，所述中间吸收构件连接到所述平面形状的上部吸收构件；

抗菌构件，其形成在所述平面形状的中间吸收构件的上表面上，位于所述平面形状的上部吸收构件与所述平面形状的中间吸收构件之间；

平面形状的下部吸收构件，其连接到所述平面形状的中间吸收构件的下表面。

对比文件1公开了一种个人清洁用品，其具有两个纸纤维外层，所述纸纤维外层具有清洁物质，该个人清洁用品在这两个层之间可以包含杀菌剂，并且可以使用多于两个的层，其中任何或所有的层可以有孔。该清洁物质可以添加到不同层的任何或所有表面上。与该权利要求相比，对比文件1没有明确地教导三层的用品，或者没有具体地教导中间层中应该包含孔或中间层上应该包含杀菌剂。

首先，因为对比文件1公开了可以使用两个或更多个层，所以本领域的普通技术人员可以推断，根据该对比文件1，具有两个外层和一个中间层的结构是显而易见的。

其次，因为对比文件1公开了任何或所有的层可以包含孔，所以对比文件1给出了中间构件可以包括孔的启示。

最后，因为对比文件1公开了清洁物质可以涂在任何或所有的层上，所以本领域的普通技术人员可以推断，当将杀菌剂放置在三层用品的中间层的顶部时是有用的。

根据对比文件1教导的已知方法，常见要素（如层数及孔和抗菌层的位置）的上述组合没有改变各自的功能，并实现了产生有效清洁产品的可预见的结果。因此，该权利要求对于本领域的普通技术人员来说是显而易见的。

（2）简单替代某一已知要素以获得可预见的结果。

为了基于该方式判断非显而易见性，审查员必须首先确定Graham事实要素，然后清楚说明以下内容：

①现有技术包含一种装置（方法、产品等），其与所要求保护的装置的不同在于，一些部件（步骤、要素等）被替代为其他部件。

②被替代的部件及其功能在本领域是已知的。

③本领域的普通技术人员能够将一个已知要素替代为另一个已知要素，并且替代的结果是可预见的。

如果将一个已知要素替代为另一个已知要素将产生对本领域的普通技术人员来说是可预见的结果，则该权利要求对于本领域的普通技术人员是显而易见的。

例如，在 *In re Fout* 案中，所要求保护的发明涉及一种对咖啡或茶脱咖啡因的方法。现有技术1揭示的方法是生产不含咖啡因的植物材料，并将咖啡因捕获在脂肪材料（如油）中，然后通过水提取工艺从脂肪材料中除去咖啡因。该案申请人用蒸发蒸馏步骤替代水萃取步骤。现有技术2将咖啡悬浮在油中，然后通过油直接蒸馏咖啡因。法院认为，因为现有技术1和现有技术2都教导了从油中分离咖啡因的方法，所以用一种方法替代另一种方法显然是显而易见的。因此，所要求保护的发明对于本领域的普通技术人员是显而易见的。

（3）使用已知技术以相同的方式改进类似装置（方法、产品）。

为了基于该方式判断非显而易见性，审查员必须首先确定Graham事实要素，然后清楚说明以下内容：

①现有技术包含一个"基础"装置（方法或产品），所要求保护的发明可以看作基于该装置的一种"改进"。

②现有技术包含与所要求保护的发明相同的改进的"对比"装置（与"基础"装置不相同的方法或产品）。

③本领域的普通技术人员可以将已知的"改进"技术以相同的方式应用于"基础"装置（方法或产品），并且该结果对本领域的普通技术人员来说是可预见的。

美国联邦最高法院在*KSR*案中指出，如果该技术的实际应用超出了本领域的普通技术人员的技能，那么该技术就不是显而易见的。

示例12：

权利要求：一种农产品搬运机器，包括：

至少一个固定的农产品接触表面；

泡沫垫，其覆盖所述机器的所述固定的农产品接触表面的至少一部分，其中，所述泡沫垫旨在减少与固定表面接触的农产品的擦伤，并且所述泡沫垫由抗菌剂形成，以延缓微生物在所述泡沫垫上的生长。

对比文件1公开了一种产品（鸡蛋）搬运机器，包括固定的产品接触表面（供给鼓），其上附接有泡沫垫以保护产品（鸡蛋）。但是对比文件1没有公开"所述泡沫垫由抗菌剂形成"。

对比文件2公开了如果使用传送带来运送食品级产品，优选地将抗菌剂掺入传送带的弹性材料中，以抑制细菌生长，并且促使食品接触表面上无菌。对比文件2还公开了与传送带相关的其他织物层中也掺入抗菌剂。

对比文件3公开了一种通过将聚氨酯泡沫浸泡在抗菌剂的水溶液中来赋予聚氨酯泡沫抗细菌/真菌性的方法。众所周知,对多种类型的产品赋予抗菌性是必须的,聚氨酯泡沫由于重量轻、缓冲性能好而在许多领域使用。

对比文件2说明了与食品接触的表面可能含有抗菌剂,并且本领域的普通技术人员将认识到将抗菌剂掺入食品接触表面的好处。

对比文件3公开了泡沫垫,其掺入抗菌剂以抑制产品表面上细菌的生长,这是本领域众所周知的。

如果一种技术已经用于改进一种装置(如表面添加抗菌剂),并且本领域的普通技术人员将认识到可以按照相同的方式改进类似的装置(如供给鼓上的泡沫),则使用该技术是显而易见的,除非其实际应用超出了本领域的普通技术人员的技能。

此外,该示例也符合前面第一种方式的情况(按照已知方法组合现有技术的要素以产生可预见的结果),因为该权利要求仅根据已知方法组合了熟知的要素(抗菌剂和食品接触表面),并且没有产生可预见的以外的结果。因此,该权利要求对于本领域的普通技术人员是显而易见的。

(4)将已知技术应用于待改进的已知装置(方法、产品)以产生可预见的结果。

为了基于该方式判断非显而易见性,审查员必须首先确定 Graham 事实要素,然后清楚说明以下内容:

①现有技术包含一个"基础"装置(方法或产品),所要求保护的发明可以看作基于该装置的一种"改进"。

②现有技术包含适用于"基础"设备(方法或产品)的已知技术。

③本领域的普通技术人员将认识到,应用该已知技术将产生可预见的结果,并获得经改进的系统。

如果特定的已知技术被公认为本领域的普通技术人员的一般能力的一部分,则权利要求是显而易见的。本领域的普通技术人员能够将该已知技术应用到待改进的已知设备(方法或产品),并且结果对于本领域的普通技术人员来说是可预见的。

例如,在 Dan v. Johnston 案中,所要求保护的发明涉及一种用于银行支票和存款自动记录保存的系统。在该系统中,客户在每一张支票或存款单上加上数字分类代码。该系统将这些数字分类代码以磁性墨水记录在支票上,就像该系统对金额和账户信息进行的处理一样。通过该系统,银行可以向被细分的客户提供结算单,以给出每个类别的小计。所要求保护的系统还允许银行根据客户要求的样式打印报告。如法院所认为的,通过本发明,通用计算机被编程为向银行客户提供有关期间内其交易的个性化和分类化细目。

基础系统:目前银行业中通常使用数据处理设备和计算机软件自动完成大部分的记录保存。在常规支票处理中,系统读取磁性墨水字符,以识别账户。系统还读取支票的金额,在支票的指定区域打印该值。然后通过进一步的数据处理步骤发送支票,该步骤使用磁性墨水信息生成用于交易和登记到适当账户的适当记录。这些系统包括为每个账户生成定期结算单,如发送给支票账户客户的月度结算单。

改进系统:所要求保护的发明通过记录类别代码来改进该系统,该类别代码随后可用于按类别跟踪支出。同样,类别代码是记录在支票(或存款单)上的数字,该数字将被读取、转换为磁性墨水印记,然后在数据系统中被处理,以包括类别代码。这使得能够按类别报告数据,而不是只允许按账户报告。

已知技术:使用账户(通常用于跟踪个人的总交易)来解决如何跟踪支出类别以更精细地核算预算的问题,这是现有技术的一种应用。也就是说,账户(识别能够在自动数据处理系统中处理的数据)用于区分不同的客户。此外,银行在很长一段时间内将涉及服务费的借记分列在给定的单独账户内,并针对这些费用向客户提供小计。以前需要为每个类别设置单独的账户,从而接收单独的报告。使用附加数字(类别代码)对账户信息进行补充,通过有效地创建单个账户来解决该问题,该账户可以被视为用于跟踪和报告服务的不同账户。也就是说,类别代码只允许以前的多个单独账户作为单个账户处理,但是报告中指示了若干子账户。

对数据设置标记,使得能够进行标准排序、搜索和报告的基本技术不会产生本领域的普通技术人员期望用这种普通的手段实现的可预见的结果以外的结果。法院认为,现有技术和所要求保护的系统之间的区别并没有大到对于本领域的普通技术人员来说是非显而易见的。

(5)"显而易见的尝试",从确定的、可预见的有限数量的方案中进行选择,并且存在合理的成功预期。

为了基于该方式判断非显而易见性，审查员必须首先确定 Graham 事实要素，然后清楚说明以下内容：

①在发明作出时，本领域已经存在公认的问题或需求，可能包括解决问题的设计需求或市场压力。

②对于该公认的问题或需求，已经存在确定的、可预见的有限数量的潜在解决方案。

③本领域的普通技术人员可以以合理的成功预期来寻求已知的潜在解决方案。

如果本领域的普通技术人员有充分的理由在其掌握的技术范围内寻求已知的选择，并且这导致了预期的成功，则产品很可能不是创新而是普通技能和常识。在这种情况下，显然要进行尝试的组合根据 35 U.S.C. 103 的规定是显而易见的。

例如，在 *Alza Corp. v. Mylan Laboratories, Inc.* 案中，所要求保护的发明涉及药物奥昔布宁的缓释制剂，其中药物在 24 小时内以规定的速率释放。公知的是，奥昔布宁具有高水溶性。在该申请的说明书中指出了这种药物的缓释制剂的开发存在特殊问题。

对比文件 1 公开了一种高水溶性药物的缓释组合物，如吗啡的缓释制剂。对比文件 1 还确定了奥昔布宁属于高水溶性药物的类别。

对比文件 2 公开了一种奥昔布宁的缓释制剂，其释放速率与所要求保护的发明不同。

对比文件 3 公开了一种普遍适用的在 24 小时的时段内递送药物的方法。虽然对比文件 3 提及了所公开的方法对奥昔布宁所属的几类药物的适用性，但是对比文件 3 没有具体提及其对奥昔布宁的适用性。

法院认为，由于在该发明作出时奥昔布宁的吸收特性是合理可预见的，所以有理由预期能够成功地开发所要求保护的奥昔布宁的缓释制剂。现有技术已经认识到开发高水溶性药物的缓释制剂需要克服的障碍，并且提出了克服这些障碍的有限数量的途径。显然要尝试制备缓释组合物的方法是已知的，且具有合理的成功预期，因而所要求保护的发明是显而易见的。

（6）基于设计动机或市场动力而促使某一领域的公知技术发生改变，以应用于相同领域或不同领域，该改变对于本领域的普通技术人员来说是可预见的。

为了基于该方式判断非显而易见性，审查员必须首先确定 Graham 事实要素，然后清楚说明以下内容：

①不论是在与申请人的发明相同的领域还是不同的领域，现有技术的范围和内容都包括相同或相似的装置（方法或产品）。

②存在促使已知设备（方法或产品）调整的设计动机或市场动力。

③所要求保护的发明与现有技术之间的区别包括在现有技术的已知变化中或现有技术的已知原理中。

④基于所确定的设计动机或其他市场动力，本领域的普通技术人员可以实现所要求保护的现有技术的变化，并且所要求保护的变化对于本领域的普通技术人员是可预见的。

如果设计动机或其他市场动力促使本领域的普通技术人员以可预见的方式改变现有技术，从而得到所要求保护的发明，则所要求保护的发明是显而易见的。

例如，在 Leapfrog Enterprises, Inc. v. Fisher-Price, Inc. 案中，所要求保护的发明涉及一种用于帮助幼儿发音的学习装置，其权利要求为：

一种交互式学习设备，其包括：

壳体，该壳体包括多个开关；

声音产生装置，该声音产生装置与所述开关通信并且包括处理器和存储器；

字母序列的至少一个描绘，每一个字母与一个开关相关联；以及

读取器，其被配置为向处理器传送所述描绘的标识。

其中，对所描绘的字母的选择激活相关联的开关以与处理器通信，使得声音产生设备生成对应于与所选择的字母相关联的声音的信号，该声音由字母序列中的字母的位置确定。

该案中，对比文件 1 公开了一种用于发音学习的机电玩具，对比文件 2 公开了一种电子阅读玩具，即高级说读（Super Speak & Read）设备（SSR 设备）。

法院认为，对于儿童学习玩具领域的普通技术人员来说，将对比文件 1 与对比文件 2 进行组合以使现代电子元件更新 SSR 设备，来获得这种改变的众所周知的好处，如减小的尺寸、更高的可靠性、简化的操作及降低的成本，这是显而易见的。虽然 SSR 设备仅允许产生与单词的第一个字母相对应的声音，但是它使用了电子手段。因此，该组合是使用本领域中

普遍可用和知晓的新技术（对比文件 2 的 SSR 设备）对对比文件 1 的旧的技术构思的改变。

法院还认为，所要求保护的发明只是对已知儿童玩具的改变。这种改变相对于其他玩具没有表现出非显而易见的进步，即相对于 SSR 设备所使用的技术没有进步。对于设计儿童学习装置的普通技术人员来说，使现有技术的机械装置适应现代电子技术是显而易见的。

因此，相对于对比文件 1、对比文件 2 及本领域公知常识的组合，该权利要求对于本领域的普通技术人员来说是显而易见的。

(7) 现有技术中的某种教导、启示或动机使得本领域的普通技术人员修改现有技术的教导或组合现有技术的教导以实现所要求保护的发明。

为了基于该方式判断非显而易见性，审查员必须首先确定 Graham 事实要素，然后清楚说明以下内容：

①在对比文件本身或本领域的普通技术人员的公知常识中存在修改对比文件或组合对比文件的教导、启示或动机。

②有合理的成功预期。

如果本领域的普通技术人员有动机组合现有技术来实现所要求保护的发明，并且有成功的合理预期，则所要求保护的发明对于本领域的普通技术人员来说是显而易见的。

法院认为，教导、启示或动机测试是灵活的，并且不需要对现有技术进行组合的明确启示。进行组合的动机可以是隐含的，并且可以在本领域的普通技术人员的公知常识中找到，或者在某些情况下，从要解决的问题的性质中找到。进行组合的隐含动机不仅存在于从现有技术得到的启示中，而且存在于"改进"与技术无关且对比文件的组合可生产出更理想的产品或工艺的情况下，通过改进产品或工艺来增加商业机会的愿望是普遍的，所以在这些情况下也会存在组合现有技术的动机，即使对比文件本身没有任何暗示。

5.1.6　先发明原则与先申请原则的审查区别

1. 先发明原则与先申请原则

目前，世界上各个国家的专利制度一般遵循先发明原则与先申请原则。

先发明原则，当两个或两个以上的人就同样的技术分别向专利局提出专利申请时，专利权授予最先发明的人。先发明原则有助于鼓励公众尽早地作出发明创造，但不利于尽早公开发明，且在实践中证明哪个申请人的发明在先往往很困难。

先申请原则，当两个或两个以上的人就同样的技术分别向专利局提出专利申请时，专利权授予最先提出申请的人。先申请原则有助于鼓励为公众利益而尽早公开技术。目前，包括中国在内的绝大多数国家都实行先申请原则。

美国在 2011 年 9 月 16 日签署了新的《美国发明法》（AIA）以代替原来的旧法（pre - AIA）。pre - AIA 遵循先发明原则，而新签署的 AIA 则遵循先申请原则。

2. pre - AIA 与 AIA 的适用

AIA 于 2013 年 3 月 16 日生效，因而 pre - AIA 适用于 2013 年 3 月 16 日之前提交的申请及其 CA 和分案申请。AIA 适用于任何包含有效提交日为 2013 年 3 月 16 日或之后的权利要求的申请。如果申请中仅包含在 2013 年 3 月 16 日之前的有效提交日的权利要求，则该申请适用 pre - AIA。

具体地，AIA 对 35 U.S.C. 102 和 35 U.S.C. 103 进行了修订，规定了在审查期间确定现有技术的标准，因而修订后的 35 U.S.C. 102 和 35 U.S.C. 103 不适用于有效申请日在 2013 年 3 月 16 日之前的申请。因此，在 2013 年 3 月 16 日之前提交的任何申请适用 pre - AIA 102 和 103，也就是说，该申请是先发明原则下的申请（以下称为 pre - AIA 申请）。

应该注意的是，提交 RCE 或 PCT 进入国家阶段都不被视为提交新的申请。因此，即使在 2013 年 3 月 16 日或之后针对 2013 年 3 月 16 日之前提交的申请提交了 RCE，该申请仍适用 pre - AIA 102 和 103。

类似地，在 2013 年 3 月 16 日之前提交的指定了美国的 PCT 国际申请适用 pre - AIA 102 和 103，而与该 PCT 国际申请在 2013 年 3 月 16 日之前还是在 2013 年 3 月 16 日之后基于 35 U.S.C. 371 进入美国国家阶段无关。

如果 2013 年 3 月 16 日或之后提交的申请不包含有 2013 年 3 月 16 日或之后的有效提交日的权利要求，并且没有要求包含这种权利要求的申请的优先权，则该 2013 年 3 月 16 日或之后提交的申请仍然适用 pre - AIA 102 和 103，而不是适用 35 U.S.C. 102 和 35 U.S.C. 103。

3. pre - AIA 下的现有技术

如前所述，pre - AIA 遵循先发明原则，而 AIA 遵循先申请原则。pre - AIA 与 AIA 遵循的原则不同，直接的结果是对现有技术的认定等方面有明显差异。pre - AIA 102 规定了新颖性和现有技术。

pre - AIA 102 可专利性的条件；新颖性和专利权的丧失

如果没有下列任何一种情况，有权取得专利权：

（a）在专利申请人完成发明以前，该发明在本国已为他人所知或使用的，或者在本国或外国已经取得专利或在印刷的出版物上已有叙述的；

（b）该项发明在本国或外国已经取得专利或在印刷出版物上已有叙述，或者在本国已经公开使用或销售，在向美国申请专利之日以前已达一年以上的；

（c）发明人已经放弃其发明的；

（d）该项发明已经由申请人或其法定代理人或其受让人在外国取得专利权，或使他人取得专利权，或者取得发明证书而向外国提出的关于专利或发明证书的申请是在向美国提出申请以前，而且已达十二个月以上的；

（e）该发明在下列申请或专利中已有叙述的：（1）他人在专利申请人完成发明前在美国提交，并根据第122（b）条公布的专利申请，或者（2）根据他人在专利申请人完成发明以前在美国提交的专利申请而授予的专利，但根据第351（a）条定义的条约提交的国际申请，为本款的目的，只有在该申请指定美国并根据该条约第21（2）条以英语予以公布的，才有本款规定的在美国提交的申请的效力；

（f）请求给予专利权的发明并非申请人自己完成的；

（g）（1）在根据第135条或第291条进行的抵触程序期间，涉案的另一发明人证实，在第104条允许的限度内，该发明人在此人完成发明以前已经作出了该发明，而且没有放弃、压制或者隐瞒，或者（2）在该申请人完成发明以前，另一发明人已在本国作出了该发明，而且没有放弃、压制或隐瞒。在根据本款确定发明的先后顺序时，不仅应考虑该发明的各自构思和付诸实施的日期，还应考虑最先构思而最后付诸实施的人在另一人构思之前已有的适度勤勉。

pre-AIA 102（a）、102（e）、102（g）规定了新颖性，涉及他人在申请人完成发明之前的行为对申请人的发明的新颖性的影响；102（b）、102（c）、102（d）规定了权利丧失的情形；102（f）规定了申请人资格，如果一项发明不是申请人自己作出的，则该项发明不能被授予美国专利。

（1）现有技术。

①pre-AIA 102（a）。

pre-AIA 102（a）规定，如果在专利申请人完成发明以前，该项发明在本国已为他人所知或使用，或者在本国或外国已经取得专利或在印刷的出版物上已有叙述，则申请人的该项发明不能被授予美国专利。

pre – AIA 102（a）规定了"完成发明以前"，完成发明的日期是该条款的关键日期，即发明日。发明日可以是发明人构思出发明的日期。此外，发明人将发明付诸实践的日期可以被推定为发明日。在实际操作中，可以把申请日作为发明人将发明付诸实践的日期，即推定为发明日。如果专利申请根据 pre – AIA 119（a）、119（e）和 120 要求了优先权，则可以把优先权日推定为发明日。

pre – AIA 102（a）规定的行为主体是他人，即发明人以外的人。如果在发明人的发明日以前，在美国国内他人已经知道或使用该发明，或在世界任何地方获得专利或公开，则发明人的该项发明不能被授予美国专利。但是，如果是发明人自己的公开行为，发明人的该项发明仍然可以被授予美国专利。具体可参见以下示例。

示例 13：

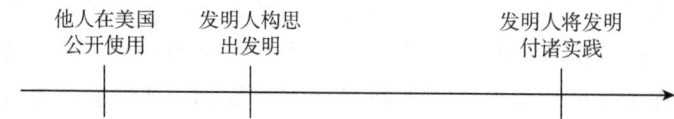

根据 pre – AIA 102（a），他人在美国公开使用的日期在发明人构思出发明的日期及将发明付诸实践的日期之前，因此构成现有技术。

示例 14：

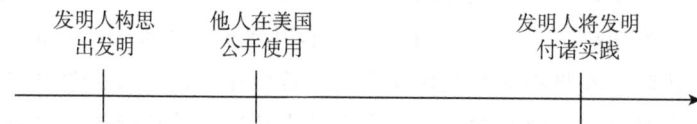

根据 pre – AIA 102（a），尽管他人在美国公开使用的日期在发明人将发明付诸实践的日期之前，但却在发明人构思出发明的日期之后，因此不构成现有技术。

②pre – AIA 102（e）。

2002 年 11 月 2 日，pre – AIA 102（e）被修订。新 pre – AIA 102（e）规定，如果在专利申请人完成发明以前，该项发明已经在他人向美国提出专利申请并公布的专利说明书中记载，则申请人的该项发明不能被授予美国专利。

pre – AIA 102（e）涉及作为对比文件的在先美国申请，包括美国专利、已公开的美国专利申请和已以英文形式公开的指定美国的 PCT 国际申请，并且必须是他人提交的，即至少有一个发明人不同。

根据 pre – AIA 102（e），对比文件的关键日期是 pre – AIA 102（e）条款日 [Section 102（e）date]。如果对比文件是美国专利、已公开的美国专利申请，并且没有要求在先 PCT 国际申请的优先权，则 pre – AIA 102（e）条款日是最早有效美国申请日，包括美国国内优先权日 [即 pre – AIA 119（e）美国国内优先权日和 120 条款美国国内优先权日]，但不包括 pre – AIA 119（a）美国国外优先权日。

示例 15：

该美国申请没有要求优先权。在这种情况下，pre – AIA 102（e）条款日为该美国申请的申请日，即 2000 年 12 月 8 日。

示例 16：

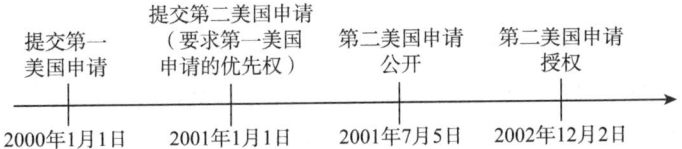

第二美国申请要求了第一美国申请的优先权，在这种情况下，对于第二美国申请，pre – AIA 102（e）条款日为第二美国申请的最早有效美国申请日 2000 年 1 月 1 日，即优先权日 2000 年 1 月 1 日。

示例 17：

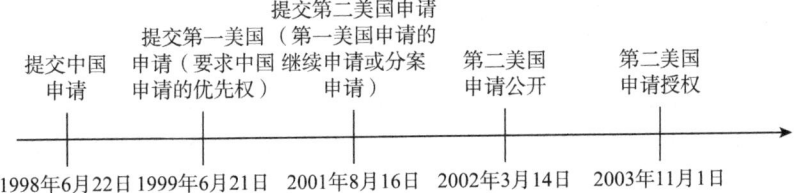

第一美国申请要求了中国申请的优先权，第二美国申请是第一美国申请的 CA 或分案申请。在这种情况下，对于第二美国申请，pre – AIA 102（e）条款日为第一美国申请的最早有效美国申请日，即申请日 1999 年 6 月 11 日。

对于已公开的指定了美国的 PCT 国际申请，如果其满足以下 3 个条件，则国际申请日为美国申请日，即 pre – AIA 102（e）条款日：该 PCT 国际申请的国际申请日在 2000 年 11 月 29 日或之后；该 PCT 国际申请指定了美国；并且该 PCT 国际申请已根据 PCT 第 21（2）以英文公开。

示例 18：

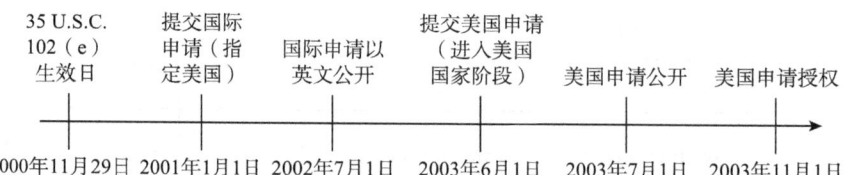

该 PCT 国际申请的国际申请日 2001 年 1 月 1 日，在 2000 年 11 月 29 日之后，指定了美国并且以英文公开，美国申请是该 PCT 国际申请的美国国家阶段，因此 pre – AIA 102（e）条款日是国际申请日 2001 年 1 月 1 日。

如果 PCT 国际申请的国际申请日在 2000 年 11 月 29 日之前，则适用旧 pre – AIA 102（e）。对于美国申请，pre – AIA 102（e）条款日是完全满足 pre – AIA 371（c）(1)、(2) 和 (4) 的要求的最早日期，或者后提交的要求了该 PCT 国际申请的优先权的美国申请的申请日。

示例 19：

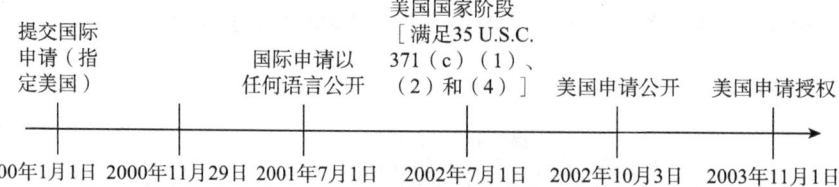

该 PCT 国际申请的国际申请日 2000 年 1 月 1 日在 2000 年 11 月 29 日之前，指定了美国，美国申请是该 PCT 国际申请的美国国家阶段，因此 pre – AIA 102（e）条款日是美国申请，完全满足 pre – AIA 371（c）(1)、(2) 和

(4) 的要求的最早日期 2002 年 7 月 1 日。

③pre – AIA 102（g）。

与大多数国家采用的先申请制相比，pre – AIA 102（g）条款构成了美国先发明制的基础。

根据 pre – AIA 102（g），如果在申请人的发明日之前，该发明已由他人在美国完成，并且该他人没有放弃、压制或隐瞒该发明，则该申请人不能获得美国专利。这里的"完成"指的是发明的实际完成或推定完成（即他人已就同一发明向 USPTO 申请专利）。

pre – AIA 102（g）用于在美国专利上诉及争议委员会（Board of Patent Appeals and Interferences，BPAI）的争议程序中解决发明人之间的优先权纠纷。当申请人 A 和申请人 B 分别就同一项发明向 USPTO 申请专利时，USPTO 就需要决定该项发明属于申请人 A 还是属于申请人 B。如果申请人 A 的发明构思日比申请人 B 的早，并且申请人 A 的发明完成日也比申请人 B 的早，则该发明属于申请人 A。如果申请人 A 的发明构思日比申请人 B 的早，但申请人 A 的发明完成日比申请人 B 的晚，则只有在申请人 A 的实践比申请人 B 的发明构思日早的情况下，该发明才属于申请人 A。

（2）丧失新颖性的情形。

①pre – AIA 102（b）。

pre – AIA 102（b）规定，如果申请人的发明在美国或其他国家已经取得专利或在印刷出版物上已有叙述，或者在美国已经公开使用或销售，在向美国申请专利之日以前已达一年以上，则申请人的该项发明不能被授予美国专利。

pre – AIA 102（b）中的"向美国申请专利之日"是指"有效美国申请日"。如前所述，有效美国申请日包括美国国内优先权日［即 pre – AIA 119（e）美国国内优先权日和 pre – AIA 120 美国国内优先权日］，但不包括 pre – AIA 119（a）美国国外优先权日。

如前所述，对于 pre – AIA 102（a）、pre – AIA 102（e）和 pre – AIA 102（g），只有他人的行为才能使申请人的发明丧失新颖性，申请人本人的行为与 pre – AIA 102（a）、pre – AIA 102（e）和 pre – AIA 102（g）下的新颖性无关。然而，与 pre – AIA 102（a）、pre – AIA 102（e）和 pre – AIA 102（g）不同，对于 pre – AIA 102（b），任何人（包括申请人自己）的行为都可能使申请人的发明丧失新颖性。

pre – AIA 102（b）中规定的"已经取得专利或在印刷出版物上已有叙述"

的范围并不限于美国，也包括其他国家。相反，pre – AIA 102（b）中规定的"公开使用或销售"的范围仅限于美国，如果申请人的发明仅在美国以外的国家（如中国）已被公开使用或销售，则申请人的该项发明仍具有 pre – AIA 102（b）下的新颖性。应该注意的是，pre – AIA 102（b）中规定的"销售"包括实际销售和许诺销售，不仅包括在美国国内的销售，而且包括将发明售进和售出美国。

示例20：

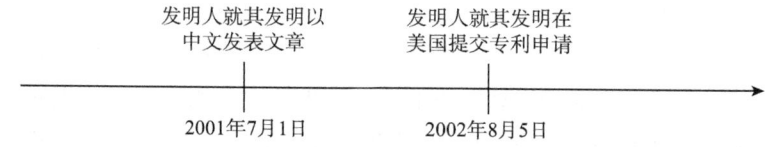

发明人于2001年7月1日在中国公开发行的学术期刊上用中文发表了描述其发明的文章。之后，发明人在2002年8月5日就其发明向USPTO提交专利申请。由于发明人是自己发表文章，所以该发明不能依据 pre – AIA 102（a）使而丧失新颖性。但是发明人的美国申请的申请日是2002年8月5日，在发明人的文章发表日2001年7月1日之后，且超过了一年，因此该发明依据 pre – AIA 102（b）丧失新颖性。

示例21：

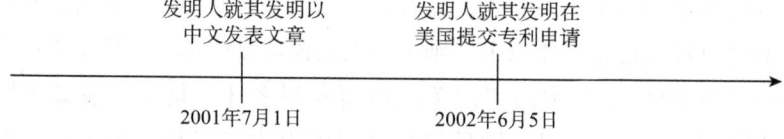

发明人于2001年7月1日在中国公开发行的学术期刊上用中文发表了描述其发明的文章。之后，发明人在2002年6月5日就其发明向USPTO提交专利申请。由于发明人是自己发表文章，所以该发明不能依据 pre – AIA 102（a）条款而丧失新颖性。此外，发明人的美国申请的申请日是2002年6月5日，在发明人的文章发表日2001年7月1日之后一年以内，因此该发明不能依据 pre – AIA 102（b）条款丧失新颖性。

②pre – AIA 102（d）。

根据 pre – AIA 102（d），如果在申请人的有效美国申请日一年之前，申请人或申请人的法定代表人或受让人已在外国就同一项发明申请专利,并且该外国专利申请在申请人的有效美国申请日之前已获授权,则申请人的该项发明不能被授予美国专利。

pre-AIA 102(d)规定了4个条件,如果这4个条件全部满足,则不能授予专利权:外国申请必须在美国有效提交日之前超过12个月提交;外国申请必须由与美国相同的申请人或其法定代表人或受让人提交;在美国提交日期之前,必须实际授予外国专利或证书;必须涉及相同的发明。

与pre-AIA 102(a)、pre-AIA 102(b)的关键日期不同,pre-AIA 102(d)的关键日期是申请人的外国专利被授予专利权的日期。

另外,应该注意的是,授予专利权后的保密期(如在比利时和西班牙)被认为对pre-AIA 102(d)没有影响,仍然应该基于这些专利获得授权的日期来确定是否依据pre-AIA 102(b)使申请人的美国申请丧失新颖性。当专利权人对于专利的权利变得确定时,其发明被视为pre-AIA 102(d)意义下的"已获专利授权"。例如,如果申请人的西班牙申请的专利权是在美国申请日之前授予的,则即使该西班牙申请直到美国申请日之后才公布,这也无关紧要。

示例22:

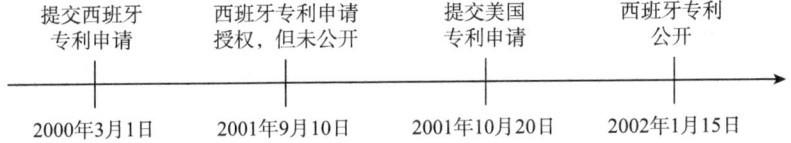

申请人在2000年3月1日申请西班牙专利,并在2001年9月10日被授予专利权,随后该专利在保密期而未被公开,2002年1月15日该专利被公开。申请人在2001年10月20日就同一项发明提交美国专利申请。

对于本示例,由于申请人在西班牙申请专利是申请人本人的行为,所以申请人的西班牙专利申请使其发明在美国依据pre-AIA 102(a)、(e)和(g)而丧失新颖性。

由于申请人的该西班牙专利从2002年1月15日才开始被公众所知,而申请人的美国申请日是2001年10月20日,所以申请人的该发明在美国不丧失pre-AIA 102(b)下的新颖性。

因为申请人的西班牙申请的申请日是2000年3月1日,在申请人的美国申请日 2001 年 10 月 20 日之前超过一年，并且申请人在 pre-AIA 102（d）下的西班牙专利权日是 2001 年 9 月 10 日，在申请人的美国申请日 2001 年 10 月 20 日之前超过一年，所以申请人的该发明已丧失 pre-AIA 102（d）条款下的新颖性。因此，申请人的该发明不能被授予美国专利。

5.1.7　35 U.S.C.112 的审查

35 U.S.C.112 对专利申请文件的说明书作出了具体要求。

　　35 U.S.C.112 说明书

　　（a）总体—说明书应当包括发明的书面描述，以及作出和使用发明的方式和过程，言词应该完整、清晰、简洁、确切，使任何在同一领域或相关领域的技术人员能作出和使用这个发明。说明书还应当阐述发明人或共同发明人所设想的使用这项发明的最佳模式。

　　（b）结尾—说明书应当以一个或更多的权利要求而结束，权利要求应确切地指出并清楚地要求保护发明人或共同发明人认为是发明的主题。

　　（c）形式—一项权利要求可以写成独立的形式，根据发明的性质，也可以写成从属或多项从属的形式。

　　（d）从属形式的引用—受下面第（e）款约束，从属形式的权利要求应引用前面提出的权利要求，然后具体说明对所要求保护的主题的进一步限制。从属形式的权利要求应解释为通过引用并入了它所引用的权利要求的所有限制。

　　（e）多项从属形式的引用—多项从属形式的权利要求应当只以择一方式引用前面提出的一项以上的权利要求，然后具体说明对所要求保护的主题的进一步限制。多项从属权利要求不应作为另一项多项从属权利要求的基础。一项多项从属权利要求时应解释为通过引用并入了其所考虑的与其相关的特定权利要求的所有限制。

　　（f）组合权利要求（Claim For A Combination）中的要素—组合权利要求中的要素可以表达为执行指定功能的一种手段或步骤，而不需阐述支持这种手段或步骤的结构、材料或行为。这种权利要求应解释为涵盖在说明书中所描述的结构、材料或行为及其等同物。

35 U.S.C.112 中规定的说明书（Specification）是包括权利要求书在内的广义的说明书。概括地说，35 U.S.C.112 规定的公开要求主要有以下 4 个方面的要求：

①对发明的书面描述。

②可实施性，即作出和使用发明的方式和过程。

③发明人所设想的使用其发明的最佳模式。

④权利要求的清楚性。

1. 书面描述要求

35 U.S.C. 112（a）规定了：说明书应当包括发明的书面描述，以及作出和使用发明的方式和过程，言词应该完整、清晰、简洁、确切，使任何在同一领域或相关领域的技术人员能作出和使用这个发明。说明书还应当阐述发明人或共同发明人所设想的使用这项发明的最佳模式。

书面描述要求类似于《中国专利法》第 26 条第 3 款的"说明书应当对发明或者实用新型作出清楚、完整的说明"的要求，第 26 条第 4 款的"权利要求书应当以说明书为依据"及第 33 条的"对发明和实用新型专利申请文件的修改不得超出原说明书和权利要求书记载的范围"的要求。

书面描述要求的实质在于本领域的普通技术人员可以根据说明书合理地确认发明人在提交申请时已拥有要求保护的发明。一方面，为了满足书面描述要求，说明书必须足够详细地描述所要求保护的发明，使得本领域的普通技术人员能够合理地得出发明人在提交申请时已拥有所要求保护的发明的结论。具体地说，说明书必须以本领域的普通技术人员能够理解的方式描述所要求保护的发明，以表明发明人在提交申请时确实发明了所要求保护的发明。

"拥有"是通过描述发明和发明的局限性来表现的，申请人如何描述发明的内容并不重要，只要申请人的描述能够使本领域的普通技术人员清楚申请人所要求保护的发明是什么。申请人可以通过各种描述手段来表明拥有所要求保护的发明，如词语、结构、图形、图表及公式等。

另外，满足书面描述要求还意味着，在专利申请提交日后提交的权利要求的保护主题在原始提交的申请中要有充分的公开，从而确保在专利申请提交日以后所修改和增加的权利要求能够在原始提交的专利申请中找到充分的支持，即权利要求能够得到说明书的支持。具体地说，要求权利要求的限定要素能够在说明书中找到依据，无论是以明示还是隐含的方式。权利要求中新增加的内容或者新增加的权利要求都必须曾经出现在专利申请的说明书中。

对于原始权利要求，审查员通常会对说明书进行审查，以确定原始提交的权利要求是否具有充分的描述支持。如果权利要求包含了在说明书中没有充分描述并且在本领域中不是传统的或已知的重要或关键特征,则所要求保护的发明作为一个整体没有被充分描述。

示例 23:

权利要求:一种基因,其包括 SEQ ID NO: 1。

示例 23 的权利要求可以被解释为还包括除了 SEQ ID NO: 1 之外的特定结构,如启动子、编码区域或其他要素。虽然 SEQ ID NO: 1 被充分公开,但是对于该权利要求所涵盖的其他结构(如启动子、增强子、编码区和其他调节元件)的描述可能是不充分的。

对于在专利申请提交后加入的新的权利要求或者对最初提交的原始权利要求进行的实质性修改,如果引入了不被原始提交的说明书支持的要素或者限定,则不符合书面描述要求。新增加的权利要求或新增加的权利要求限定不需要是说明书中的原文,但是必须在说明书中有显式的或隐含的支持。应该注意的是,在本领域的普通技术人员不仅能够认识到说明书中存在的错误,而且能够知道相应的改正的情况下,为了改正这种明显错误而进行的修改并不构成新内容。与中国和欧洲实务相比,美国实务对于修改的限制是最宽松的,可以类比《中国专利法》第 26 条第 4 款的要求。

2. 可实施性要求

35 U.S.C. 112 (a) 规定了:说明书应当包括发明的书面描述,以及作出和使用发明的方式和过程,言词应该完整、清晰、简洁、确切,使任何在同一领域或相关领域的技术人员能作出和使用这个发明,说明书还应当阐述发明人或共同发明人所设想的使用这项发明的最佳模式。

可实施性要求类似于《中国专利法》第 26 条第 3 款的"说明书应当对发明或者实用新型作出清楚、完整的说明,以所属技术领域的技术人员能够实现为准"的要求及第 26 条第 4 款的"权利要求书应当以说明书为依据"的要求。

可实施性要求是指本领域的普通技术人员不需要进行过度实验就能够作出和使用该发明。可实施性要求的目的在于确保以有意义的方式向感兴趣的公众传达本发明。在专利申请的公开内容中所包含的信息必须足以告知相关领域的技术人员如何作出和使用所要求保护的发明,但不要求使本领域的普通技术人员能够作出和使用完善的、商业上可行的实施例。

对特定权利要求是否得到申请中的公开内容的支持的任何分析,都需要确定在提交时该公开内容是否包含关于权利要求的主题的充分信息,以使相关领域的技术人员能够作出和使用所要求保护的发明。在关于 *Minerals Separation Ltd. v. Hyde*,242 U.S. 261,270(1916)的判决中,最高法院提出了确定说明书是否符合可实施性要求的标准,其中提出了以下问题:实施本发明所需的实验是否是过度的或者不合理的?该标准仍然是目前使用的标准。因此,即使该法律条文没有使用术语"过度实验",但也被解释为要求所要求保护的发明能够被实施,使得本领域的任何技术人员无需进行过度实验就可以作出和使用本发明。

说明书不需要描述并且优选地省略本领域公知的技术和细节。应该注意的是,说明书的任何部分都可以支持可实施性公开,甚至是讨论或批评其公开的主题的背景技术部分。

即使实验可能很复杂,但是如果本领域通常都进行这种实验,则也不能因为实验很复杂而认为这种实验是过度的。可实施性的测试目的并不是确定某种实验是否必要的,而是在实验是必要的情况下看它是否过度。即便为了作出和使用所要求保护的发明,本领域的普通技术人员可能需要进行一定量的实验,该发明也符合可实施性要求。但是,如果所需进行实验的量达到"过度"的程度,则该发明不符合可实施性要求。

在确定是否存在足够的证据来支持公开内容不满足可实施性要求及任何必要的实验是否过度时需要考虑许多因素。例如,在 *In re Wands* 案中,联邦巡回上诉法院提出了确定必要的实验是否过度的多个考虑因素,包括:

①权利要求的保护范围。
②发明创造的性质。
③现有技术的状态。
④本领域的普通技术人员的水平。
⑤本技术的可预测性水平。
⑥发明人提供了多少指导。
⑦是否存在实际完成的示例。
⑧基于公开内容作出和使用本发明所需的实验的数量。

在 *In re Wands* 案中,权利要求涉及一种乙型肝炎表面抗原的检测方法,审查员认为权利要求不满足可实施性要求。法院对于审查员认定的事实没有异议,但是不同意审查员对数据的解释和根据这些事实得出的结论。法院认为,说明书对于系争权利要求是可实施的,并发现在说明书中"有相当多的指导和引导","在申请提交时在本领域有高水平的技术",并且"实施本发明所需的所有方法都是众所周知的"。在考虑与可实施性问题有关的所有因素之后,法院得出结论,"获得实施所要求保护的发明所需的抗体不需要过度的实验"。

3. 最佳模式要求❶

35 U.S.C.112(a)规定,说明书还应当阐述发明人或共同发明人所设想的使用这项发明的最佳模式。

根据最佳模式要求,申请人仅公开作出和使用其发明创造的方式还不够,还必须向公众进一步公开在申请提交时其已知的实施其发明的最佳实施方式。中国专利法没有关于最佳模式的相关要求。

最佳模式要求的目的是限制发明人在申请专利的同时对公众隐瞒他们实际上构想的发明的优选实施例。在判断公开的充分性是否符合最佳模式要求时仅考虑是有意的隐瞒还是无意的隐瞒的证据。如果证据表明申请人的最佳模式公开不足而导致隐瞒,则确认不符合最佳模式要求。

在确定说明书是否满足最佳模式要求时,需要确定以下主观的和客观的事实:第一,必须主观地确定发明人是否在申请时知道实施本发明的最佳模式。第二,如果发明人知道实施本发明的最佳模式,则将发明人知道的与发明人公开的进行比较,以客观地确定是否充分详细地公开了最佳模式,以允许本领域的技术人员实施最佳模式。

作为一般规则,当软件构成实施本发明的最佳模式的一部分时,可通过公开软件的功能来满足对这种最佳模式的描述。这是因为,为这种软件编写代码通常是在本领域的技术范围内,所以一旦软件的功能被公开,就不需要过度实验。流程图或源代码列表不是充分公开软件功能的必要条件。

最佳模式没有更新要求。一方面,在申请提交后不需要更新所公开的最佳模式,这种更新将会增加新的内容,超出原说明书的公开范围;另一方面,对于 CA 没有更新要求,而对于 CIP 则分为两种情况:

①基于在提交 CIP 时增加的内容的权利要求需要更新最佳模式。

②被原始公开内容充分支持的权利要求不需要更新最佳模式。最佳模式要求并不限于权利要求中的特征,还可以针对作出和使用本发明必须的其他特征。例如,在 *Eli lilly v. Barr* 案中,发明人公开了一种纯化所要求保护的化学

---

❶ 由于35 U.S.C.282 中已经明确规定最佳模式要求不再是美国专利无效的理由,尽管35 U.S.C.112(a)中仍然保留该要求,但其在实务中的意义已几乎可以忽略。

品的方法，但没有公开他们用于纯化化学品的特定溶剂。法院认为公开充分，并且强调选择适当的溶剂是常规细节。在 *Consolidated v. Foseco* 案中，法院裁定，专利权人在起诉期间故意欺诈地公开编造的方法要素，使得该专利及一系列相关专利因不公平行为而无效。

如果说明书中仅公开了物品（Article）的名称/型号，则按如下方法确定是否满足最佳模式要求：如果物品是市售的并且能够进行逆向工程，则满足最佳模式要求；如果不是市售的，则应该公开物品的结构或方案；如果物品不能进行逆向工程，若物品是发明人/专利权人的产品，则不满足最佳模式要求，若物品是第三方的产品，则满足最佳模式要求。

4. 权利要求的清楚性要求

35 U.S.C. 112（b）规定，说明书应当以一个或更多的权利要求而结束，权利要求应确切地指出并清楚地要求保护发明人或共同发明人所认为的发明主题。

35 U.S.C. 112（b）规定了专利申请必须要有权利要求，权利要求的目的是使发明人能够清楚地限定其要保护的发明是什么。权利要求并不是要解释发明的技术或发明是如何工作的，而是限定专利的保护边界。

35 U.S.C. 112（b）还规定了权利要求语言的清楚性要求，其主要目的是确保权利要求的范围是明确的，以使公众了解专利的保护边界。如果本领域的普通技术人员无法确定权利要求的界限和范围，则本领域的普通技术人员无法确定如何避免侵权。

如果本领域的普通技术人员基于说明书阅读权利要求后能够确定权利要求的界限和范围，则权利要求满足清楚性要求。如果权利要求有两个或两个以上的合理解释，则审查员有理由根据 35 U.S.C. 112（b）拒绝该权利要求，并要求发明人更精确地限定所要求保护的发明的界限和范围。

影响权利要求清楚性的因素很多，主要分为以下两方面：
①权利要求中的用语，如权利要求中使用的术语、数值范围等。
②权利要求的限定方式，如功能性限定、选择性限定、否定性限定等。
（1）新的术语。

权利要求中使用的每个术语的含义根据在申请提交时的现有技术或说明书和附图应该是明确的。在描述和限定所要求保护的发明时，权利要求的语言不能模棱两可、含糊不清、不连贯、隐晦或以其他方式不清楚。申请人不必局限于现有技术中使用的术语，但要求用于限定发明的术语必须清楚和准确，由此才能够确定所要求保护的发明的界限和范围。当说明书表明权利要求中的术语具有特定含义时,审查员将会使用该含义来对权利要求进行审查。

一般情况下,权利要求中的术语应该使用其在本领域中的普通含义,除非其普通含义与说明书中的描述不相符。根据 35 U.S.C.,申请人可以通过明确、具体地定义术语来描述发明。因此,如果申请人赋予了某个术语任何特殊的含义,或者当某个术语有一种以上的含义时,则申请人有义务在说明书中明确地指出本发明所依据的含义,以使本领域的普通技术人员可以清楚地知道任何偏离普通含义的术语。

(2) 相对性术语。

权利要求中的相对性术语包括程度、近似及主观性的表达等,在权利要求中使用相对性术语并不一定会使权利要求不符合清楚性要求。权利要求中的相对性术语是否可被接受取决于本领域的普通技术人员是否能够根据说明书理解所要求保护的是什么。

①程度的表达。当根据本发明的内容,权利要求中的程度的表达为本领域的技术人员提供了足够的确定性时,这种程度的表达是清楚的。例如,在 *Interval Licensing LLC v. AOL, Inc.* 案中,法院认为权利要求中的"实质音高"(Substantial Pitch)足够清楚,因为本领域的技术人员在确定实施本发明所需的实质音高方面没有困难。

当在权利要求中使用程度的表达时,审查员会确定说明书中是否提供了与相关程度有关的衡量标准。如果说明书没有提供,则审查员将进一步确定本领域的普通技术人员是否仍然可以确定权利要求的范围(例如,与相关程度有关的衡量标准是本领域公知的)。例如,在 *Ex parteOetiker* 案中,权利要求中的"相对浅""在……量级""在大约5毫米的量级"和"实质部分"(Substantial Portion)被认为是不清楚的,因为说明书没有提供与这些程度有关的衡量标准。

②近似的表达。权利要求中常见的近似的表达包括"大约(About)""基本上(Essentially 或 Substantially)""大致(Essentially 或 Substantially)""实质上(Essentially 或 Substantially)""类似(Similar)"及"类型(Type)"等。在确定这类术语所涵盖的范围时,必须考虑其在专利申请的说明书和权利要求中使用时的上下文。

a. 大约。在 *Ortho - McNeil Pharm., Inc. v. Caraco Pharm. Labs., Ltd.* 案中,法院认为塑料的拉伸速率为"超过大约10%每秒"的限定是清楚的,因

为通过使用秒表可以清楚地评估侵权行为。而在 *Amgen，Inc. v. Chugai Pharmaceutical Co.* 案中，法院认为，权利要求中的"至少大约"是不清楚的，因为存在接近的现有技术，并且在说明书或现有技术中没有任何内容提供该"大约"的表达涵盖了特定活动的什么范围的任何指示。

b. 基本上、大致、实质上。在 *In re Marosi* 案中，术语"基本上（Essentially）不含碱金属的二氧化硅源"被认为是清楚的，因为说明书中包含的指导和示例被认为足以使本领域的普通技术人员了解除了基本成分以外的在原料中不可避免的杂质。此外，法院进一步认为，要求申请人详细说明特定数量作为其发明与现有技术之间的界线是不切实际的。

术语"基本上""大致"和"实质上"通常与另一个术语结合使用，以描述所要求保护的发明的特定特征。在 *In re Mattison* 案中，法院认为，根据说明书中包含的一般指导，"实质上（Substantially）提高该化合物作为铜萃取剂的效率"的限定是清楚的。而在 *Andrew Corp. v. Gabriel Electronics* 案中，法院认为，"产生大致（Substantially）相等的 E 和 H 平面照明模式"的限定是清楚的，因为本领域的普通技术人员将知道"大致相等"的含义。

在实务中，美国审查员普遍接受"Substantially"这种表述，认为是清楚的。

c. 类似。在 *Ex parte Kristensen* 案中，在涉及"用于高压清洗单元或类似设备"的喷嘴的权利要求的前序部分中，术语"相似"被认为是不清楚的，因为不清楚申请人要通过"类似"设备覆盖什么范围。

d. 类型。将"类型"一词添加到清楚的表达（如 Friedel - Crafts 催化剂）中扩展了该表达的范围，使其变得不清楚。例如，在 *Ex parte Attig* 案中，独立权利要求中的"ZSM - 5 类型的铝硅酸盐沸石"被认为是不清楚的，因为不清楚"类型"涵盖的范围。此外，由于从属权利要求中限定的沸石并不属于独立权利要求中限定的沸石的类型，所以对独立权利要求中的术语"类型"的解释更加困难。

③主观性的表达。当权利要求中使用了主观性的表达时，与对程度的表达的分析类似，审查员将确定说明书是否提供了用于衡量该表达的范围的标准。为了使公众能够确定权利要求的范围，必须提供一些客观标准。要求不受限制地进行主观判断的权利要求是不清楚的。权利要求的范围不能仅取决于声称要实施本发明的特定个人的不受限制的主观意见。例如，在 *Datamize LLC v. Plumtree Software，Inc.* 案中，所要求保护的发明涉及一种具有"美观的界面

外观"的计算机界面屏幕。术语"美观的"的含义仅取决于选择要包括在界面屏幕上的特征的人的主观意见，说明书中没有提供任何指导来说明什么设计选择将实现"美观的"界面外观。由于界面屏幕可能对一个用户是"美观的"，而对另一个用户不是"美观的"，所以这种主观性的表达是不清楚的。

（3）数值范围。

通常，权利要求中限定的具体数值范围不会导致权利要求不清楚，但是存在以下几种例外。

①在同一权利要求中同时存在窄数值范围和宽数值范围。在同一权利要求中使用落入更宽范围内的窄数值范围可能使权利要求不清楚。可以在说明书中描述示例和优选方案，而不是在单个权利要求中描述。也可以在另一独立权利要求或在从属权利要求中描述较窄范围或优选实施例。如果在单个权利要求中描述，则示例和优选方案将导致对权利要求的期望范围的混淆。在不确定所要求保护的较窄范围是否作为限定要素的情况下，权利要求是不清楚的。例如，以下两种表达是不清楚的：

a."温度在 45~78℃，优选地在 50~60℃"，这种表述在中国实务中也不被接受，但是在欧洲却是常用的写法，并且被认为是清楚的。

b."预定量，例如，最大容量"。

②开放的数值范围。开放的数值范围的清楚性需要仔细分析。例如，当独立权利要求描述了包含"至少 20% 的钠"的组合物，并且从属权利要求列出了特定量的非钠成分，这些成分加起来高达 100%，从而显然排除了钠时，关于"至少"的限定导致权利要求不清楚。

（4）功能性限定。

功能性限定是指使用某一特征的功能而不是其结构来限定该特征，也就是说，使用该特征是干什么的而不是使用该特征是什么（具体结构或具体成分）来限定该特征。

使用功能性限定来限定发明的某些部分并没有什么本质上的问题，功能性限定本身并不会使权利要求不清楚。35 U.S.C. 112（f）规定了一种形式的功能性限定，即 MPF 限定或 step plus function（步骤+功能）限定。"手段/步骤+功能"限定仅适用于不提供执行所描述的功能的结构，它必须在说明书的书面描述部分有充分的支持，否则将会导致权利要求不清楚（不符合 35 U.S.C. 112 的规定）。

功能性限定通常涉及对某种结构的描述，然后限定其功能。例如，在 *In*

Re Schreiber 案中，权利要求中限定了"锥形喷嘴（结构），该喷嘴允许多个爆米花同时通过（功能）"。

与权利要求的任何其他限定一样，必须对功能性限定进行评估，以确定在使用该功能性限定的情况下向本领域的普通技术人员传达了什么。功能性限定通常与要素、成分或步骤相关联地使用，以定义所描述的要素、成分或步骤所起到的特定作用。例如，在 *Innova/Pure Water Inc. v. Safari Water Filtration Sys. Inc.* 案中，法院指出，权利要求中的术语"操作地连接"（Operatively Connected）是在专利撰写中经常使用的用于反映部件之间的功能关系的一般描述性术语，该术语意味着部件必须以执行特定功能的方式连接。在该权利要求中，术语"操作地连接"采用其普通的含义，即当管和盖以能够执行过滤功能的方式布置时，所述管操作地连接到所述盖。

（5）选择性限定

权利要求可以通过描述可选择要素的列表来限定权利要求的特征，这是一种可接受的权利要求结构。

①马库什组（Markush Groups）。马库什权利要求描述的是一组可选择要素的权利要求，通常采用"从由 A、B 和 C 构成的组中选择的材料"的格式，但这种格式并不是必需的，也可以采用"材料是 A、B 或 C"的格式。马库什权利要求中的可选择要素的列表被称为马库什组，马库什组的元素必须属于公认的同一物理或化学类别。如果马库什组的元素没有共同的结构特征或相同的用途，则该马库什组是不恰当的，将会被审查员拒绝。

马库什组是可选择要素的封闭组，也就是说，选择是从由可选择要素构成的组，而不是包括或包含可选择要素的组进行的。如果马库什组要求从可选择要素的开放列表中选择材料（例如，从包括所列的可选择要素的组中选择或者从基本上由包括所列的可选择要素构成的组中选择），则权利要求通常会依据 35 U.S.C. 112（b）被认为不清楚而被驳回，因为不清楚权利要求想要涵盖哪些其他的可选择要素。如果权利要求旨在涵盖马库什组中描述的可选择要素的组合或混合物，则权利要求可以在所列举的可选择要素之前包括特定的限定（例如，从组中选择的"至少一个元素"），或在可选择要素的列表中包括特定的限定（例如，"或它们的混合物"）。

马库什组可以包括大量的可选择要素，因此马库什权利要求可以涵盖大量的可选择要素或实施例。然而，在某些情况下，马库什组可能过于宽泛，以致本领域的技术人员无法确定所要求保护的发明的界限和范围。例如，如果权利要求使用一个或多个马库什组限定了一种化合物，并且该权利要求涵盖大量不同的可选择要素，则本领域的技术人员在因无法设想所有由马库什组限定的所有化合物而不能确定其界限和范围的情况下，该权利要求将依据35 U.S.C. 112（b）被认为不清楚。

应该注意的是，对于权利要求中的一个或多个要素的多重包含（Multiple Inclusion），必须评估每种情况，以确定该多重包含是否使得权利要求不清楚。权利要求中描述的马库什组的一个以上成员覆盖同一化合物的情况并不一定使权利要求的范围不清楚。例如，马库什组"从由氨基、卤素、硝基、氯和烷基构成的组中选择"是可以接受的，即使"卤素"是"氯"的上位概念。

② "可选地"（Optionally）。术语"可选地"是另一种确定是否清楚之前需要进行某些分析的选择性格式。在 In Ex parte Cordova 案中，由于在权利要求涵盖哪些可选择要素方面没有模糊性，所以"包含 A、B 并且可选地包含 C"的描述被认为是可接受的选择性限定。不过，在美国实务中较少见到权利要求包含"optionally"的写法，因为该写法仍然存在被审查员提出质疑的风险。

（6）否定性限定。

权利要求中的限定方式通常是正面的限定，即"是/包括……"的限定方式，称为肯定性限定。与肯定性限定相反的方式为否定性限定，即"不是/不包括……"的限定方式，这是一种排除的限定方式。

与肯定性限定相比，否定性限定有时难以清楚地限定其范围，因为它试图通过排除发明人没有发明的东西来保护本发明，而不是明确并具体地指出他们发明了什么。例如，"R 是 2 - 丁烯基和 2，4 - 戊二烯基以外的烯基自由基"就是一种否定性限定，它仅指明了 R 不是什么，而无法确切指明 R 是什么，因此权利要求不清楚。

在其他情况下，否定性限定也可能是清楚的。例如，在 In re Wakefield 案中，为了排除现有技术产品的特性，权利要求限定了"所述均聚物不含天然橡胶中存在的蛋白质、皂、树脂和糖"，该权利要求被认为是清楚的，因为所描述的每个限定都是确定的。此外，在 In re Barr 案中，法院认为，"不能用上述氧化显影剂形成染料"的否定性限定是清楚的，因为所寻求的专利保护的边界是明确的。

任何否定性限定或排除条件必须在原始公开中具有基础。在原始公开中没有基础并且包含否定性限制的任何权利要求都将依据 35 U.S.C. 112（a）被认为不清楚而被驳回,因为不符合书面描述要求。

5.2 针对审查意见的答复及申请文件的修改

5.2.1 保护客体的答复

1. 判断步骤

确定专利申请的权利要求是否符合 35. U. S. C. 101 中关于保护客体的规定。

此处的一般判断步骤为:

步骤1:判断权利要求是否为 35 U. S. C. 101 中规定的客体的类型之一。

根据 35 U. S. C. 101 的规定,可专利的保护客体的类型为"方法"(Process)、"机器"(Machine)、"物品"(Manufacture)或"组合物"(Composition of Matter),或者其他任何新颖的且实用的改进。

当判断权利要求不属于上述保护客体的类型时,则可以直接判断专利申请不符合可专利的保护客体。当判断权利要求属于上述保护客体的类型时,还需要进行后续步骤的判断。

步骤2:判断权利要求是否指向不符合专利保护客体的构思,如自然规律、自然现象或抽象概念。

进行此步骤的判断时,要将权利要求的内容作为一个整体判断专利申请是自然规律、自然现象或抽象概念本身,还是自然规律、自然现象或抽象概念的具体应用。如果是后者,则权利要求属于专利法的保护客体。

当一件专利申请符合以下条件之一时,会被认为是上述的具体应用。

a. 将一个物体或者有形体"转换"为另一种形态或者另一种物品。在进行审查时,审查员会首先理解权利要求并判断其是否提供了一种物体到另一种物体或者一种物体的形态到另一种物体的形态的"转换",如果审查员判断为是,则审查员认为此申请符合专利法的保护客体的要求。

b. 产生了有用的、有形的且具体的结果。当专利申请不符合上述"转换"的情形时,需要判断其是否产生了有用的、有形的且具体的结果。

具体地,"有用的结果"是指专利申请必须满足 35 U. S. C. 101 的实用性的要求。满足实用性的要件为具体的、真实的且可信的。根据此种要求,"永动机"的专利申请会因为不真实而缺乏实用性,因此也就不会产生"有用的"

结果。

而"有形的"结果，此处的"有形"不是要求物理方面的"有形"，而是要求权利要求必须是一个实际的专利申请，而非自然规律、自然现象或抽象概念等无法在现实世界中产生结果的申请。

最后，"具体的结果"则指专利申请的技术方案能够产生可重复的结果或者多次重复后能够产生相同的结果。其要求专利申请的技术效果具有可确定性。

步骤3：如果上一步骤的判断结果为是，那么判断权利要求是否达到显著高于所列举的例外（如该自然规律、自然现象或抽象概念）本身。

如果步骤3的判断结果为是，那么该权利要求就符合专利保护客体的要求，否则，基于35 U. S. C. 101 以及 *Alice Corp* 案，该权利要求不符合专利保护客体的要求。

2. 判断示例

例如，对其他技术或者技术领域的改进，如将数学公式应用在特定橡胶成型工艺上。

根据上述判断步骤1，确定"将数学公式应用在特定橡胶成型工艺上"的技术方案属于35 U. S. C. 101 中的"方法"。

随后，根据判断步骤2，判断权利要求是否指向不符合专利保护客体的构思。经判断，虽然数学公式本身属于自然规律，但是由于专利申请的技术方案并非数学公式本身，而是将数学公式应用在特定的橡胶成型工艺上，产生了有用的、有形的且具体的结果，因此应该属于自然规律的具体应用。

综上，此专利申请符合专利保护客体的要求。

3. 答复思路

USPTO 于 2019 年 1 月 7 日生效的关于 35 U. S. C. 101 的修订版指引给出了更有利于专利申请人的信号。上述新指引在实践中已经减少了该条审查意见的发出次数，并且也给申请人提供了有效的答复思路参考。

特别是修订版指引在本章前述流程图的判断步骤2A中作了细化，除既有 A、B、C 3 条可以得出属于保护客体的路径之外，增加了 2 条新的可被认定为保护客体的路径（可称为路径 D、路径 E）。

路径 D：如果权利要求限定的事项没有落入数学概念、组织人类活动的方法、心理、思维过程这3大类中的任何一类，则除非特殊情况，一般不应认定权利要求限定了抽象概念。

路径 E：在路径 D 的基础上，即使权利要求落入了以上 3 类，但如果权利要求记载的其他特征将上述法定例外整合到实际应用当中（integrated into a practical application），则权利要求也符合保护客体的要求。

5.2.2 实用性的答复

1. 判断步骤

根据 MPEP 2107，在判断专利申请是否符合实用性时，根据 35 U.S.C. 101 和 112 的规定，实用性判断要件（useful invention requirement or utility requirement）如下。

（1）申请人在权利要求及说明书中主张了具体的、真实的并且可信的用途。

如果申请人在权利要求及说明书中主张专利申请具有具体的、真实的并且可信的用途，则此专利申请具有实用性。此主张应该充分且清楚地解释为什么申请人认为专利申请具有实用性，这样的主张一般应该解释专利申请的目的或者专利申请如何使用。例如，一种化合物被认为在治疗某种特定症状时是有效的。

关于实用性的主张并不限于形式，只要本领域的技术人员能够理解为什么申请人认为专利申请具有实用性即可。

当申请人未在权利要求及说明书中主张专利申请具有具体的、真实的并且可信的用途时，专利申请并不必然不具有实用性。在专利审查中，遇到此种情形，审查员需要判断专利申请是否具有确定的（Well-established）用途。其中，"确定的"用途是指：(a) 根据申请文件的记载，本领域技术人员能够立即确定专利申请是具有用途的；以及 (b) 前述用途是具体的、真实的并且可信的。

通常情况下，申请人在申请文件中的主张即可以被推定满足法律规定的实用性要求，除非申请人的主张有明显的逻辑问题或者其主张的事实与结论之间不具备因果关系。

（2）权利要求书是判断的焦点。

原则上，在判断实用性时，需要对每条权利要求都进行判断。当然，在一套权利要求书中，如果独立权利要求具有实用性，则其从属权利要求也均具有实用性。另外，当某一条权利要求声称其具有多种用途时，只要判断其中一种用途是具体的、真实的并且可信的，则此条权利要求具有实用性。

2. 答复思路

当审查员认为专利申请没有实用性时，会根据 35 U.S.C. 101 以专利申请缺乏实用性以及根据 35 U.S.C. 112 以专利申请无法实施而发出审查意见通知书。

一般来说，审查员需要对其发出的没有实用性的审查意见作出详细的论述。必要的时候，审查员可以举证证明自己的判断。此处的证据并不像评价新颖性和创造性的对比文件一样有公开时间的要求，证据的形式可以是科技期刊的论文、专著或者书籍的摘抄，美国或者其他国家的专利。

对于此种情况，申请人具有举证责任。在答复缺乏实用性的审查意见时，申请人应该：

①明确指出专利申请具有有用的、有形的并且具体的用途。
②提供证据证明本领域技术人员在申请之日能够确定专利申请具有有用的、有形的并且具体的用途。如申请人可以提供合格的专家的主张［实务中可以考虑由发明人或本领域具有一定知名度/博士学位的技术人员提供宣誓书（Declaration）］，以证明专利申请具有实用性。对于此类证据，如无特殊情况，审查员一般会予以接受。

5.2.3　新颖性的答复（35 U.S.C. 102）

1. 答复策略

面对美国审查意见中缺乏新颖性的问题，可以采用如下步骤进行答复：
①核对审查意见中引用的条款和对比文件是否合适。
②建立对比文件中引用的段落与权利要求的比对关系。
③基于上述比对关系，找出权利要求中的特征与对比文件中的特征之间的不同点。

下面对上述答复策略进行展开描述。

（1）核对审查意见中引用的条款和对比文件是否合适。

主要包括核对审查意见中引用的条款是否合适；核对对比文件是否可以成为现有技术。

为了核对审查意见中引用的条款和对比文件是否合适，先重温一下35 U.S.C. 102 的内容。

35 U.S.C. 102　*专利性的条件：新颖性*

（a）新颖性：现有技术。发明人应享有专利权，除非：

（1）权利要求中的发明在其有效申请日之前已经获得专利，在印刷的出版物上已有描述，或者公开使用、销售，或者以其他方式为公众所知；或

（2）权利要求中的发明在根据法案第151条已经获得授权的专利中，或者在根据法案第122条（b）款而公开或者被视为公开的专利申请中已有描述，而在此情况下，该专利或者申请的署名为其他发明人，并且在该主张权利的发明的有效申请日之前已经有效提出申请。

（b）例外情况

（1）在主张权利的发明的有效申请日之前1年或1年以内所作的披露。在主张权利的发明的有效申请日之前1年或1年以内所作的披露不属于根据（a）（1）款所规定的主张权利的发明的现有技术，如果：

（A）该披露系由发明人或合作发明人作出，或者由从发明人或合作发明人那里直接或间接得到所披露的该主题的他人所作出；或者

（B）在该披露作出之前，被披露之对象已经由发明人或合作发明人披露，或者由从发明人或合作发明人那里直接或间接得到所披露的该主题的他人公开披露。

（2）在专利申请或专利中所出现的披露——以下披露不属于根据第（a）（2）款所规定的主张权利的发明的现有技术，如果：

（A）披露的主题系从发明人或合作发明人处直接或间接获得；或者

（B）该被披露的主题在根据第（a）（2）款而被提出有效申请之前，已经由发明人或合作发明人，或者由直接或间接从发明人或合作发明人处获得该披露的主题从而获得该发明的他人公开披露；或者

（C）在主张权利的发明的有效申请日以前，被披露的主题与该主张权利的发明已经归为同一人所有或负有向该同一人转让的义务。"

对于上述法条内容，可以概括出以下要点：

①35 U.S.C. 102（a）（1）。

在有效申请日之前的全球范围内的公开，可以成为现有技术。其中，对于美国或非美国的专利文献和印刷出版物，其出版日期为现有技术日期。

②35 U.S.C. 102（a）（2）。

在有效申请日之前提出的美国专利申请或美国专利，可以成为现有技术。其中，这些美国专利申请或美国专利的有效申请日为现有技术日期。

也就是说，对于美国专利文献，具有两个现有技术日期：

a. 美国专利文献的有效申请日 [35 U. S. C. (a) (2)];
b. 美国专利文献的公开日 [35 U. S. C. (a) (1)]。

③35 U. S. C. 102 (b) (1)。

该条款是 35 U. S. C. 102 (a) (1) 的例外情况,其中,对于由发明人作出或来源于发明人的披露,提出了 1 年的宽限期。

④35 U. S. C. 102 (b) (2)。

该条款是 35 U. S. C. 102 (a) (2) 的例外情况,即定义了美国专利文献现有技术的 3 种例外情况:派生、先前披露及共同所有权。

可见,35 U. S. C. 102 (b) 涉及的是例外情况,并不是驳回条款,审查员不能使用 35 U. S. C. 102 (b) 款来评述权利要求的新颖性。

(2) 建立对比文件中引用的段落与权利要求的比对关系。

在核对审查意见中引用的条款和对比文件并认为合适之后,需要找出审查意见中引用的对比文件中的段落,以及这些段落与权利要求的比对关系。可能会存在以下几种情况。

①审查意见中仅笼统指出对比文件中的部分段落公开了权利要求中的特征,而并未给出对比文件中上述段落中的哪些特征公开了权利要求中的特征。

对于上述情况,至少需要对对比文件中引用的段落进行全面阅读,基于阅读后的技术理解作出有利于申请人的比对关系,但是也需要对技术上合理的其他可能的比对关系做到心中有数。

②审查意见中指出对比文件中的部分段落中的哪些特征公开了权利要求中的特征,而并未给出具体的理由。

对于上述情况,至少需要对对比文件中的上述段落中引用的特征进行理解,并建立这些特征与权利要求中的特征之间的比对关系。

(3) 基于上述比对关系,找出权利要求中的特征与对比文件中的特征之间的不同点。

对于特征之间的比对,需要注意美国审查员通常采用的"最宽泛的理解",即审查员在比对权利要求中的特征和对比文件中的特征时,可能会对权利要求中的特征进行上位理解,从而认定其被对比文件中的特征所公开。例如,若权利要求中记载了特征"发送指令",而未在权利要求中限定该"发送指令"是用来发送数据的,则审查意见可能将其理解为"指令",可能与对比文件中的"操作指令"相一致。

2. 答复示例

例如，美国申请 A 的有效申请日为 2015.03.01，公开日为 2016.12.01，美国申请 B 的有效申请日为 2016.12.02，若美国申请 A 和 B 保护的方案相同，则美国申请 A 可以用作评价美国申请 B 新颖性的现有技术。

再如，对于美国申请 A 的权利要求 1 中的特征"根据识别到的人脸信息确定是否对移动终端进行解锁"，审查意见中仅指出对比文件 B 中第 0033～第 0040 段公开了上述特征，而未给出具体的比对关系。对此，可以在请求审查员给出具体比对关系的基础上阅读对比文件 B 中第 0033 段至第 0040 段的内容，按照有利于申请人的技术理解形成对比文件 B 中的特征与权利要求 1 中的上述特征的比对关系。但是，从有利于节约审查程序的角度，也需要对虽不利于申请人、但是技术上合理的其他比对关系进行预期，并根据需要进行相应的修改等。

5.2.4 创造性的答复（35 U.S.C. 103）

面对审查意见中指出的缺乏创造性的问题，可以采用如下步骤进行答复。

（1）核对审查意见中引用的条款和对比文件是否合适。

可以参照上述新颖性答复中的核对原则，核对审查意见中引用的条款和对比文件是否合适。这里需要注意的是，只要符合 35 U.S.C. 102（a）或（b）的要求，即可成为评价新颖性和创造性的现有技术。

（2）建立对比文件中引用的段落与权利要求的比对关系。

可以参照上述新颖性答复中的比对原则，建立对比文件中引用的段落与权利要求的比对关系。

（3）基于上述比对关系，找出权利要求中的特征与对比文件中的特征之间的不同点。

对于创造性的答复，可以从技术性角度对审查员的显而易见性理由进行反驳：若审查意见中仅简单根据 35 U.S.C. 103（a）进行驳回，而不解释为什么采用的对比文件之间可以结合，以及为什么这样的结合可以得到权利要求的技术方案，则在答复中可以对此进行反驳。此外，对于审查员指出的公知常识，申请人可以在答复中请求审查员引用披露了所声称公知特征的且日期合适的对比文件。需要说明的是，对于审查意见中认定的公知常识，如果申请人不反驳，则 USPTO 会认为申请人认可该审查意见。在中国审查实务中，审查员经常指出从属权利要求的所有附加技术特征都属于公知常识，而申请人不一定进行直接回应。按照美国实务，申请人声明不同意上述认定是优选的做法。

另外，如果驳回是基于对比文件的结合，则建议不要针对对比文件进行单独争辩。例如，权利要求 1 公开了特征"X，Y，Z"，审查意见中指出 D1 公开了 X 和 Y，D2 公开了 X 和 Z，对于上述审查意见可以采用如下答复思路：争辩对比文件的结合无法得到 X，Y，Z；或对比文件都没有公开 Z；或上述对比文件无法进行组合。

5.2.5 35 U.S.C. 112 的答复

1. 35 U.S.C. 112（a）

（1）文字说明要求。

35 U.S.C. 112（a）规定：说明书应当支持要求保护的发明。对于审查意见中指出的 35 U.S.C. 112（a）驳回理由，可以采用如下之一的答复策略。

①争辩申请文件中某些部分可以支持新补入的特征，如附图、说明书、权利要求和摘要。

②对说明书进行修改，使其在文字上包括优先权申请或母案申请中的内容。

③删除或修改认为得不到原申请支持的权利要求中的特征，但要慎用这一策略。

④提出 CIP 申请，在说明书中增加支持上述特征的内容。

（2）可实施性要求。

35 U.S.C. 112（a）还规定：本领域技术人员能够制造并使用进行权利主张的发明。对于该规定的答复，可以参考《中国专利法》第 26 条第 3 款、第 4 款的答复思路。

（3）最佳实施方式要求。

该条款下发的比较少，通常申请人不需要在说明书中指出哪个实施例是最佳实施例，可以将最佳实施例"布局在"多个可选实施例中。因此，除非审查员在某些极特殊情况下获得充分证据，否则其没有理由质疑说明书记载的所有实施例中不包含最佳实施例。

2. 35 U.S.C.（b）

35 U.S.C.（b）规定：

（1）权利要求必须阐明申请人视为其发明的主题；

（2）权利要求必须特别地指出并清楚地限定主题的界定范围；

(2-1) 确保权利要求中正确的引用基础

示例：

权1：一种手机，包括：全面屏和芯片。

权2：如权1所述的手机，所述电池为快充电池。

其中，上述"所述电池"缺乏引用基础。

(2-2) 避免使用相对关系术语。

示例：避免使用"类似的（similar）""高的（high）"。

(2-3) 避免使用示例性的权利要求用语。

示例：

权1：一种手机，包括：全面屏，芯片和电池，例如，快充电池。

其中，上述"例如"不清楚。

3. 35 U.S.C. 112（f）

（1）功能性限定的类型。

在美国功能性的权利要求可分为：MPF、步骤+功能。

（2）答复策略。

①将权利要求中的特征修改为不采用"功能性限定"写法的特征，并争辩修改后的权利要求不为 35 U.S.C. 112（f）所规定的功能性限定的权利要求。

②不作应对。35 U.S.C. 112（f）仅表示审查员认为相应权利要求应当按照该款规定进行解读，其本身不是驳回条款。通常申请人在撰写权利要求书阶段应当对此有所预期。如果原先预期已经如此，则可以不对该条款作出回应。如果审查员进一步指出权利要求不符合 35 U.S.C. 112 的规定，则申请人可以相应指出说明书中上述功能性限定的权利要求的下位示例。

需要注意的是，即使功能性特征所对应结构的下位示例是本领域技术人员周知的，在说明书中也需要记载。这是因为，如果审查员指出按 35 U.S.C. 112（f）解读的权利要求不符合 35 U.S.C. 112（b）的规定，申请人可以从本领域普通技术人员的角度来进行解释争辩。但是，35 U.S.C. 112（a）的规定仍然要求在说明书中记载相应结构。

5.3 针对审查意见中特殊条款的答复：MPEP 804（重复授权）

5.3.1 释义

①在先美国专利申请或专利与在后美国专利申请。
②具有相同的所有人。
③比较的对象是：在先的权利要求与在后的权利要求。
④与现有技术驳回比较的对象（权项比对全文）不同。

5.3.2 类别

1. 临时性重复授权与非临时性重复授权

（1）临时性重复授权（在先专利申请与在后专利申请）。

顾名思义，临时性重复授权是临时性的。具体地说，临时性重复授权是两个未决申请的对抗，也即此种法律情况可能随着两个相关申请中一个的修改或者放弃而不复存在。当两个相关申请的情况发生变化，从而使得两个申请重复授权的情况不复存在时，审查员会撤回重复授权的审查意见。

对于临时性重复授权，建议的答复策略如下。

①提交期限放弃声明。尽管临时性重复授权的情形是临时性的，但是在2015年MPEP修改之后，即使在此情况下，也不认可申请人将延缓答复作为应对方式。尽管在少数情况下审查员可能同意对此种情形作暂缓处理，但并非MPEP规定的标准应对方式。对于临时性重复授权，提交期限放弃声明是两种标准答复方式之一。

此种答复方式是通过对专利权加以限制而克服重复授权的问题。具体地，申请人提交期限放弃声明，承诺一旦授权，其专利权的期限限定为在先专利申请的专利权期限。此种答复方式虽然可以彻底解决重复授权的问题，但是却丧失了部分专利权的保护期间，对于专利权人的权利是一种限制。因此，需要密切关注另案进程，如果重复授权因素已经消除，需要在本专利申请授权之前及时撤回期限放弃声明。

此外，提交期限放弃声明只有在两件专利被共同所有的情况下才可以实施，因此，当在先专利申请和在后专利申请分别被不同主体所有时，在后专利申请无法通过提交期限放弃声明而克服审查员指出的临时性重复授权的缺陷。

②修改权利要求。申请人也可以考虑通过修改在后专利申请的权利要求的方式克服重复授权的问题。此种方式可以彻底解决重复授权的问题，也不会丧失保护期限，是一种比较折中的答复方式。

不过，由于对权利要求的修改一般是通过增加技术特征实现的，所以当修订权利要求仅仅是为了克服临时性重复授权问题时，则这种操作方式是不推荐的。只有当修订权利要求同时也能克服其他审查意见中指出的实体缺陷时，这种操作方式才是较优的。

（2）非临时性重复授权（在先授权专利与在后专利申请）。

非临时性重复授权是在后专利申请与在先授权专利的比较，因此属于非临时性的情况。针对此种审查意见，可以通过争辩、提交期限放弃声明或者对权利要求进行修改的方式进行实质性的答复，以克服审查员指出的缺陷。在实务中，对于生药医药领域的申请，由于专利保护期限对于申请人通常非常重要，常考虑采用争辩方式。但是，对于电子信息技术领域的申请，由于产品生命周期较短等原因，提交期限放弃声明的影响常常不是很大，不采用争辩而直接提交期限放弃声明的方式较为常见，还可以避免书面争辩留下审查历史禁反言（prosecution history estoppel）的证据。

2. 法定重复授权与非法定重复授权

（1）法定重复授权：在先授权专利与在后专利申请要求保护相同的发明。

此种情况不是很常见，因为美国专利制度中并没有中国专利法中的发明和实用新型同时申请制度，所以，除了相关案中可能出现此种情况外，其他案件中不太可能出现此种情况。

由于临时性重复授权有比较独特的处理方式，为了方便讨论，此处的法定重复授权不包括前述的临时性重复授权的情形，仅就非临时性的法定重复授权进行探讨。

对于法定重复授权，一般选择将冲突的权利要求删除或者修改，使得在后专利申请要求保护的发明与在先的专利不同，以克服审查意见中指出的重复授权的缺陷。

需要指出的是，提交期限放弃声明的方式是无法克服法定重复授权的缺陷的。

（2）非法定重复授权：在先授权专利与在后专利申请为显而易见的变型。

类似于法定重复授权，由于临时性重复授权的答复策略已经在前文讨论过,此处对于非法定重复授权的讨论仅限于非临时性的非法定重复授权,即在先授权专利与在后专利申请为显而易见的变型。

MPEP 第 804 条规定,对于在后专利申请的审查员来说,当其认为与在先授权的专利相比,在后专利申请缺乏非显而易见性时,其需要经过审批才可以发出此类的审查意见。审批的流程为:审查员应该与其主管审查员(Supervisory Patent Examiner,SPE)沟通并获得 SPE 的批准,而 SPE 在批准之前需要与技术中心主管(Technology Center Director,TC Director)沟通并获得技术中心主管的批准。由此可以看出,MPEP 对于此类的审查意见的发出是十分慎重的。

对于此非临时性的非法定重复授权,一般的答复思路如下:首选地,建议对显而易见性进行争辩,以期待在不放弃更多权利的前提下获得授权。当进行争辩风险太大时,才考虑通过提交期限放弃声明或者修改权利要求的方式克服非临时性的非法定重复授权缺陷。

审查意见答复小测试

1. 甲在美国提交了一件美国申请 X,该美国申请 X 在 2018 年 2 月 5 日收到 NOA 审查意见,若不希望产生延期费用,则甲需要在哪天之前(含当天)答复该 NOA 审查意见?

答案:2018 年 5 月 5 日。

2. 甲在美国提交了一件美国申请 X,保护了权项 1~20,在提 RCE 时仍保留了权利要求 1~20,则审查员可能在下一轮下发的第一次 OA 是什么?

答案:FOA。

3. 甲在美国提交了一件美国申请 X,保护了方案 A,其申请日为 2018 年 2 月 1 日。在此之前,甲在 2017 年 9 月 2 日发表过相关的文章,介绍了方案 A。在这种情况下,美国审查员是否可以用 35 U.S.C. 102(a)(1)驳回?

答案:不可以。

4. 甲在美国提交了一件美国申请 X,保护了方案 A,其申请日为 2018 年 3 月 1 日。美国审查意见中认为美国申请 X 中的权利要求 1 不符合 35 U.S.C. 102(a)(1),理由在于:中国在先申请 Y 的申请日为 2017 年 5 月 3 日,保护了方案 A。上述审查意见是否合适?

答案:不合适。

5. 甲在美国提交了一件美国申请 X,保护了方案 A,其申请日为 2018 年 5

月 1 日，同时，该发明人在 2017 年 6 月 1 日刊登广告，公开了方案 A，则按照 35 U.S.C. 102 (b) (1) (A)，上述广告所作出的披露公开是否属于美国申请的现有技术？

答案：不属于。

6. 美国申请 A 的有效申请日为 2015 年 3 月 1 日，公开日为 2016 年 12 月 1 日；美国申请 B 的有效申请日为 2015 年 10 月 1 日。若美国申请 A 和 B 保护的方案相同，则根据 35 U.S.C. 102 (b) (2) (C) 的规定，如果在 2015 年 10 月 1 日当天或之前，这两个申请是共同所有的，那么美国申请 A 是否属于美国申请 B 的现有技术？

答案：美国申请 A 不属于美国申请 B 的现有技术。

7. 甲在美国提交了一件美国申请 X，在答复 NOA 审查意见时，甲在权利要求 1 中补入了新的特征 A，如果说明书并未记载特征 A，则在 FOA 审查意见中审查员会认为上述修改不符合 35 U.S.C. 112 (b) 的规定。上述描述是否正确？

答案：不正确。

8. 甲在美国先后提交了一件美国申请 X 和 Y，如果美国申请 X 的权利要求书保护了方案 1 和方案 2，美国申请 Y 的权利要求书保护了方案 1 和方案 3，则审查员是否可以提出重复授权驳回条款？

答案：可以。

9. 甲在美国先后提交了一件美国申请 X 和 Y，其中，美国申请 X 和 Y 涉及重复授权问题。美国申请 X 收到了 NOA 审查意见，其中包括对比文件 1，随后美国申请 Y 收到了 NOA 审查意见，其中包括对比文件 2，则在 IDS 方面，甲该如何处理对比文件 1 和对比文件 2？

答案：将对比文件 1 作为美国申请 Y 的 IDS 提交，将对比文件 2 作为美国申请 X 的 IDS 提交。

10. 甲在美国提交了一件美国申请 X，其中，权利要求 1~10 保护交互方法，权利要求 11~20 保护交互装置，在 NOA 审查意见中提出限制性要求的情况下，甲该如何进行答复？

答复：在争辩权利要求 1~10 与权利要求 11~20 满足限制性要求的基础上，在权利要求 1~10 和权利要求 11~20 中选择一套进行继续审查。

11. 甲在美国提交了一件美国申请 X，该美国申请 X 在 2018 年 6 月 6 日收到 FOA 审查意见。若希望收到 AA 审查意见，则甲需要在哪天之前（含当天）答复该 FOA 审查意见？

A. 2018 年 8 月 6 日　　　　　　　　B. 2018 年 9 月 6 日

答案：A。

12. 甲在美国提交了一件美国申请 X，该美国申请 X 在 2018 年 3 月 6 日收到 FOA 审查意见，以下说法正确的是(　　)？

A. 在 2018 年 6 月 1 日答复，可收到 AA

B. 可在 2018 年 10 月 6 日答复，但需要缴纳 3 个月的延期费

C. 可在 2018 年 6 月 1 日提 RCE

答案：C。

13. 甲在美国提交了一件美国申请 X，其申请日为 2018 年 3 月 1 日，保护方案 A。关于 35 U.S.C. 102（a），以下说法正确的是(　　)？

A. 中国专利申请 Y 的申请，其申请日为 2017 年 6 月 1 日，公开日为 2018 年 12 月 1 日，保护方案 A，中国专利申请 Y 是美国申请 X 的现有技术

B. 美国专利申请 Z 的申请，其申请日为 2017 年 6 月 1 日，保护方案 A，美国专利申请 Z 是美国申请 X 的现有技术

C. 以上都不正确

答案：B。

14. 甲在美国提交了一件美国申请 X，其申请日为 2018 年 3 月 1 日，保护方案 A，而甲于 2017 年 9 月 5 日在中国发表了文章，介绍了方案 A，则上述文章是否属于美国申请 X 的现有技术？

A. 属于　　　　　　　　　　　　　B. 不属于

答案：B。

15. 发明人在美国提交了一件美国申请 X，同时，该发明人在美国申请 X 的申请日之前的 9 个月刊登广告，公开了美国申请中所保护的方案 A，此外，第三人在美国申请 X 的申请日之前的 6 个月提交了美国申请 Y，保护了方案 A，则上述美国申请 Y 是否为美国申请 X 的现有技术？

A. 是　　　　　　　　　　　　　　B. 否

答案：B。

16. 美国申请 A 的有效申请日为 2015 年 3 月 1 日，公开日为 2016 年 12 月 1 日，美国申请 B 的有效申请日为 2016 年 12 月 2 日，若美国申请 A 和 B 保护的方案相同，则美国申请 A 和 B 的现有技术关系为(　　)。

A. 美国申请 A 不属于美国申请 B 的现有技术

B. 美国申请 A 属于美国申请 B 的现有技术

答案：B。

17. 甲在美国提交了一件美国申请 X，在 NOA 审查意见的答复中，甲在权利要求 1 中补入了特征 A，随后在 FOA 审查意见中对此指出了不符合 35 U. S. C. 102 的文字说明要求，以下说法正确的是( )。

A. 在说明书中找到特征 A 的支持内容

B. 对说明书进行修改，使其在文字上包括优先权申请或母案申请中的关于特征 A 的内容

C. 提出 CA 申请，在说明书中增加支持上述特征 A 的内容

答案：AB。

18. 甲在美国提交了一件美国申请 X 和 Y，在美国申请 X 的 NOA 审查意见中提出了重复授权驳回条款，以下说法正确的是( )。

A. 对于法定重复授权，不可以对于美国申请 X 和 Y 提交期限放弃声明

B. 对于临时性的非法定重复授权，可以采用提交期限放弃声明的方式

C. 期限放弃声明涉及的两件美国专利申请 X 和 Y 可以分开许可

答案：AB。

19. 甲在美国提交了一件美国申请 X 和 Y，如果两件美国专利申请保护的范围不一样，则审查员不会下发重复授权的驳回条款。

A. 上述说法正确　　　　　　　　B. 上述说法不正确

答案：B。

20. 对于 PCT 申请以 371 方式进入美国的申请 X，其保护了方法权利要求 1~10、装置权利要求 11~20，若权利要求 1~10 和权利要求 11~20 具有相同或相似的特定技术特征，则美国申请 X 是否满足限制性要求？

答案：是。

21. 美国申请的 NOA 的答复期限是自发文日起( )个月。

答案：3。

22. 提 RCE 时需要修改_____，否则审查员可以在下一轮的第一 OA 直接下发 FOA。

答案：权利要求。

23. 美国审查意见中主要涉及哪几条条款？

答案：35 U. S. C. 101（保护客体）、35 U. S. C. 102（现有技术+新颖性）、35 U. S. C. 103（创造性）、35 U. S. C. 112（支持+公开充分+清楚）、MPEP 804（重复授权）、35 U. S. C. 121（限制性要求）。

24. 如果使用中国在先申请的公开日来作为美国在后申请的现有技术，评价了新颖性，这采用的是哪个驳回条款？

答案：35 U.S.C. 102（a）（1）。

25. 发明人在美国提交了一件美国申请，同时，该发明人在美国申请的申请日之前的9个月刊登广告，公开了美国申请中所保护的方案，则按照哪个条款，上述广告所作的披露公开不属于美国申请的现有技术？

答案：35 U.S.C. 102（b）（1）（A）。

26. 在权利要求中补入了新的特征，但又无法得到原申请的支持，此时审查意见会采用哪个条款进行驳回？

答案：35 U.S.C. 112（a）。

27. 重复授权驳回条款比对的是在先申请的_____和在后申请的权利要求。

答案：权利要求。

28. 涉及重复授权问题的两件美国专利申请，该如何提交IDS？

答案：交叉提交。

29. 对于限制性要求的驳回条款，答复时可以在_____的基础上进行争辩。

答复：对权利要求进行选择。

30. FOA的答复期限的计算是否需要加上邮路？

A. 是　　　　　　　　　　　　B. 否

答案：B。

31. 关于FOA的答复，以下说法正确的是(　　)。

A. 自发文日起2个月答复，可在FOA发文日起2—3个月内收到AA

B. 可延期至发文日起6个月，后3个月有延期费，延期费每个月一样

C. 可自发文日起3个月提RCE

答案：AC。

32. 关于35 U.S.C. 102（a），以下说法正确的是(　　)。

A. 35 U.S.C. 102（a）（1）规定了在有效申请日之前的全球范围内的公开

B. 35 U.S.C. 102（a）（2）涉及在有效申请日之前提出的美国专利申请或美国专利

C. 以上都不正确

答案：AB。

33. 35 U.S.C.102（b）是否属于驳回条款？

　　A. 是　　　　　　　　　　　　　　B. 否

　　答案：B。

34. 关于35 U.S.C.112的文字说明要求的答复策略，以下说法正确的是(　　)。

　　A. 可以通过找到上述新的特征的支持内容来进行答复，如附图、说明书、权利要求和摘要

　　B. 对说明书进行修改，使其在文字上包括优先权申请或母案申请中的内容

　　C. 提出CIP申请，在说明书中增加支持上述特征的内容

　　答案：ABC。

35. 关于重复授权驳回条款，以下说法正确的是(　　)。

　　A. 对于法定重复授权，可以提交期限放弃声明

　　B. 对于临时性的非法定重复授权，可以提交期限放弃声明

　　C. 期限放弃声明涉及的两件美国专利可以分开许可

　　答案：B。

36. 对于PCT以111方式进入美国的申请，需要按照PCT关于单一性的要求来判断是否满足限制性要求。

　　A. 上述说法正确　　　　　　　　　B. 上述说法不正确

　　答案：B。

5.4　最终审查意见的应对

5.4.1　上诉程序（Appeal）

5.4.1.1　上诉程序简介

上诉程序是美国专利程序中比较有特色的程序，它与中国的复审程序有一些共同之处，但同时又有诸多不同点。对于审查局的FOA，申请人可以选择通过上诉程序进行救济。考虑到中国申请人进行上诉程序的不是很多，很多代理人并不了解该程序，所以本章内容旨在方便中国申请人或代理人从程序上了解上诉程序。

对于 appeal 一词，实践中并无公认的特别恰当的译法，有人称之为"上诉"，也有人称之为"申诉"。应该明确的是，该程序实质上仍属于 USPTO 内的程序，而不是司法程序，其更类似于介于行政程序和司法程序之间的准司法程序。因此，在译作"上诉"一词时应与常见的向法院上诉的司法程序区分开。

上诉程序通常适用于实体问题的决定或意见（常表述为"rejection"）；对于涉及专利程序问题（而非实体问题）的决定（常表述为"objection"）的不服，则一般可通过 USPTO 内部专门的 petition 程序进行，这一程序通常被译为"申诉"。代理人应该特别注意，有些问题的救济只能通过申诉程序而不能通过上诉程序进行，一些常见的例子如下：

①关于限制要求（RR）或种属选择（election of species）。
②程序的终局性（Finality）。
③修改未进入（Non-entry of Amendments）。

换言之，更多涉及程序性的问题是不可上诉的（Not Appealable）。

总之，无论是上诉还是申诉的译法都不够恰当精准，但为叙述方便，本书中暂将适用于实体问题的决定或意见的"appeal 程序"称为"上诉程序"。

5.4.1.2　上诉程序的处理机构

PTAB 是处理上诉的机构，其前身为 BPAI，再前是单独的专利审判委员会和专利争议委员会。

对于每个上诉案，PTAB 将成立合议组（Panel），合议组至少由 3 名 PTAB 成员组成，PTAB 成员由专利局主任任命。

5.4.1.3　上诉程序中提交官方的文件

在上诉程序中，申请人要提交给官方的最重要的文件有以下 3 种：上诉书（Notices of Appeal），上诉理由（Appeal Briefs）和答复理由（Reply Briefs）。这些文件经过初审，符合形式要求后会被转交给原审查员。

5.4.1.4　提出上述程序的条件

通常，申请人在收到 FOA 之后，就可以考虑启动上诉程序。提交上诉书是启动上诉程序的第一步，当然还需缴纳相应的上诉官费（目前大实体为 800 美元）。上诉理由可以随上诉书一起提交，也可以稍晚提交，但不得超过上诉书提交之日起的 2 个月。申请人需要知道的是，还可以在此上诉书提交之日起的 2 个月内提交 RCE 或 CA。但是，此时提交 RCE 将被视为申请人撤销上诉。此外，此 2 个月的时限起算日以官方收到上诉书之日为准。

上面所说的仅是提出上诉的一般情形。需要知道的是，发出 FOA 并非是提出上诉的必要条件。提交上诉的实质条件是，申请中有权利要求已被两次驳回（twice rejected）。基于此原则，申请人在发生某一权利要求的第二次或更多次被驳回后即可提起上诉，即便此时并非处于收到 FOA 之后。例如，申请人可以针对第二次 NOA 中对于某权利要求的再次驳回意见提起上诉，也可以是针对 RCE 后 NOA 中对于某权利要求的再次驳回意见提起上诉，还可以是针对 CA 的第一次审查中针对某权利要求的驳回意见（在母案中已对该权利要求提出过驳回意见），等等。也就是说，所谓的两次驳回可以发生在同一个审查周期中（最常见情形），也可以发生在被 RCE 隔开的前后两次审查意见中，还可以分别发生在母案申请和 CA 中。

无论如何，上诉书必须在其所针对的最近一次审查意见发出日之后的 6 个月内提交。当然，对于在第 4 个月至第 6 个月内提交的上诉书，还需要缴纳延期费。

5.4.1.5 提交上诉书的效果

上诉书的及时提交具有暂时防止申请被放弃的作用，有人将之形象地称为时钟停摆效应。通过仅提交一份形式上的上诉书，可以避免因申请过期而失效（俗称"死案"），从而换取 2 个月的额外时间，这对于某些案件的处理可能具有重要的意义。

例如，审查员在一次 FOA 中驳回了某些权利要求，但同时也明确指出了另一些可授权的权利要求。申请人在答复时提交了修改，删除了被拒绝的权利要求，保留了可授权的权利要求（注：由于修改仅涉及删除被拒绝的权利要求，这种情况下可以不通过 RCE 而提交修改）。然而，可能由于还存在另一些原因使得审查员不能及时（在 6 个月的期限内）批准申请，导致审查员找到了不采纳申请人修改的理由。在这种情况下，为了防止申请失效，申请人可以在 6 个月截止期限之前提交一份形式上的上诉书，由此获得从提交上诉书之日起 2 个月的额外时间（还可以进一步延长），从而以提交进一步补充修改或提交 RCE 的方式来与审查员协商和解决任何未决的问题。

此外，需要说明的是，只要还在答复最近一次审查意见的期限内，上诉书可以在申请人的权利要求已经被两次驳回之后的任何时候提交。

5.4.1.6 关于上诉理由

上诉理由也常被称为上诉状，是详细表达申请人（即上诉人）不服审查员驳回意见的理由和证据的文件。如前所述，上诉理由可以与上诉书一起提交，也可以在提交上诉书之日起 2 个月内提交。

就内容而言，申请人应当考虑将所有可用的理由都提出来，因为未提出的理由委员会不会予以考虑。这与中国无效宣告程序中在一定期限后不允许补充新理由或新证据的原则是相似的。当然，理由如何突出重点、体现安排逻辑和次序是一份有说服力的上诉状必须考虑的问题。

此外，争辩理由作为上诉理由的实质性部分，需要特别关注。争辩应当针对权利要求而不是说明书。争辩应当不仅针对独立权利要求，还应当针对任何不是由于从属关系而是本身在现有技术的基础上可单独授权的从属权利要求。

在撰写形式上，对于任何单独进行争辩的权利要求，建议申请人将争辩列在一个独立的标题下面。

5.4.1.7 允许的修改或补交

首先，申请人应当明了，在上诉程序中是不允许对申请文件进行任何实质性修改或提交实质性证据的，这里所说的实质性修改或证据是指以前未曾提交的修改或证据。

为了理解实质性修改，应当先明确哪些修改是上诉程序中允许的修改。MPEP 明确指出，在提交上诉状后且在提交上诉理由之前允许提交修改的情形包括：

①删除权利要求。

②符合之前审查意见中明确提出的形式要求。

③为了上诉考虑以更好形式提交被拒绝的权利要求。或

④修改权利要求或说明书，同时必须提供足够良好的理由表明为何该修改是必需的且未在之前提交。

在提交上诉理由的同时或其后允许提交修改的情形包括：

①删除权利要求，前提是该删除不影响其他权利要求的范围；或

②将从属权利要求改写为独立权利要求。

对于将从属权利要求改写为独立权利要求，可包括以下两种方式：

①改写从属权利要求。通过将从属权利要求所引用的母权利要求中的全部限定条件添加到该从属权利要求中而形成独立权利要求；或

②改写独立权利要求。并入某从属权利要求的全部主题，删除该从属权利要求，并改变引用该从属权利要求的其他从属权利要求的引用关系。

另外，申请人还可以提交宣誓书或证据。对于宣誓书或证据，被接受的条件是：如果审查员确定该宣誓书或证据能克服所有被上诉的驳回理由，并有足够良好的原因表明为何该宣誓书或证据是必需的且未在之前提交。即便在这种情形下，宣誓书或证据也有提交的期限，最迟可以在提交上诉理由时一起提交。

5.4.1.8 修改的形式

修改应当以单独文件提交。如果与上诉理由同时提交，应当作为与上诉理由文件分开的单独文件提交。

5.4.1.9 当修改不被接受时

当审查员不接受修改时，会发出建议意见（Advisory Action），通知申请人修改来进入（Non-entry）及其理由。

如果申请人想要某种实质性修改或者证据在上诉中被采纳，那么可以考虑首先提交该请求程序并且在该请求程序中包含想要的修改和证据，然后再提出上诉。

5.4.1.10 审查员答复（Examiner's Answer）

与申请人有权向上诉委员会提交对案情的意见一样，审查员也有表达自己意见的权利，在上诉程序设置上体现为审查员答复。

在申请人提交上诉理由之后，合议组随后会对上诉理由进行审查并且作出决定。决定可能直接对案件授权，也可能决定重新开启审查，更多的情况是审查员发出答复（可伴有审查员修改）。

审查员的修改表明审查员至少维持了对一些权利要求的驳回观点。审查员通过审查员答复给出他们的解释，申请人可以针对这些解释进行答复。

审查员的修改可能会撤回对一些权利要求的驳回，这实际上常常表明这些权利要求中包含着可被批准的主题。此时，如果申请人认为所获得的权利要求覆盖范围是令人满意的，则可以将申请从上诉中撤回并且提交一份最终驳回后的修改，从而将可被批准的权利要求修改为适合授权的状态。作为可选择项，

申请人可以同时提交 CA。

审查员的修改可能会针对一些权利要求提出新的驳回理由。此时，申请人如果认为进一步修改可接受，就可以将申请从上诉中撤回并且提交一份修改来处理这些新的驳回理由。但是，如果申请人认为该新的驳回理由是错误或不合理的，那么他们应当提交答辩书以使得上诉继续。

5.4.1.11 申请人答辩

这在某种程度上有些类似于审查意见的答复。尽管申请人答辩是审查员答复和修改后的一个可选项目，但是如果审查员答复包含了新的驳回理由并且申请人没有适当的修改来处理这些新的驳回理由，那么申请人必须提交答辩以维持上诉程序。

在审查员答复没有包括新驳回理由的情况下，也强烈建议申请人提交答辩。原因很简单，充分陈述己方意见都没有把握逆转结果，就更不用说轻易放弃这一机会了。轻易放弃答辩机会无疑会大大降低己方意见被考虑和接纳的可能性，这如同辩论中在对方陈词后自己放弃发言机会一样。

与提交上诉理由时的规定类似，答辩书中不允许有任何实质性的修改或者证据。如果答辩书中包括了修改、宣誓书或证据，该答辩书将被作为申请重启审查处理。

答辩书需在审查员答复发出的 2 个月内提交，基本上不允许延期。

5.4.1.12 后续程序

在申请人答辩提交后，审查员可能有不同反应——采纳答辩意见、重启审查（Reopening of prosecution）或对申请人答辩进行答复。对于最后一种情况，意味着申请人需要二次答辩。

口审是申请人可选的选项。对于某些案件，通过口审可以获得与审查员当面交流和沟通的机会，有助于帮助审查员澄清错误认识，或者使审查员更清楚地认识发明。特别是对于某些技术复杂、容易出现理解误区的案件，口审具有沟通快速、高效的优点。例如，口审可以现场演示或通过 PPT 等形式展示发明，这对于某些案件可能有特别的意义。进行口审需要在审查员答复之后的 2 个月内提出口审请求，与申请人答辩的提交期限相同。

需要注意的是，口审会产生高昂的费用。例如，口审请求需要交纳相对高额的官费（目前该费用为 1300 美元），还会产生为准备和参加口审所需的律师费用，申请人最好事先请外所律师给出估价。另外，口审中给申请人解释的时间通常只有20分钟。因此，可能特别重要的案件才有必要考虑进行口审。

对上诉委员会不利决定的救济途径。上诉委员会的决定包括以下几种：维持或部分维持审查员的决定；撤销审查员的决定；提出新的驳回理由；等待RCE（缺乏足够证据做出决定时）。对于上诉委员会作出的不利于申请人的决定，申请人可以在规定期限内（63天内）向联邦巡回上诉法院提出起诉或向弗吉尼亚州的东区联邦地区法院起诉。

5.4.1.13 小结

上诉程序是一个费用较为昂贵的程序，专利代理师或申请人在建议启动或启动该程序时应该慎重考虑。

如果不是基本用尽可能的修改和争辩手段，不建议轻易提起上诉程序。其原因在于，一方面，上诉程序本身是申请人与审查员观点相对激化的产物，如果不是申请人有较为充分的理由或者审查员有比较明显的错误，申请人赢得程序的可能性较小；另一方面，上诉程序涉及较高的费用，对此申请人应事先有所认识。对于专利代理师来说，应就上诉程序相对高昂的费用和复杂的程序给予申请人充分的提示。

上诉程序除了提交上诉书的官费外，准备和提交上诉理由需要明显更高的律师费用，该费用标准通常明显高于审查意见答复的费率标准，整个上诉程序中可能涉及不止一轮次的答辩，每一轮次都需要发生相应的律师费用。准备答辩书的律师费用则通常取决于案件的复杂程度以及审查员的争辩范围。一般来讲，答辩书的成本应当介于常规答复和上诉理由之间（但是没有上诉理由那么昂贵）。另外，口审请求也需更高的官费。总之，作为粗略参考，上诉程序所需费用通常至少上万美元。

由于上诉程序中对有关权利要求的修改有严格限制，因此对于决定采取上诉程序的申请人来说，特别建议在提出上诉之前，先通过适当程序将权利要求修改和调整到适合上诉的期望版本，从而增大上诉的成功概率。这些程序可以是诸如RCE、CA或甚至是AFCP（后文将详细叙述）。

以笔者经验而言，对于启动上诉程序的案件而言，多数都属于申请人已经尝试过多种修改方式、提交过充分答辩理由后，审查员仍不能认同的情况，很多案件往往都已经提交过RCE甚至经历过多轮RCE。由于不利的上诉决定将会显而易见地对后续的CA产生不利影响（美国CA仍将被分配给原审查员审查），因此笔者建议申请人或专利代理师慎重采取上诉程序；对于某些较复杂案件，笔者建议最好先与审查员进行会晤，充分沟通后仍无法找到双方都认可的可授权技术方案的，再考虑提出上诉。

此外，对于某些经评估授权难度较大的案件，案件的不结案状态（Pending）可能对申请人干扰和震慑竞争对手有重要作用，在这种情况下，通过持续不断地提起 RCE 或 CA 以保持一个或多个案件处于不结案状态也有意义。这时笔者也不建议提出上诉。

当然，确有少数案件审查员存在明显的认识误区、错误观点或偏见，申请人与其多次交谈后仍难以使申请被审查员接受，对于这样难以接受的结果申请人确实可以考虑提出上诉。

总而言之，在申请最终被驳回后采取何种应对方式有时并不是一件简单的事情，它可能取决于多重因素。例如，发明的重要程度，潜在可授权权利要求的范围，是否有可用的、有意义的权利要求修改方式，申请人是否愿意为一个或多个 CA 花费时间和成本，申请人对于专利保护需求是否迫切，审查员的审查实践和专业领域以及经验，专利从业人员与审查员的工作关系等。

5.4.2 RCE

5.4.2.1 程序简介

RCE 是在专利申请被驳回、上诉或获批准的情况下仍可以通过缴纳一定的费用而使审查程序继续的程序，一般多用于最终驳回后提出。在 FOA 发出后，审查员已经关闭了审查通道，如果申请人希望继续进行审查，则需启动 RCE 程序来重启（Reopen）已经关闭的审查通道。

为了便于理解，可以将 RCE 实质上看作简化版的重新提交相同申请的程序，与后者的不同之处在于 RCE 程序省去了审查前的提交公布等程序。因此，RCE 程序更简单，费用更低。

5.4.2.2 程序启动的时机和条件

RCE 需在最终审查意见的答复期限（最长 6 个月）内提交。当然，提交时间的不同可能会导致一定的延期费用。例如，3 个月后需按每个月支付相应的延期官费。

从程序上来说，启动 RCE 需要提交一份 RCE 请求书，至少包含 IDS、权利申请修改、新证据、新答辩理由等中的一项，并同时交纳 RCE 费用。如果提交 RCE 表格时没有附带任何其他文件，则 USPTO 会在不重新计算答复期限的情况下通知申请人，这将会导致无谓的延期费用，甚至会导致申请放弃，以及接下来的复杂恢复程序。基于这种情况，笔者建议申请人在提交 RCE 时同时提交对申请文件的修改，或者至少提交新的证据和/或理由。

通常的做法是，针对最终审查意见，申请人可以先提交一份与在 RCE 中希望使用的修改相同的修改。当然，由于未启动 RCE 程序，这种修改有可能引起被拒绝考虑的 AA。一旦收到 AA，申请人可以提交 RCE 以请求加入最终审查意见后的修改，使得审查员必须将其纳入考虑，而不用担心出现第一次审查意见即为最终审查意见的情况。由于该程序在其期间需要进行 FOA 后修改以及建议性审查意见这样的沟通，因此建议尽快提交 FOA 后修改和答复，最好是在最终审查意见之后的 2 个月内提交，从而可以在 3 个月期限内收到 AA 意见并在 3 个月内提交 RCE 和答复，从而避免延期费的产生。

5.4.2.3 关于 AA

AA 通常可作为 RCE 的前置程序的结果。对于 FOA 在 2 个月期限内提交答复的，有可能获得 AA。在 AA 中，审查员会告诉答复 FOA 时的修改是否接受、权利要求的状态以及申请人答复的结果。即便意见为否定的，也应及时答复。对于答复 FOA 时所做的修改，审查员一般不会接纳（即便是能够克服通知书中指出的缺陷），因为审查员需重新检索，对此申请人可以通过提出 RCE 来克服 FOA 中的缺陷。换言之，答复 FOA 时，如果申请人想要在不提 RCE 的情况下进行修改，最好在 2 个月期限前提交答复（这样审查员可在 3 个月期限时通过 AA 告知是否接受修改）。申请人要继续答复该 AA 则需同时提交 RCE（即便没有新修改），因为这已经是最后的答复机会了。并且，如果 AA 是在 FOA 发出日起 3 个月内发出的，答复此 AA 的期限仍从 FOA 发出日起算 3 个月，3 个月后的答复都需按月缴纳延期费。

不利 AA 的答复：

①如果申请人认为通过修改克服缺陷的可能性大，则提出 RCE。

②如果申请人认为通过修改克服缺陷的可能性不大，且不同意审查员的观点，则可考虑提出上诉（实际上较少采用）。

③提出 CA，部分权利要求获得审查员同意，对于不同意的权利要求继续争论，避免被全部驳回。

④必要时会晤。

5.4.2.4 修改的注意事项

在美国审查程序中，通常第二次审查意见即为最终审查意见（最终驳回），这与中国审查实践有很大不同。同样，RCE 之后，申请人通常又可得到两次获取审查意见通知书的机会，但是实践中存在第一次审查意见即为最终审查意见的可能性。如果审查员认为根据之前的证据可以直接给出结论，则可以直接发出 FOA。如果申请人在随 RCE 提交的答复中仅包含争辩，或者仅包含对说明书或附图的修改，则不排除出现第一次审查意见即为 FOA 的可能性。所以，作为一个可选方案，申请人可选择先不提交 RCE 而直接答复（如果具备可能性），在收到 AA 之后才提交 RCE，这样做可以在很大程度上避免提交 RCE 之后第一次审查意见通知书就是驳回决定 FOA，从而避免浪费一次 RCE。

如果申请人将 RCE 与修改一起提交，那么建议在该修改中至少包含一个新的权利要求（如一个从属权利要求），其中包含从来没有进行过权利主张的特征，这样根据听证原则审查员通常不能直接驳回，从而尽量避免出现第一次审查意见即为最终审查意见的情况。

5.4.2.5 关于 RCE 提出的次数

RCE 的使用次数理论上并无任何限制。因此，只要申请人愿意，申请可以一直进行下去。对于某些领域的某些重要发明，保持不结案状态，有时可能对申请人有重要意义。而 RCE 就是使申请保持不结案状态的简单而有效的途径。当然，通过 RCE，也可以使申请人有机会去尝试不同的修改方式。

由于 RCE 需要消耗行政审查资源，因此 RCE 是需要缴纳特定官费的。而且，越后面轮次的 RCE 需要明显更高的官费（例如，对于大实体而言，第一次 RCE 官费为 1300 美元，第二次则上涨为 1900 美元），这也将会制约申请人，使之不大可能无节制地利用 RCE 程序。当然，相对于重新提交一份申请（如分案申请或 CA）来说，RCE 明显更便宜。因为 RCE 的基础费用通常更低，更不用说 RCE 还不需要再次缴纳额外的权利要求附加费用（如独立权利要求数超出 3 个以上，权利要求项数超出 20 个）。

尽管申请人可以将 RCE 作为一个很好的审查手段，因为审查几乎可以没完没了地继续下去，但是过度使用 RCE 会使得审查的效率变得低下，因为一份 RCE 已经足以清楚地说明申请人和审查员双方各自的立场。审查员作出

RCE 后的 FOA 之前，申请人不仅有多次修改机会，更不用提申请人与审查员还有至少 1 次的会晤机会，在会晤中可以对不限次数的修改进行讨论而不会留下记录。如果在所有这些讨价还价的机会之后，双方还是没能达成共识，那么期望改变审查员的观点概率很小。这时，如果不是单纯出于使案件出于不结案的目的而是为了使案件授权，建议考虑上诉程序。

当然，考虑到上诉程序中不能进行实质性修改，在上诉前的 RCE 程序中申请人应该将权利要求修改为期望的形式，以及提交期望的证据，以免在上诉程序中额外的修改和/或证据不被接受，这样才能为将要进行的上诉程序准备一个较好的基础。

5.4.2.6 RCE 程序的作用

RCE 程序除了用于重启已关闭的审查程序外，还可以用来提交 IDS 和声明性证据。例如，申请人在收到最终审查意见、授权通知或授权前明显错误修改通知书后，需要向 USPTO 提交一份新发现的对比文件，如该对比文件变为已知（如被他局引用）已超过 3 个月，那么为了使该对比文件被纳入考虑和接受，申请人可以提交一份 RCE，并且将 IDS 作为 RCE 的提交文件。

5.4.2.7 小结

RCE 程序为申请人提供了一条在审查程序结束后使申请延续下去的途径。与同样可实现该目的的 CA 方式相比，RCE 程序明显更简便、经济、快速。在无法通过删除权利要求或按审查员意见修改等简单方式而达到授权状态的情况下，申请人可以选择通过 RCE 对权利要求进行实质性修改。

5.4.3 续案申请（Continuing Application）

续案申请，又称延续申请，是对一类申请的统称，包括以下 3 种申请：CA、CIP、DA。

这些续案申请均与母案申请具有渊源关系，其好处在于能在保持原母案申请日和优先权日的同时延长。美国专利法中并未对续案申请进行定义，相关的规定主要体现在 35 U.S.C. 120、121 中。MPEP 中明确将 CA、CIP 和 DA 作为续案申请的 3 种形式。

5.4.3.1 3种续案申请的共同点

首先，3种续案申请都属于常规的正式申请（non-provisional application），因此具备常规申请的特点。此外，3种续案申请具有以下4个共同点：（a）直接引用在先申请；（b）提出时与母案处于未决（co-pending）状态；（c）与母案申请具有至少一个共同发明人；（d）从母案申请日计算专利保护期限。

关于共同点（a）应该知道的是，续案申请不仅享有母案的申请日权益，还享有之前本国优先权的更早申请日权益。

关于共同点（b），续案申请应当在母案结案（如被授权或被放弃）之前提交，如果在母案授权之后才提交，则将无法享有母案更早申请日的利益。

共同点（c）其实容易理解，这一原则是符合逻辑的。如果没有一个共同发明人，则无法解释前后两件申请所基于的发明拥有优先权所代表的共同技术方案部分。

上述3个共同点是续案申请享有母案及其更早本国优先权权益的前提条件。无法享有本国优先权，则母案申请公开文本很可能会被作为AIA之前的102（b）款下的现有技术，这对CA来说可能是致命的。

关于共同点（d），续案申请无法增加专利期限，而只可能改变专利保护范围。

5.4.3.2 CA

当母案申请中存在一些在暂时无法获得授权但申请人又不希望放弃的技术方案时，申请人可以考虑CA。具体来说，对于原始申请（母案）权利要求书中的部分权利要求，或者记载在母案说明书中但未记载在母案权利要求中的主题，可以将其分割出来形成一个新的申请。此时，该新申请就是"CA"。

CA常常作为一种应对特定审查状况的策略出现。例如，当在先母案的权利要求被全部驳回时，申请人可以通过提交CA获得进一步审查的机会。当然，更多的情形可能是，在先母案的权利要求部分因被质疑而被删除，从而母案申请因余下的权利要求可接受而可获授权时，申请人可基于从在先母案申请中删除的权利要求而提出一份CA。或者，审查员在母案审查过程中通过新颖性和创造性理由拒绝范围较宽的权利要求，申请人可以通过限缩权利要求以获得授权可能，然后提交一件CA来寻求保护较宽的保护范围或不同的保护范围。CA需在母案申请尚未结案之前提出。

需要注意的是，CA 的说明书一般可以与在先母案申请的说明书保持完全一致，或者可以有微小调整，但不能含有任何新的主题。同时，CA 的权利要求应不同于母案在审的权利要求。

根据美国的 CA 制度，提出 CA 时，可以扩大权利要求的保护范围，但该扩大后的保护范围，应该能从说明书记载的内容得出，否则会被认为有新内容引入，这时申请可能会被要求转换为 CIP。

5.4.3.3 CIP

如果在母案申请后，发明人又有新的技术内容或研究进展，发明人想将新内容或新进展与母案的部分内容放在一个专利申请中，则可以合并两者提出申请，这个新申请就是 CIP。由于新申请包含新内容，因此逻辑上可以增加新的发明人。与 CA 一样，CIP 也需在原母案申请尚未结案之前提出。

由于 CIP 同时包含原申请内容和新内容，所以其权利要求为针对不同现有技术的集合。在计算申请日时，CIP 中来源于母案的部分权利要求享有母案的申请日或优先权日，并受制于较窄的现有技术集合；而 CIP 中的新技术内容，由于未在母案中记载，不能享有母案的申请日或者优先权日，这部分新内容实际上可以是一个独立的新主题或者新申请。并且，母案同样可以作为新增内容的前案，影响其新颖性和创造性。换言之，对于这部分新内容，其受制的现有技术集合包括母案申请日与该 CIP 之申请日之间出现的那部分现有技术。

一个常常被忽略的问题是，对于在中国完成的发明而言，向美国提交 CIP 时，仍需特别注意保密审查的要求。因为 CIP 有新增内容，所以原则上需要单独进行保密审查，即便母案申请已经进行过保密申请。如果忽略该问题，则有后续在中国境内丧失权利的风险。

CIP 的提出通常是为实现以下目的。

a. 克服母案申请撰写不当的问题。例如，母案申请对于与现有技术的实质性区别特征描述不充分，导致公开不充分；或者，母案申请中遗漏了一个重要的附图。其中，通过提交 CIP 来克服公开不充分的问题可能是美国申请中的一个特别的策略。在中国审查实践下，对于说明书中未充分公开的内容，如果要通过重新提交申请来克服，须在优先权期限内，但在美国通过 CIP 方式则不受此 1 年优先权期限限制。在美国专利实践下，对于记载的必要条件（清楚、可以实施以及美国发明法案之前对最佳实施方式的要求等）要求很严格。为了满足记载的必要条件而追加的内容（如在医药领域中补充的实验数据）很可能会被审查员认定为原说明书中未记载的事项（new matter）而不被接受，CIP 则提供了这种补充的可能性。一般来说，在母案申请后即便存在追加的内容，只要对申请所记载的权利要求的解释不产生影响，均认为可享有母案申请的申请日的权益。

b. 克服形式问题和翻译错误。例如，申请人希望以 PCT 申请进入美国国家阶段，但由于进入准备时间仓促、翻译质量不高、存在较多翻译错误，这时如果采用更正译文错误或采用主动修改的方式进行，可能操作起来很不方便，另外修改的程度可能会受到较大限制。因此可以考虑以旁路（by-pass）方式通过 CIP 直接进入美国，而不必提交 PCT 申请的英译文。

c. 纳入发明新进展并主张权利。在母案申请审查过程中，研发工作可能有了进一步进展，但申请人显然无法在同一申请中增加得不到说明书支持的权利要求。这时 CIP 就是用来公开母案申请主题新改进并对其主张权利的有效方式。当然，该 CIP 需在该改进被公开（包括销售或许诺销售）的 1 年以内提交，从而避免不符合 pre-AIA 102b 的情况。

无论是 CA，还是 CIP，专利保护期的起算日都是母案申请日。因此，相比于母案申请，CA 会导致保护期缩短，这是 CA 的一个弊端。然而，考虑到提交 CA 的目的是为获得母案的有效申请日，克服一些在先的现有技术，那么保护期相对缩短的弊端还是可以忽略的。

CA 的提出原因，除了上述列出的以外，还包括单纯的专利策略目的，这种专利策略往往是服务于商业策略或更大的战略。例如，有时提出 CA 就是为了使案件一直维持在未决状态（pending），从而为竞争者设置障碍，使其无法放心进行有关战略布局或进入某市场。另外，通过 CA，有可能观察竞争者进行规避设计的反应，并通过 CIP 寻求相应的权利要求保护范围以规避。

5.4.3.4 DA

DA 是从母案申请中拆分出来的申请，母案申请披露并主张了一项以上的独立发明，DA 则主张了来自母案申请中的一项或多项（但非全部）发明。

事实上，DA 常常是与 RR 相关联的。根据 35 U.S.C. 121 的规定，如果母案中包括了两项或两项以上的发明创造，各发明创造互相独立且明显不同，则 USPTO 有权要求申请人将指向不同发明的权利要求拆分为单独的申请，申请人可以将母案中的一项或多项发明采用 DA 的形式另行提交，这与中国专利中不满足单一性而要求分案的情况一致。特别地，该条规定又使得因限制要求而放弃的权利要求不会因母案申请以重复授权（包括显而易见性重复授权）为由拒绝授权。换言之，禁止基于母案申请的权利要求对 DA 的权利要求发出重复授权质疑。申请人往往抱怨 RR 导致提交分案申请的费用，但是事实上由此提交的 DA 可以免受重复授权的挑战，这不啻为一个优点。当然，如果母案申请中的限制要求被撤回，那么已提交的 DA 将丧失分案状态而应变更为 CA。相应地，此时该变更后 CA 的审查员可以对 CA 的权利要求发出重复授权质疑。

5.4.3.5 小结

CA 的好处是为申请人提供保留母案申请日的优惠以及获得再次审查的机会。当然，申请人须认识到，由于 CA 的申请日以母案申请日计，而专利保护期以申请日起算，因此 CA 无法实现使发明获得延长保护的目的。

美国专利实践中的 DA 与中国实践中的有明显不同，前者是应对限制要求的措施，因此必定体现出"分"的特点；而后者可以是主动或被动进行的分案，内容可以与母案有所不同，也可以完全相同。因此，中国实践中分案的内涵实际上包括了 CA 的情况，但是无论如何不可能包括 CIP 的情况。申请人应对此知悉。

此外，DA 和 CA 中的期末放弃（Terminal Disclaimer）在效果上都可以克服重复授权的问题，但是期末放弃的不利之处在于要求 CA 专利与母案共同所有（Co-owner）时该专利才可实施（Enforceable）。显然，这将限制申请人对专利的转让以及许可。DA 的申请人因为可能免受重复授权的挑战（DA 常常是与限制要求相关联的），所以被要求提交期末放弃的可能性小于 CA。因此，DA 的申请人在专利授权后可能会拥有更大的处置其专利的自由度。

作为实践中的情况，申请人应注意的是，CA 和 CIP 的审查员通常都是原母案申请的审查员。也就是说，如果出于更换审查员的目的提出 CA 和 CIP，大概是很难如愿的。

申请人还应知道，在 CA 的基础上还可以再次提出 CA。对于特别重要的申请，如医药发明，申请人可能因审查情况和申请策略等考量因素而先后提出多个申请，形成母案、分案、CA 和 CIP 甚至二代 CA 共存的情况，这往往导致申请情况非常复杂。

5.4.4 直接答复

直接答复并不能视为是一种应对 FOA 的"常规"途径，原因是在审查员发出 FOA 后，审查通道已经关闭。这时希望像正常审查程序中一样提交修改和争辩理由通常是无效的，除非同时通过 RCE 程序重启审查。

然而，在实践中，并非所有的最终审查意见都不能直接答复。在以下的情形下，申请人有可能考虑进行一下尝试。

①审查员明确驳回了某些权利要求，认可了某些权利要求。这时只需删除被驳回权利要求，就可使申请处于被授权的形势下。

②对权利要求进行某些简单修改，以克服审查意见中指出的形式性问题。前提是这样的修改不需要审查员进一步检索和考虑。更多的情形是，这种修改属于接受审查员给出的建议而作出的修改。

同样，申请人对于删除的但不想放弃的权利要求，可以考虑通过续案申请的方式尝试获得保护。

应当注意的是，实践中可适用直接答复的情况比较少见。如上所述，只有在对权利要求前景有明确判断且存在可授权权利要求的情况下才有可能适用直接答复。

美国的 FOA 与中国专利实践下的驳回决定通知显著不同的是，它不代表最终意见，而只是表明申请人的检索和审查费用已经用尽。因此，它是一种在有限费用和行政审查资源限制下产生的结果。申请人在收到 FOA 之后，理论上是不能再对权利要求作出任何实质性修改的，能够接受的修改只可能是那些不导致审查员新的明显的工作量，或者说不会引起新的考虑事项的修改。至于是否引起新考虑事项的判断，决定权完全在审查员个人。事实上，以笔者个人经验来看，这种简单形式修改既有被审查员接受的，也有被拒绝的经历，其结果往往比较难以预测。审查员个人的处理习惯、性格特质、专利代理师与审查员的沟通情况，都有可能对结果造成影响。申请人可以考虑在提交修改之前先与审查员电话交谈，确认提交的修改会被接受。

在审查员不接受修改的情况下，审查员会发出建议性审查意见表明其态度。考虑到申请人直接答复的目的往往是希望避免 RCE 费用而直接解决问题，因此为争取答复时间，直接答复应尽可能在最终审查意见发出之日起 2 个月内提交，这样即便审查员不接受，申请人还可以在 3 个月期限内通过 RCE 提交修改，从而避免延期费用。

审查员最终审查意见具有终局性（Finality）。美国审查员发出最终审查意见的前提是第二次审查意见中提到某实质性驳回问题，换言之，只要某实质性驳回问题之前已提出过，审查员就可以发出最终审查意见。因此，如果最终审查意见中的所有实质驳回问题都是第一次提出，则审查员存在程序瑕疵，这时申请人有权通过申诉程序来进行救济。该程序尽管官费不高，但会耗费时间，如可能会到案件答复到期后的 3 个月才作出申诉决定。因此，如果决定采用此"鸡肋"程序，正常的答复处理建议还是要同时进行。事实上，申请人在此问题上"较真"的并不多。

5.4.5 一些试点程序（Pilot Program）

美国专利审查程序中存在着很多试点程序，这些试点程序构成了常规程序的补充，具有迎合申请人不同需求、提高审查效率等不同优点。由于这些程序往往是特定时期特定条件下为满足特定需求而推出的，因而可能在施行一段时间后会取消。在申请被驳回后可利用的程序中，尤其存在着一些可能对申请人很有用的试点程序，申请人和专利代理师应注意了解和适当利用。下面对过去几年适用较多且至今仍适用的程序做简单介绍。

5.4.5.1 AFCP 2.0

AFCP 2.0 是 USPTO 为帮助审查员尽快处理申请人对于 FOA 的答复，并减少在发出 FOA 之后提交 RCE 次数的一个试点项目，该程序旨在允许最终驳回意见之后对权利要求的修改，以促成授权。

AFCP 2.0 程序的好处是显而易见的。如前所述，申请被最终驳回后，审查员通常不会再考虑修改文本和意见陈述，除非申请人提起 RCE，但后者无疑会导致费用的增加和授权的延迟。AFCP 2.0 程序则给予了申请人和审查员之间额外的互动沟通机会，有可能不通过 RCE 而直接授权（直接发出授权通知）。即便申请不能授权，该程序也要求审查员给予反馈，并且很多情况下审查员会提供会晤机会。这样在即便不能立即授权，也有可能在下一轮付费审查之前预知审查员的观点或倾向，甚至预先得到新检索的对比文件，以便在后续的审查过程中更加有针对性地应对。

要适用 AFCP 2.0 程序，需满足一定条件。除了形式上填写申请表和以电子方式提交（E-filing）外，还需提交对最终驳回意见的回复，其中包括对至少一项独立权利要求的修改，此外还要求申请人同意参与会晤。另外，该程序要求修改和答复不能过于复杂，如果审查员认为所需额外的检索和考虑超出 3 个小时的工作量，则可以拒绝申请人的 AFCP 2.0 请求并发出建议性审查意见，要求申请人通过 CA 请求提交答复。当然，这里的工作量是审查员自己估量的，并没有一个可量化的标准。因此，申请人或代理人需要事先初步评估工作量，对于明显复杂的或内容较多的修改，很可能审查员是不会接受的，这时不如直接通过 RCE 方式提交修改和答复，以免浪费时间和代理费。

专利代理师在向申请人推荐 AFCP 2.0 方式时，应当注意具体会晤方式选择对所引起费用的影响。AFCP 2.0 本身虽然不需要官费，但代理费是不可避免的。如果 AFCP 2.0 下申请不能直接被授权，审查员认为有必要时会安排会晤，中国申请人这时应尽量建议或要求外所代理人采用电话、视频会议等远程方式参加会晤，以避免直接面谈方式可能导致大额差旅费的问题。

5.4.5.2 上诉前会商（Pre-appeal Brief Conference）

显然，从名称可知，上诉前会商程序属于上诉程序前的可选试点程序。事实上，该程序的设置目的与审查后程序类似，按照 USPTO 的说法是为了缩短审查周期和降低上诉成本，但该程序并不免除官费（目前大实体官费为 800 美元）。

上诉前会商程序相当于在上诉的前期程序中插入了一段可选程序。申请人要求上诉前会商，除了提交上诉理由（Pre-appeal Brief）外，必须提交上诉书（Notice of Appeal）。在程序上，上诉书可以先提出，上诉理由可以同时或稍晚提出。上诉理由总页数不得超过 5 页，这要求申请人或代理人将上诉理由写得简明扼要、重点突出。

显而易见，上诉前会商程序的适用情况与正式上诉程序相同，也适用于审查员非常顽固、难以被说服而申请人又比较有把握审查员存在错误的情况。

与审查后程序同样相似的是，在上诉前会商程序中，由原审查员、原审查员的主管以及一位其他审查员共同组成 3 人小组（Panel）来进行审查，不保证申请人会有与审查员会晤的机会。对于上诉前会商，3 人小组通常有以下 3 种决定：建议进入上诉程序，重启审查以考虑新的事宜申请获得授权，上诉前会商不合要求而不予启动。

与完全（或正式）上诉程序相比，上诉前会商程序审查时间较短，小组将会在 45 天内作出审议决定（Panel Decision），这相当于给申请人提供一次是否要提交正式上诉理由（Appeal Brief）的试水机会。

从小组作出决定的统计结果来看，约 6 成被建议进入上诉程序，这种情况下申请人接下来可做的选择是提出正式上诉、提交 RCE 或直接放弃；约 3 成被决定重启审查，这反映了原审确实存在不合理不恰当之处；只有不到 1 成的申请被直接授权。

上面介绍了针对最终驳回的试点程序，这些试点程序与 RCE、上诉程序及 CA 共同构成申请人的应对手段。申请人需根据最终驳回意见的具体内容，以及申请人的专利策略、对保护范围的要求、时间的紧迫性以及费用等方面考虑采取何种具体选择。申请人需要注意，一旦最终驳回发出，6 个月的期限即开始计时，必须设法采取适当措施来暂停这种计时。

对于这些策略，可以考虑组合使用，如 CA 可以和 RCE 或上诉等程序组合使用。当然，对于试点程序，有可能到某一时间后便不再可用，申请人和专利代理师应注意其是否仍有效。

5.4.6 最终审查意见的应对小结

美国专利申请被驳回后，申请人应采取何种应对策略，通常受到多种因素的影响，专利布局和申请策略、是否已尝试所有可能的修改方式、是否存在可授权方案、费用预算情况、与审查员沟通顺畅程度等均可能成为影响策略选择的因素。

在申请被第一次驳回后，对于重要发明，如果不是费用有限，通常申请人应考虑是否有可以尝试的救济方案。为此，申请人需考虑以下问题。

a. 权利要求中是否存在审查员明确认可的权利要求或技术方案？如是，则可以只保留认可的权利要求，删除其他权利要求，此时程序上可通过直接答复完成；对于删除的和之前未选择的权利要求（技术方案），则可考虑通过 CA 或 DA 获得保护；对于有新内容或新进展加入的，宜提交 CIP 获得保护。

b. 是否存在审查员已明确或暗示的、未存在于权利要求中的可授权技术方案？是否存在审查员未表态的、申请人未尝试的有授权可能性的修改方式？如果存在这样的修改方式，在修改不是很复杂的情况下，有可能通过 AFCP 2.0 方式提交答复，如不可行再考虑 RCE 方式提交答复。

c. 是否还有未提交过的重要争辩理由和证据？如是，在申请人认为给审查员造成工作量有限的情况下，可考虑 AFCP 2.0 方式答复（最好伴有至少一项独立权利要求的修改），否则考虑 RCE 方式提交答复。

d. 如果以上情况均不存在，审查员非常顽固、难以被说服而申请人又比较有把握审查员存在错误，这时可以考虑通过上诉方式来获得救济。正式的、常规的上诉程序之前可以考虑试点程序，上诉前会商程序是申请人优选考虑的，因其可避免复杂、高额的上诉程序费用。当然，答复文本的长度有 5 页的限制，这要求答复理由陈述必须简明、扼要。

总之，上述程序中，采用何种程序或程序组合，应考虑申请人的专利策略、案情自身情况以及费用预算等。

通常，RCE 因没有提出次数的限制，成为申请人的首要选择，但其官费会随轮次的增加而明显增长。即便如此，就费用来说，RCE 相比各种 CA 仍具有基础费用明显更低的优势，也不需缴纳额外官费（如权利要求超出 20 个的超项费、独立权利要求超出 3 个引起的官费）；即便考虑第二次 RCE 的官费增加，整体而言比提交 CA 有明显优势，对于大实体来说，第二次 RCE 需 1900 美元，一个常规申请官费则需 1700 美元（2019 年数据）。笔者认为，如果不考虑其他缘由，仅从效率角度考虑，提出太多次 RCE（如超过两次）可能并没有必要，因为一轮 RCE 多数情况下通以完全能够表达申请人的立场并选择尝试修改，并且还可以通过相对灵活的会晤机会进行沟通。

上诉由于过高的费用及与审查员较明显的冲突性不宜作为常规选择。笔者建议申请人或专利代理师多考虑采用对话的方式与审查员沟通，如会晤，尽可能寻求双方可接受的修改方式。显然，有利于问题解决、有利于申请授权是申请人追求的首要价值目标。

就修改而言，应当注意到中国和美国在修改方式上存在明显不同。中国实践下，在审查意见答复阶段，对权利要求的主动修改是要受到限制的，未针对审查意见作出的主动修改有较大可能是不被审查员接受的，扩大保护范围的修改更不被接受。不过，在美国审查实践下并没有此限制，只要修改不超出原始公开的范围，即便扩大了范围也是允许的，删除、增加或修改的方式都是可以的。加之美国 RCF 不受次数限制，这使得申请人可以尝试不同的修改方式，尽量争取大的保护范围。相应地，美国代理人对于权利要求的修改和审查意见的答复有更多的可选择余地，不必一次将权利要求修改得比较窄。

就续案申请来说，中国没有对应的 CA 和 CIP，只有 DA。中国的 DA 与美国的续案申请在提出时机上存在明显不同。中国实践下，母案申请被驳回后，申请人虽然可以提交 DA，但前提是原始母案申请并未结案。母案程序一旦结束，则不可以再提交分案，也不允许基于分案再次提交 DA。因此，最初的母案申请处于"存活"状态是提交 DA 的前提。换言之，在原始母案申请的审查程序即将结束的情况下提交 DA 通常是申请人最后一次机会，申请人需要将所有想要保护的主题写入 DA 中。当然，如果提出了复审请求，则母案申请被"续命"，这时提分案的期限又可相应后移。美国续案申请则没有最早母案必须处于审查程序未结束状态的要求，这使得申请人在母案申请最终驳回发出后可不受次数限制地提交 CA。这使得一个发明可能存在多个美国申请，包括大量的 CA 或 CIP 申请。特别是对于重要产品或项目而言，大量申请的存在即便不考虑最终能否被授权，也可以显著增加案件的复杂性，有效干扰竞争对手的视线，从而增加对方分析和跟踪的成本，并增大竞争对手的研发风险。从这个意义上来说，申请的费用和成本效益问题，有时不应仅仅从其本身单独去看待，还应该从产品线战略或公司发展战略的更大角度去考虑。申请人或专利代理师在考量答复策略时，如果能站在产品线发展或公司战略更大的视角去考虑，可能会有不同的答案和选择。笔者曾代理过某国内制药企业的一个重要创新药美国系列专利申请，由于早期研发单位过早公开论文等原因，该系列申请获得授权的难度非常大。然而，申请人还是坚持利用各种策略，包括 RCE、上诉、各种续案申请等方式，使大量申请多年来持续处于不结案的审查状态，从而对竞争对手造成了有效遏制，迎合了公司的市场战略。这种情况下，如果以某一申请是否被授权作为单纯考核指标，无疑很多申请在策略上是失败的。

笔者希望，出口导向的申请人的知识产权负责人，以及涉及出口案件的专利代理师，应当对于美国申请最终驳回后的各种处理策略和救济途径有比较完整的认识。另外，如果可能，尽量从整体和全局出发去考虑，这样才有可能根据不同的案情和战略去选择最适合的处理方案。

从战术层面考虑，笔者认为个案中可以适当关注审查员的审查风格和统计数据。有人发现，不同的技术小组的不同审查员对于不同类型案件的批准率有明显不同。如直接审查的批准率、上诉后批准率、会晤后的批准率、RCE 后的批准率等。已有人将这些分析数据免费提供给公众作为参考，显然，这些非官方数据不具权威性。但申请人和专利代理师至少在一些情况下可以参考这些数据，并对审查策略进行适当针对性地调整。

5.5 授权公告前程序

5.5.1 授权

5.5.1.1 修改形式错误的审查意见通知书

在审查员发出授权通知之前，审查员可能会下发修改形式错误的审查意见通知书（Ex Parte Quayle Action）。修改形式错误的审查意见通知书为专利性审查已经结束，审查员认为已经没有 35 U.S.C. 101、102、103、112 等法定驳回问题，但还存在形式缺陷需要修改（如附图、说明书等错误修改，或者删除不审的权利要求项），为了加快授权通知的下发而发出的审查意见通知。一般答复期限为 2 个月，可以付费延期。该类形式修改的要求类似于 FOA 之后的修改，即（a）修改后不可产生专利性上的新议题；（b）不可要求进一步的检索；（c）不可产生 35 U.S.C. 112 缺乏支持的问题，即该修改不可产生新事项。修改审查通过后，审查员将发出授权通知。

5.5.1.2 授权通知

当专利申请已处于可授权的状态，审查员即可发出 PTOL-85 的授权及缴费通知 [Notice of Allowance and Fee (s) Due]，在授权及缴费通知中包括授权办登期限、费用、缴费单、PTA 延长天数等。授权办登期限为 3 个月，原则上不可延期。逾期则视该申请被放弃，如果需要延期，需先提出请求并交纳请求费及说明延期理由，最多仅能延期 1 个月。

其中，在授权及缴费通知中同时附有授权通知，明确记载可授权的权利要求项，并可附加说明审查员授权的理由、审查员将依职权修改的内容，以及之前审查员与申请人进行审查面议的相关记录。

审查员认为说明授权理由会使整体审查程序更为完整时，可在授权通知中记载授权理由。对于审查员在授权通知书中提到的授权理由，申请人如果有不同意之处，可以在缴纳办登费时一起提交意见，但申请人提出的意见本身对于专利性或专利文字的解读可能构成禁止反言的约束。另外，审查员收到申请人对于授权理由的意见后，没有义务再次回应，只是将申请人意见存卷记录。

如果审查员将对授权文本进行修改的话，审查员在授权通知中需对此进行说明。该修改包括：明显的形式错误修改，如文字或附图的明显错误；之前审查员与申请人面议达成的修改共识。如果是附图修改，则需要申请人将修正的附图在缴纳办登费时一起主动提交，USPTO 仅直接修改说明书的文字，并不会主动修改附图，申请人需按照要求递交附图修正页。

收到授权通知书后，申请人可根据 37 CRF 1.312 提出修改请求，该请求必须在缴纳办登费之前或同时提出。申请人提交的修改请求是否被接受（Entered），必须由 USPTO 确认。一般形式问题需由初审审查人员（primary examiner）批准，实质性的修改（如修改权利要求的保护范围）必须由复核人员（supervisory examiner）批准。申请人必须陈述修改的理由，即为何不需要进一步的审查，为何在之前没有请求该修改。

如果申请人在收到授权通知书之前就已经提交了该修改，但在发出授权通知书之后才送达 USPTO，由于该修改请求是在授权通知书下发之后才送达，因此仍然属于根据 37 CRF 1.312 提出的修改请求，是否被接受由 USPTO 确认。

收到授权通知书后，如果权利要求项的保护范围在审查过程中有改变，因而导致对应授权范围的发明人改变，这时需提交发明人补充宣誓书（supplement oath/declaration）以增/减发明人，但该修改不属于根据 37 CRF 1.312 提出的修改。在办登时，可一起提交。

收到授权通知后，该授权通知可根据 37 CRF 1.313 被撤回。撤回授权通知可分为两个阶段。

第一阶段为缴纳办登费之前。例如，审查员提出新的对比文件或理由，并主动撤回授权通知。如果是审查员主动撤回的话，可退已缴纳的办登费。如果是申请人请求撤回授权通知，则需要提交请求及费用。

第二阶段为缴纳办登费之后。审查员可根据如下情况主动撤回授权通知：USPTO 的错误；不正当行为/不法行为（Inequality Conduct/Illegality）；权利要求项不可专利（Unpatentability of Claims）；抵触程序（Interference）。申请人也可根据以下理由请求撤回授权通知：不可专利性（需要有明确的说明）；提出 RCE（如提交 IDS 并要求审查员考虑）；表明放弃（Express Abandonment）。

授权办登费的缴纳金额原则上参照授权通知所附的缴费单，但实际需要缴纳的金额视缴费当时的 USPTO 实际费率为准。如果缴纳当时，申请人已经从小实体变成大实体，则需缴纳大实体的费用。如果从大实体变为小实体，也可声明转为小实体，从而缴纳小实体的费用。办登费 3 个月内必须缴纳，原则上不可延期。如果申请案已经被公开或将被公开，缴费单上会一并列出公开费。如果没有，则专利将以申请人名义发证。如果要以受让人（assignee）名义发证，如公司作为专利权人（Patentee）发证，则需在缴费时在缴费单上注明。

申请人可以提出请求延迟授权办登，如果具有合理的理由，最多可以延迟 1 个月。授权办登程序由 USPTO 的 FDC（Final Data Capture，最终数据合集）单位处理，该单位负责将案件资料完成电子化并准备公告发证。在提交缴费单及缴纳授权办登费用后，在 FDC 处理完案件基本资料后，会先发出发证通知（Issue Notification）给申请人，上面会记载预计发证公告日和登记号。之后，申请人将会收到专利证书。

5.5.2 专利更正

美国专利授权公告之后，可以主动提出更正，也可以因为其他情况导致更正，但其各有限制。专利更正主要有以下几种程序：证书订正（Certificate of Correction），更正申请人或 USPTO 的错误或修正发明人；弃权声明（Disclaimer），主动放弃一个或多个请求项；再颁申请（Reissue Application）；补充审查（Supplement Examination）。

5.5.2.1 证书订正

请求证书订正只能更正不影响权利范围的形式错误或申请资料的错误，不论是 USPTO 的错误或申请人的错误均可以请求证书订正。

如果是 USPTO 的错误，下列各方可请求证书订正：专利权人、专利权受让人、USPTO、任意第三人。如果第三人向 USPTO 提出请求，USPTO 没有义务要考虑，且需先通知专利权人或其登记在案的代理人。

如果是 USPTO 的疏忽所导致的错误，专利权人不需要缴纳规费，即可提出订正请求。一般可以订正非实质问题的任何错误，如申请文件内容漏行、错行，或附图、优先权日期等错误。另外，专利权人欲行使权利或提起侵权诉讼前，应该审慎确认专利内容是否正确，如果有错误，应先提出证书订正。

专利权人或专利权受让人可以缴纳规费（无小实体减半优惠）并提出证书订正请求。USPTO 在核查申请人提交的证书订正请求时，必须确认该请求内容符合以下条件：该错误本质上必须为笔误（a mistake of a clerical nature）、印刷错误（a mistake of a typographical nature）或一些非重要的错误（a mistake of minor character）；该订正本身并不会导致新事项或实质审查。如果不能同时满足上述两个条件，则需要考虑申请再颁（reissue）申请来更正。

美国专利公告上的受让人和地址是以授权缴费单上所填的资料为准。如未填写，则以申请人名义公告。如果在缴纳办登费之后，才要求列出受让人或者更正受让人，则必须在专利发证前提交其权利转让文件，并提出证书订正请求和缴纳规费。

如果是发明人的名字或信息错误，可以附上相关宣誓书或证明资料申请更正。而在没有欺骗意图的前提下，可以由此程序申请增加或减少发明人的数目或排列顺序。增减发明人原则上必须要有所有发明人对增减发明人的同意书、权利权受让人的同意增减发明人的同意书，以及新增发明人的宣誓书和转让书

(如果有专利权受让人),另外必须缴纳相关规费。

证书订正程序原则上只能更正优先权资料中的一些明显的错误。例如,优先权日、优先权号或国别等错误,无法用于新增国内外优先权主张或者更改国内外优先权主张,这些主张必须通过申请再颁申请来进行。

申请人提出证书订正请求时无需撤回原证书,待USPTO审核批准通过之后,会发出证书订正通知并公告。所更正的内容会记载在新公告的专利说明书的最后一页,并会罗列更正的项目。如果USPTO没有批准全部的更正请求,只有部分被批准或者全部没有批准,将会先通知请求人并说明原因。

一般来说,请求证书订正并没有法定上的要求,因此,并没有规定申请人何时需要提出订正。而批准后的证书订正也可能在专利过期后发出,发出后可以及既往。但证书订正程序不能用于已经因无效等实质理由被删除的权利要求项。

5.5.2.2 弃权声明

弃权声明是由专利权人主动声明放弃专利权中的全部或部分请求项的权利,该声明必须书面提出,并经USPTO登记方可生效。

弃权声明可分为法定弃权(Statutory Disclaimer)和期末弃权(Terminal Disclaimer)。法定弃权是专利权人主动声明放弃专利中的一个或几个请求项或者放弃专利有效期。例如,当专利诉讼判定特定请求项无效时,专利权人必须向USPTO提交弃权声明,以公告给公众。期末弃权则是当专利公告后,专利权人发现与自己拥有的其他专利有重复授权(double patenting)问题时,可向USPTO提出针对专利权有效期的期末弃权。在签署期末弃权书之后,重复授权的专利除专利权有效期一起到期外,同时重复授权的专利的专利权不可分开行使或分开许可给他人。

专利权人或其登记在案的代理人必须签署书面声明并提交。声明中必须包含:哪些请求项或者专利权有效期放弃(请求项必须整项放弃,不可部分放弃)、目前的专利权归属情况,以及缴纳相关规费。

对于一般期末弃权书,专利权人可以声明放弃全部或末端专利有效期,并需要签署书面声明,指明其放弃的有效期,以及目前专利权归属情况和缴纳37 CFR 1.20 (d) 规费。

对于为了避免重复授权而提出的期末弃权书,专利权人也需要声明其末端专利有效期,签署书面声明,指明其放弃的有效期,以及目前专利权归属情况和缴纳 37 CFR 1.20（d）规费。

上述弃权声明书经 USPTO 批准后，将公告给公众。

5.5.2.3 再颁申请

根据 35 U.S.C. 251 的规定，当一美国专利存在无欺骗意图的错误，该错误是因为说明书或附图的缺陷或者专利权人请求太宽或太窄的权利而导致的，且使得该专利被认为是全部或部分不能操作或无效时，专利权人可提出再颁申请。美国专利局长将在专利权人放弃原有专利及缴纳规费的情况下，对于披露在原专利中的发明再颁证，且依据新的、修正的申请书给予原专利未期满期间的专利权。

通常专利权人因为下列理由可提出再颁申请：（a）请求项的范围太窄或太宽；（b）说明书的披露包含错误；（c）申请人未主张国内外优先权或不正确地主张国内外优先权；（d）申请人未参照并入或不正确地参照并入之前共同审查中的专利申请案。

专利权人在提出再颁申请时需提交下列文件：

a. 宣誓书。由发明人签署，需在宣誓书中声明错误是无欺骗的意图以及其相信原来的专利是完全或部分不能操作或无效的，且需注明理由为说明书及附图的缺陷、请求项范围太窄或太宽、其他理由。特别是当要扩大请求项的范围时，需在宣誓书中陈述理由。另外，如果再颁申请并不是要扩大请求项的范围或者原来专利的申请人就是现在的全部权利受让人时，宣誓书可由权利受让人签署。

b. 所有受让人的同意书。

c. 37 CFR 3.73（b）所规定的建立受让人的所有权应提交的相关文件。

d. 专利说明书及附图。专利说明书的格式为将原授权专利以每页两栏的方式呈现。附图需提交修正后的版本（不带标记的版本），如对说明书及权利要求项有修改可以直接在原专利要修改的部分插入修改的内容，或提供一个单独的修改页。说明书或权利要求的修改都不能有任何新事项。

e. IDS 资料。

f. 再颁申请规费（小实体有优惠，且原专利已缴的超项费不需缴）。

g. 主张国外优先权。国外优先权的主张需重新声明，但不必要补交优先权文件。

按照 37 CFR 1.11（b）的规定，再颁申请案均会向公众公开，并且公众均可通过付费获取影印版。再颁申请案均会在 USPTO 的公报上正式宣告，该宣告给予相关人员有机会提供与再颁申请的专利性有关的资料给审查员作参考。该宣告包括申请日、再颁申请案的案号、原专利号、发明名称、专利分类、发明人、所有权人、代理人及审查此案的技术中心。当再颁申请是为了修改发明人时，也会宣告再颁申请案要修改的发明人的名字。

再颁申请的权利要求的请求范围必须在原专利中已披露，在考虑再颁申请的权利要求的范围是否被原专利记载时，不只是考虑原来的权利要求，而需考虑整个原申请文件，包括说明书。当符合下列两个条件时，再颁申请的权利要求项被视为符合 35 U. S. C. 251 所规定的被原专利所记载：再颁申请的权利要求项在原专利的说明书（包括附图）中有记载，而且符合 35 U. S. C. 112 第 1 段的实施要件；在原专利的说明书中并没有任何部分表明申请人不想请求再颁申请中所请求的发明。

另外，如果在申请过程中有下发限制或选择要求通知书，而申请人做了选择，但并没有通过 DA 请求未选择的发明的话，则不能在再颁申请中请求该未选择的发明。

如一案例：一专利说明书中记载了两组合物 X 及 Y，在说明书中描述了组合物 X 不适合用于成型，因为它不能够在短时间内干燥，专利申请授权后，权利要求项只包括了 Y 组合物。在专利发证之后，专利权人发现组合物 X 虽然不能快速干燥，但具有其他优良的性质，事实上也可以用作成型。专利权人是否可以通过再颁申请请求组合物 X？

该案中，虽然组合物 X 记载在原来的说明书中，但是原来的说明书中已明确表明申请人并不想请求组合物 X 这一发明，因此无法通过再颁申请请求组合物 X。

审查员在审查再颁申请时，需审查该申请是否违反再获得法则（Recapture）。再获得法则是指专利权人不能通过再颁申请去再获得在申请时为了得到专利权而放弃的部分（标的）。因为在专利申请时，为了避开现有技术，申请人可能将权利要求的范围缩小，授权后通过再颁申请获得原放弃的请求范围，甚至更大的范围显然是不合理的。

USPTO 采用以下 3 步来判断再颁申请是否违反再获得法则：

a. 再颁申请的任一权利要求项是否有扩大保护范围。所谓扩大权利要求项的保护范围是指原专利的权利要求项中的任一限制条件在再颁申请的权利要求项中不再存在（删除）。

b. 再颁申请的权利要求项的任何扩大部分是否与原来专利放弃的标的有关，即审查员需审核再颁申请的权利要求项中各被删除或扩大的限制条件是否与原放弃的标的有关。审查员会审核在审查过程中申请人是否对该部分进行了修改，或是否有提出争辩或声明。如果对扩大的部分做了修改、争辩或声明，则认为与原来放弃的标的有关。

c. 再颁申请的权利要求项是否在其他部分实质上缩小了范围，而使得权利要求项并没有扩大范围，因此可避免违反再获得法则。

USPTO 的审查员采用下列流程（见图 5-5-1）来判断是否违反了再获得法则。

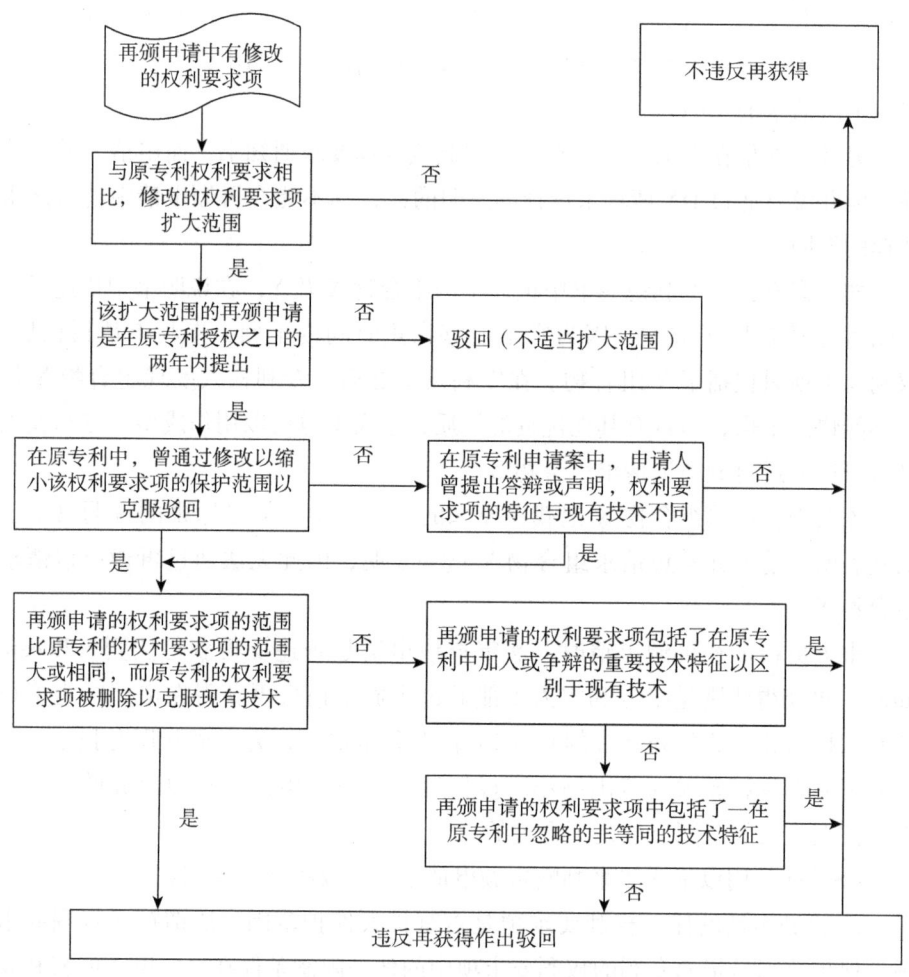

图 5-5-1　再获得法则判断流程

在一案例中，发明人于2010年1月1日提出一专利申请，是关于一种智能手机。审查员针对权利要求1引入了一篇对比文件，发明人的代理人针对该对比文件争辩权利要求1中的某一技术特征A并没有被对比文件所公开。最后，该权利要求1于2013年1月1日获得授权，并且最后权利要求1的该技术特征A并没有做任何修改。但是，发明人发现所获得的专利的权利要求1的范围太窄，当时与审查员争辩的技术特征A可不必包括在权利要求1中，因此，在2014年1月1日提出了再颁申请，将权利要求1的技术特征A删除，请问审查员是否会根据再获得法则针对该权利要求1下发驳回？

在该案中，虽然权利要求1在原专利申请过程中并没有因为对比文件而作出修改，但是代理人在答辩过程中针对该技术特征A进行了争辩，而在再颁申请中却将该技术特征A删除，因此违反再获得法则。

按照35 U.S.C.251的规定，如果专利权人通过再颁申请扩大权利要求项的保护范围，需要在原权利授权之日起两年内提出。

所谓权利要求项范围扩大是指再颁申请的权利要求扩大了原专利中权利要求的范围，如再颁申请的一个权利要求的范围比每一个原权利要求都大。如果申请人在提出再颁申请之前有提出权利要求弃权声明书，则被放弃的权利要求不是原专利的一部分。此外，一权利要求虽然某一部分范围变小了，但是只要至少一部分范围变大，则该权利要求扩大了范围。

如果再颁申请的权利要求项包括了原专利的权利要求中没有涵盖的部分（标的），则该权利要求项扩大了范围。例如，再颁申请中新修改或新增加的权利要求项包括了任何产品或方法，如果其并不侵害原专利的专利权，则该权利要求扩大了原专利的范围。另外，在再颁申请中加入组合权利要求项（仅记载在原专利的次组合权利要求中）是否扩大了权利要求项的范围，需要看加入的组合权利要求项是否包括了原专利中次组合权利要求项的所有技术特征。如果组合权利要求项包括了次组合权利要求项的所有技术特征，则侵权组合权利要求项必然会侵权原专利中的次组合权利要求项，则这种情况没有扩大权利要求项的范围。

扩大从属权利要求的范围并不属于权利要求范围扩大，因为从属权利要求包括了其引用的权利要求的所有技术特征，而在再颁申请中加入新的权利要求类别通常属于权利要求范围的扩大。例如，原专利中只要求了产品A的权利要求，在再颁申请中增加了制造产品A的方法权利要求，则该再颁申请扩大了原专利的权利要求的范围。但是，如果在再颁申请中加入下列两个权利要求：一种使用产品 A（制造产品 A 的方法在原专利中要求了）制造产品 B 的方法（该方法在原专利中记载了，但并没有在权利要求中要求）；或一种使用产品 A（制造产品 A 的方法在原专利中要求了）执行方法 B 的方法（该方法在原专利中记载了，但并没有在权利要求中要求）。那么，虽然在再颁申请中增加了上述的方法权利要求，但是并不属于扩大权利要求的范围，因为新增加的权利要求包括了原专利权利要求的所有技术特征（即制造产品 A 的方法）。

根据 35 U.S.C. 256 的规定，当一发明专利存在发明人错误，而这一错误并非发明人有意欺骗时，应该允许以证书订正程序来修正。而根据 37 CFR 1.324，在对该发明人错误进行修正时，需要所有发明人同意该发明人修正。但是，当无法取得所有发明人同意时，所有权的受让人则可以根据 37 CFR 1.172 的规定提出再颁申请来修正发明人错误，因为修正发明人错误并没有扩大原专利的权利要求项的范围。

按照 37 CFR 1.176 的规定，再颁申请的审查与其他非再颁申请、非临时申请的审查方式是相同的。不论再颁申请中的权利要求项与原专利中的权利要求项是否相同，如果审查员认为有理由的话，可以对权利要求项作出驳回。也就是说，原专利已授权的权利要求也可能会被审查员以原对比文件或理由驳回。另外，审查员对于再颁申请进行现有技术检索时，所基于的基准日与原专利相同，即原专利的有效申请日，所有再颁申请均会被优先审查。

对于再颁申请，审查员只能对原专利的权利要求与新增加的权利要求之间提出单一性问题（限制），而不能再对原专利的权利要求项之间提出单一性问题。当审查员认为原专利的权利要求项与增加的权利要求之间存在单一性问题，需要申请人作出限制或选择时，原专利的权利要求会被推断为被选择的权利要求项，因此审查员会下发审查意见通知书指出：

①限制要求（新增的权利要求被推断为未选择而视为撤回）。

②只针对原专利中的权利要求项进行审查。

③通知申请人如果原权利要求项可被授权，则未选择的权利要求项可进行分案。

如果申请人对原专利的权利要求提出弃权声明，则新增的权利要求会被审查。但是申请人对原专利的权利要求项的弃权声明必须在审查员下发限制或选择通知书之前提出，否则审查员只主动审查原专利的权利要求项。再颁申请与一般非临时申请一样可以主动提 DA、CA，也可以提 RCE。

所有再颁申请都被视为是特别状态（Special Status）的案件，会很快进行审查和处理。而涉及诉讼的再颁申请又被视为更特别的案件，会比其他再颁申请更快处理。因此，审查员在审查再颁申请之前，会先查明该再颁申请是否涉及诉讼案。如果发现其涉及诉讼案，而申请人并没有指明，则审查员会在通知书中要求申请人提供相关的信息。涉及诉讼的再颁申请，审查员通常仅给予1个月的答复期限，如要延期，则需按照37 CFR 1.136（b）表明有明确、正当理由。

审查员在审查再颁申请时，如果发现涉及正在进行中的相关诉讼时，通常会先暂时中止审查，除非有下列情况发生：（a）该诉讼案已搁置（stayed）；（b）该诉讼案已中止；（c）再颁申请与该诉讼案无重要的重复议题；（d）申请人希望再颁申请被尽快审查。如果实际上诉讼案已搁置，则审查员会比其他再颁申请更快地审查该再颁申请。

当再颁申请被授权时，原专利的放弃就生效。再颁申请被认为是在原专利的基础上通过修正再次授权，因此，授权的再颁申请的效力与一般其他授权专利是相同的，如具有排除他人制造、销售、许若销售、使用，以及输入至美国该专利所保护的发明的专利权。但是，其专利权不包括在再颁申请授权之前的在先使用者制造、销售、许若销售、使用以及输入至美国该发明行为，即在先使用者具有在先使用权（Intervening Rights），该在先使用权权利人包括在再颁申请授权之前已完成实际准备的在先使用者。

5.5.2.4 补充审查

补充审查是随着美国的发明人法案引入的一项新程序。补充审查是对于已经授权的专利，专利权人如果发现任何与该专利相关的现有技术，可以通过这一程序向审查员披露相关信息，并由审查员进行再次审查。

只有专利权人可提出补充审查，专利权行使的期间内至专利权到期后的6年内，专利权人都可以提出补充审查请求。在提出补充审查请求时，专利权人可以提供再次审查的可专利性证据，所适用的可专利性法条包括35 U.S.C.101、102、103、112。在提出补充审查请求时，还需根据35 U.S.C.257的规定提交必要的文件，否则USPTO会拒绝该请求。USPTO受理补充审查后，将会审查申请人所提交的证据，并在3个月内确认该专利是否有实质性的专利性问题（Substantial New Question of patentability，SNQ），如果有SNQ，则会接着启动EPR。如果没有会影响到该专利的SNQ，将终结补充审查程序。

对于专利权人来说，可以利用补充审查这一制度来确保专利权的稳定。例如，当专利权人发现与专利相关的现有技术，或当专利欲进入诉讼时，专利权人可以通过提交相关证据来请求 USPTO 再次审查，以此来确保专利权的稳定，甚至可以通过该程序修改权利要求范围。因此，补充审查也是除再颁申请外，可以在授权公告后修改专利范围的另一制度。

5.5.3 维持费用

不同于大多数国家的专利年费（即维持费）逐年缴纳，美国的发明专利授权后，维持费从发证公告日（Issue Date）起算，在第 3.5 年、第 7.5 年、第 11.5 年各缴纳一次，之后无论剩余时间还有多长都不用再缴，因此美国授权后专利的维持费最多需缴纳三次。另外，如果专利权人为小实体，维持费可以减半。美国的外观设计专利和植物新品种专利在授权后不用缴纳年费。

维持费的缴纳有时间限制，预计于维持费缴纳期限前的 6 个月开放缴纳，期限后的 6 个月结束滞纳。例如，发证日为 2015 年 6 月 1 日，则需在 2018 年 6 月 1 日至 2018 年 12 月 1 日之间缴纳第 3.5 年的年费，也可在 2018 年 12 月 2 日至 2019 年 5 月 31 日之间缴纳第 3.5 年的年费及滞纳金。

原则上专利权人或其授权人均可缴费，但由于 USPTO 并不核查缴费人的身份，因此，实际上任何人均可缴纳维持费，无需通过美国代理人。许多公司委托专业年费公司代为缴纳，也有许多美国专利事务所不提供缴纳维持费的服务。

如果他人先误缴了维持费之后，无论第二次的缴纳是否确为专利权人所缴，USPTO 将不会再接受第二次缴纳。因此，必须要求第一缴纳人办理退费后，才能再缴费。原则上如果为他人误缴，退费后 USPTO 会通知该专利案的年费联系人补缴维持费，因此不会产生逾期缴纳的问题。

超过滞纳期限仍未缴纳维持费的，自发证日第 4 年、第 8 年或第 12 年起视为专利权过期。如果要办理恢复，必须提出请求并足额缴纳维持费和恢复费。如果为不可避免的延误（Unavoidable Delay）或非故意延误（Unintentional Delay），一般 2 年之内请求恢复多半会被接受，但超过 2 年将从严审核。

提出再颁申请并不改变原专利的维持费的缴费期限。如果原专利未缴纳维持费而导致专利过期，则所提出的再颁申请不会被授权。审查员在对再颁申请进行审查前会先确认原专利是否已缴纳了维持费，在再颁申请的审查及答辩的过程中，也会再去核对是否原专利的维持费已缴纳。而如果原权利已不用缴纳维持费（如已缴完了第 11.5 年的维持费），则再颁申请授权后也不用再缴纳维持费。一旦再颁申请获得授权,原专利的放弃就生效,因此,原专利就不用缴纳维持费,而是缴纳授权的再颁申请的维持费,缴纳期限与原专利相同。另外,当针对一个授权权利提出多个再颁申请时,此多个再颁申请同样并不改变原权利要求的缴费期限,在此情况下,只需要缴纳一份维持费即可(只需缴纳最后授权的再颁申请的维持费)。

第6章 美国专利授权后的无效程序*

现有美国专利制度中设置有多种专利授权后的程序，包括补充审查（Supplemental Examination）、现有技术引用（Citation of Prior Art）、EPR、授权后审查（Post Grant Review，PGR）、IPR、商业方法专利过渡项目（Transitional Program for Covered Business Method Patents），以及权属争议（Derivation）等。通过启动这些授权后的程序，任何第三方都可以挑战已授权专利而达到使该专利无效的目的，也可以由专利权人启动授权后程序来强化稳固自己的专利。例如，补充审查程序的设置便于专利权人消除专利中的缺陷，以防止后续他人以这些专利审查阶段存在的缺陷来攻击该专利，导致该专利被判定为不可执行（Unenforceable），从而无法进行专利维权。

考虑到越来越多中国企业进入美国市场并提交越来越多的美国专利申请，且由于国内企业参与美国市场竞争而产生专利侵权诉讼的案件也越来越多，如何在美国提起专利无效程序成为专利代理师或专利律师需要掌握的基本知识。本节主要介绍涉及对美国已授权专利进行无效的三种程序，即EPR、PGR及IPR。需要注意的是，在美国无效一件已授权专利，不仅可以通过USPTO的各种授权后复审、审查程序来进行，也可以通过在美国联邦地区法院提起确认不侵权之诉（Declaratory judgment action）及专利侵权之诉中的反诉来请求法院宣告专利权无效。

6.1 EPR

对授权后专利设置EPR程序始于1981年7月1日，并分别于2002年11

---

* 编撰：吴贵明，北京康信知识产权代理有限公司。审订：郑娟娟，掌阅科技股份有限公司；赵爽，Condo Roccia Koptiw LLP。

月 2 日以及 2012 年 9 月 16 日随着美国发明法案的实施进行了两次修改。由于美国发明法案规定了发明人先申请制，所以 EPR 程序中可使用的现有技术的范围发生了变化。

EPR 程序中请求人在整个复审过程中参与度比较低，主要是 USPTO 和专利权人在参与，因此被称为 EPR 程序。EPR 程序在请求人提交书面说明申请复审之后，专利权人可回应请求人的说明，请求人可针对专利权人的回复提出回应，之后请求人就无法介入程序，参与复审的人仅限于专利权人与 USPTO 审查员。此时的复审程序与实审程序相同，审查员针对请求人提交的对比文件审查被请求的权利要求的可专利性，并向专利权人发出实审意见通知书，专利权人针对实审意见通知书答辩或修改权利要求。

可见，EPR 程序与通常的专利申请审查程序很类似，但是也有一些显著的不同之处，包括权利要求的修改不允许扩大保护范围、USPTO 的期限不允许自动延期等。如果专利权人对 USPTO 作出的决定不服，可以向 USPTO 的 PTAB 提起上诉，而提起 EPR 的申请人在整个 EPR 过程中既没有答辩实审意见通知书的机会，也没有提起上诉的权利。

6.1.1　EPR 请求

1. 请求主体和请求时机

任何人，包括专利权人，在任何时间都可以针对已经公告的授权专利向 USPTO 书面提出 EPR 请求。

一般来说，任何第三人包括个人、公司及政府单位，都可以书面引用现有技术的专利或者公开出版物向 USPTO 提出 EPR 请求，只要该第三人认为这些现有技术对专利的任何一项权利要求的有效性有影响。专利权人也可以在法律程序中向联邦法院或 USPTO 提交意见陈述，表明自己对该专利的任一权利要求保护范围的观点。

虽然依据 35 U.S.C. 302 可以在"任何时间"提交 EPR 请求，但是根据 37 CFR 1.501（a），这个"任何时间"是指在专利权"可执行期间内"的"任何时间"。可执行期间是指专利保护期再加 6 年，6 年是法律规定的专利侵权诉讼时效期限。如果在专利侵权诉讼时效内提起了诉讼，只要该专利仍然对他人有执行力，即使在诉讼时效之后也可以提交现有技术或意见陈述以及 EPR 请求。对于一件实用专利（Utility Patent）的专利保护期，还需要考虑是否缴纳了专利维持费、是否主动放弃了专利权、是否延长或调整了专利保护期等情形。

2. 请求费用

EPR 的请求费包括提起复审请求（Request for Reexamination）的费用和复审过程中的动议请求费（A Petition in A Reexamination Proceeding）。每种费用根据请求主体的规模（微型企业、小型企业或小微企业之外其他企业）而不同，每个级别请求费相差一倍，请求复审的费用也会随着独立权利要求的项数以及所有权利要求的总数而不同，具体收费详情参见表 6-1-1。如果 EPR 请求最终被驳回，则只收取少量的费用。

表 6-1-1　EPR 官费（37 CFR 1.20）

企业规模	复审请求费		复审中动议请求费/美元	被驳回的复审请求费/美元
微型企业	独立权利要求为 3 项以下	3 000 美元	485	900（包含在复审请求费中）
	独立权利要求多于 3 项	超出 3 项的，每项加收 115 美元		
	权利要求总数多于 20 项	超出 20 项的，每项加收 25 美元		
小型企业	独立权利要求为 3 项以下	6 000 美元	970	1 800（包含在复审请求费中）
	独立权利要求多于 3 项	超出 3 项的，每项加收 230 美元		
	权利要求总数多于 20 项	超出 20 项的，每项加收 50 美元		
小微企业之外的其他企业	独立权利要求为 3 项以下	12 000 美元	1 940	3 600（包含在复审请求费中）
	独立权利要求多于 3 项	超出 3 项的，每项加收 460 美元		
	权利要求总数多于 20 项	超出 20 项的，每项加收 100 美元		

3. 请求文件

37 CFR 1.510 对 EPR 请求书包含的内容做了详细的规定，复审请求文件应当包含以下部分。

①一份意见陈述书，基于在先的专利或公开出版物（也称现有技术）指出导致专利无效问题的每个实质性新问题。

意见陈述书应当清楚地指出请求人认为专利存在的导致可专利性的实质性新问题足以提起复审，且引用的现有技术应当以指定的表格形式提交。一份请求书必须至少指出一个导致专利无效的实质性新问题。对于每一个列出的实质性新问题和建议驳回的理由，请求书中必须解释如何依据引用的现有技术确定导致无效的实质性新问题，或者如何依据建议驳回的理由提出一个实质性新问题。请求人需要在复审请求中阐述提交的参考文献不能确定实质性新问题，或者论证 USPTO 不应当发布复审命令等无需进行 EPR 的理由。

复审请求中仅提出一项或几项权利要求的驳回意见是不够的，必须首先证明驳回意见所依据的专利或公开出版物提供了一种专利审查过程中没有考虑和讨论过的、新的、非简单叠加的技术教导。

②列出每项请求复审的权利要求，并且详细地解释引用的现有技术与每项请求复审的权利要求之间的相关性，以及引用现有技术评述该权利要求的方式。对于专利权人提交的每个意见陈述和同时提交的信息，请求书中必须说明该意见陈述书是如何结合现有技术来确定权利要求真正含义和解释每个相关权利要求的。如果对权利要求的解释是准确的，请求复审的第三方可以指出每项权利要求与现有技术之间的区别。

如果 EPR 请求是专利权人提出的，专利权人也可以指出权利要求与现有技术的专利或公开出版物的区别。

请求书应当分别列明每一个实质性新问题和专利权应当被驳回的理由，且要引用所有的现有技术去评述请求复审的权利要求。

③一份上述引用的、在先的专利或公开出版物的复印件，如果在先的专利或公开出版物不是英文的，则需要至少提交相关部分以及该部分的英文翻译。

提交复印件的同时需要提交一份完整的专利或公开出版物的列表，因为请求人对复审中现有技术的认定与专利权人或者申请人的认定同样重要，法条也规定复审程序必须在 USPTO 内部专门分配进行，但是除非 USPTO 特殊要求，否则不需要提交美国专利和美国专利申请文件的复印件。

④一份被请求复审的专利的复印件，包括著录项目页、附图、说明书和权利要求（要求双列的页面布局），以及放弃申明、更正证书或者再颁证书的复印件，所有的复印件应当是单面的且字迹清晰。

放弃声明、更正证书和再颁证书都会成为专利的一部分，因此，作为一件完整的专利，这些文件都需要提交。

⑤一份证明，表明请求人（除专利权人外）的请求书复印件已经完整地送达专利权人，被送达方的地址和姓名应当标明。如果无法送达，则应当将送达副本提供给USPTO。

如果经过合理努力仍无法送达请求书，则将该请求书的副本提交给USPTO，同时附上一封信函解释针对送达做了什么样的努力、为什么没有送达成功。为了避免被USPTO误收费，建议信函的标题要采用黑体字。请求书应当尽量完整，因为审查员作出决定时有可能会考虑其他现有技术，并且这是第三方请求人仅有的一次参与EPR程序的机会。

⑥一份证明，表明提起EPR的第三方请求人符合35 U.S.C. 315（e）（1）或35 U.S.C. 325（e）（1）的法定禁止反言条款，可以提交EPR请求。

请求人需要证明IPR和PGR中的法定禁止反言条款没有禁止其提起EPR，即已经提起IPR和PGR的请求人（Petitioner）、真正利益相关人（Real Party in Interest）或者利害关系人（Privy of the Petitioner）不能提交EPR请求。此处的"真正利益相关人"是针对复审程序与一方当事人的关系而言，"利害关系人"是针对各方之间的关系而言，"利害关系人"含义更为广泛，包括各方，不一定是诉讼中的真正利益相关人。

在提复审请求时，希望匿名提交的真正利益相关人可以委托注册代理人（Registered Practitioner）。这种情况下，注册代理人需要证明真正利益相关人没有违反禁止反言条款而不能提交复审请求，但是个人提交复审请求不能匿名，因为个人需要签署⑥中所述的证明文件。

USPTO一旦收到EPR请求，无论请求人是专利权人还是第三人，都不能放弃或撤回该请求，这一点与后面将要介绍的PGR程序与IPR程序不同。另一重要区别在于EPR程序不适用"禁止反言"的规定，而PGR与IPR程序存在"禁止反言"的问题。

4. EPR请求的批准或驳回

在EPR请求日之后3个月内，审查员需要确定是否有"导致无效的实质性新问题"影响专利的任何一项权利要求，如果结论是肯定的，就会发布对该专利进行复审的命令。

在专利的可执行期间的任何时候，只要发现专利或公开出版物能够产生"导致无效的实质性新问题"，即使没有请求，USPTO局长也可以主动发布复审命令。主动发起复审后一般也不再考虑USPTO之外的请求，复审结果将会成为该专利官方文件的一部分,同时也会邮寄给专利权人。

6.1.2　EPR 请求的初步答复

一旦 USPTO 作出启动 EPR 的决定,自收到该决定之日起,USPTO 会给予专利权人不少于 2 个月的答复期限,专利权人可以针对请求人提出的"实质性新问题"进行意见陈述,包括对专利进行修改及提交新的权利要求供审查员在复审程序中考虑。专利权人对专利文件的修改既可以是对权利要求的修改,也可以是对专利说明书或附图的修改。对权利要求的修改不得扩大专利权的保护范围,也不允许引入任何新的内容,另外也不允许将在请求 EPR 期间已失效专利的内容加入修改文本中。专利权人提交的修改文本,一旦在 EPR 获批启动,则其将作为后续 USPTO 进行复审审查的基础。

专利权人的初步答复也可以是仅进行意见陈述,清楚地指出并说明为什么 EPR 请求人提交的作为现有技术的在先专利与出版物对比文件不能影响涉案专利的新颖性,无论是单独一篇或者是将任意多篇进行合理地结合,也无法破坏本专利的非显而易见性。如果专利权人提交了这样的意见陈述,需要将该意见陈述的副本送达 EPR 请求人。EPR 请求人在送达后的 2 个月期间内,可以对专利权人提交的意见陈述再次提交答复。

6.2　PGR

6.2.1　PGR

PGR 程序是美国专利制度系统的全新多方程序,允许第三方在 USPTO 专利授权或者专利再颁后 9 个月内质疑已公告专利的有效性,请求宣告该专利无效。该程序针对基于新的先申请制的有效提交日期的专利,即有效提交日在 2013 年 3 月 16 日或之后的授权专利,可以提起 PGR 程序。只要没有在联邦地区法院提起民事诉讼来质疑该专利的有效性,除专利权人以外的任何一方都可以提交针对该专利的 PGR 请求。

请求人提出 PGR 请求后,在考虑专利权人初步意见(Preliminary Patent Owner Response)的基础上,由 USPTO 的 PTAB 根据立案审查标准作出是否立案启动的决定(Institution Decision)。如果同意立案,PTAB 同时会发布相关时程命令(Scheduling Order),案件随后将进入审理(Trial)环节。自决定立案启动之日起 12 个月（最多可以延长 6 个月）内，PTAB 将针对被质疑的专利权利要求的有效性作出最终书面决定（Final Written Decision）。在此 PGR 程序中，专利权人可以通过提出动议的方式修改或删除部分权利要求。此外，PGR 和 IPR 制度中还包含证据开示（Discovery）、口审听证（Oral Hearing）等程序，由请求人和专利权人双方对提供的证据进行争辩，请求人参与程度大大增加。此外，双方当事人可以在程序过程中选择以和解的方式结束 PGR 或 IPR 程序。

PGR 程序的整个时间进程如图 6-2-1 所示。

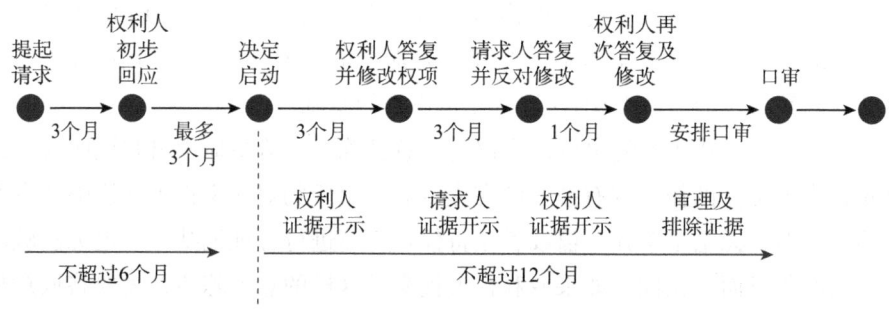

图 6-2-1　PGR 程序时间进程

6.2.2　PGR 请求的提出

1. 提起 PGR 的理由

与专利复审实践相比，PGR 可以基于任何可专利性的理由，包括不具有可专利性的主题（35 U.S.C. 101）、新颖性（35 U.S.C. 102）和非显而易见性（35 U.S.C. 103），以及不符合 35 U.S.C. 112 的要求等。

在 PGR 请求中，请求人必须根据相关法条规定，（a）指出所有的真正利益方；（b）指出所有受质疑的权利要求以及每项权利要求受质疑所基于的理由；（c）提供其所依赖的证据副本。此外，请求人根据规则必须：（a）指出坚持的立场；（b）为每项受质疑权利要求提供权利要求解释；（c）具体解释其不具有可专利性的理由；（d）具体解释其所依赖的证据的相关性。

2. 提起 PGR 的主体

PGR 请求可以是除专利权所有人之外的任何人。此外，以下两种情形下请求人提起的 PGR 程序不会被批准启动。

①之前针对同一专利提交过 IPR、PGR 或涵盖商业方法复审（CBM）请

求，并且 PTAB 已经作出了最终书面决定。

②在提起 PGR 请求的日期之前，申请人或真正的利害关系方在联邦地区法院提起了民事诉讼（确认不侵权之诉），对专利权利要求的有效性提出了质疑。但如果是在联邦地区法院提起的反诉中质疑专利有效性，则不妨碍向 PTAB 提起 PGR 请求。另外，如果请求人在启动 PGR 程序之后再向联邦地区法院提起确认不侵权之诉，则法院审理程序在 PGR 程序完成之前会被自动中止。

3. 提起的时机

对专利提起 PGR 请求的时间不得晚于授予专利或重新颁发专利后的 9 个月。

4. 请求书的内容

PGR 请求书中应当包括以下内容。

①主张的理由。请求人必须证明，申请审查的专利可进行 PGR，且请求人未被禁止或被阻止提出 PGR 请求并根据请求书中确定的理由质疑专利权利要求。

②质疑的提出。对每一项受到质疑的权利要求提供精确的救济说明（the Precise Relief）。说明必须指明下列事项：（a）权利要求；（b）根据 35 U.S.C. 282（b）(2) 或（3）所规定的具体法定理由对该项权利要求提出无效质疑；（c）受质疑的权利要求应如何解释。如果要解释的权利要求包含 35 U.S.C. 112（f）所允许的 MPF 或步骤+功能限定。而权利要求的解释必须指明说明书中描述要求保护的功能相对应的结构、材料或方法（Acts）的特定部分；（d）根据 35 U.S.C. 282（b）（2）的法定理由提出无效质疑，如何解释权利要求是不可专利性的。如果不可专利性的理由是基于现有技术，那么请求书必须指明权利要求的每个特征是在现有技术中的哪部分公开的。对于其他不可专利性的理由，请求书必须指明未能遵守法定理由的权利要求的特定部分，并说明所确定的主体为何未能遵守规定；和（e）用以支持质疑的证据的数量及证据与提出的质疑的相关性，包括确定支持质疑的证据的特定部分。PTAB 可能会排除或不考虑未能说明其相关性或未能指明支持这项质疑的证据的具体部分。

③可以提出一项动议，用以纠正请求书中的文书或印刷错误。该项动议的批准并不会改变请求书的申请日期。

5. 准许立案启动的标准

在 PGR 程序中,PTAB 判断是否准许立案启动的标准是"至少一项被质疑的权利要求较有可能不具有可专利性"(more likely than not that at least one claim is unpatentable)或"对于其他专利或专利申请案而言该请求是重要的新的或未解决的法律问题"(a novel or unsettled legal question that is important to other patents or patent applications)。这是比 IPR 的成功的合理可能性更高的标准。该"较有可能"标准要求胜诉的概率大于 50%,而"合理可能性"标准包括 50% 的可能性。

在审核请求人的审查请求时,PTAB 可以考虑是否因为相同或大致相同的现有技术或争辩意见之前已经给 USPTO 提交过而驳回请求。PTAB 作出的是否启动 PGR 程序的决定是终局决定,不能上诉。

依据审查标准确定是否准许立案启动是 PGR 程序中的一个关键环节,未被准许立案的案件和/或权利要求将不会继续在行政程序中获得审查机会。

6. 费用

费用(见表 6-2-1)必须与 PGR 请求同时提交,在收到全额付款之前,申请日期将不被赋予。

表 6-2-1 PGR 请求与 IPR 官费

阶段	PRG
请求阶段	提起请求费:16 000 美元(包含 20 项权利要求)超过 20 项权利要求,每项权利要求加收 375 美元
立案阶段	立案费用:22 000 美元(包含 15 项权利要求);超过 15 项权利要求,每项权利要求加收 825 美元

6.2.3 对 PGR 的初步回应

①专利权人可以对 PGR 请求进行初步回应。回应仅限于陈述为何不能基于 35 U.S.C. 324 批准启动 PGR 程序,并且可提出支持性证据。初步回应字数受 37 CFR 42.24 规定的限制。

②回应的截止日期。初步回应必须在 PTAB 发出 PGR 请求被授予申请日的通知之日起 3 个月内提出。专利权人可以通过选择放弃专利权人的初步回应来加快程序。

③不能修改。初步回应不应包括任何对专利文件的修改。

④放弃权利要求。专利权人根据 35 U.S.C. 253（a）提交法定的放弃声明应同时符合 37 CFR 1.321（a）的规定，放弃该专利中的一项或多项权利要求。针对专利权人放弃的权利要求，PTAB 不会启动 PGR。

6.2.4 PGR 的立案启动

1. PGR 的立案

①在 PGR 立案时，PTAB 可授权对所有或部分受到质疑的权利要求进行审查，以及对提出的每项权利要求不可专利性的全部或部分理由进行审查。

②在 PGR 立案启动之前，PTAB 可以拒绝部分或全部受质疑的权利要求不可专利性的理由。基于该否认理由，委员会可决定不以此为由进行 PGR。

③足够的理由。除非该请求书具有具体的理由支持，表明质疑的至少一项权利要求很可能是不可专利性的，PGR 才可以立案启动。并且委员会作出决定时还将考虑专利权人的初步回应，包括各种证据。请求人可以请求准许依据 37 CFR 42.23 和 37 CFR 42.24（c）对初步回应作出回应，但必须有正当理由。

④额外的理由。根据 37 CFR 42.208（c）提出的充分理由表明请求书提出了一个对其他专利或专利申请很重要的新的或未解决的法律问题。

2. PGR 程序启动后专利权人的权利

每个程序的时间安排将由 PTAB 设定。通常，专利权人将有 3 个月时间来提交回应和/或修改。专利权人可以在 PGR 期间提交一项动议来修改受质疑的专利权利要求，但受到 USPTO 设置的标准和程序的限制。修改可以删除任何受质疑的专利权利要求和/或建议合理数量的替代权利要求。

（1）专利权人的回应。

①范围。专利权人可以对未被驳回的不可专利性的任何理由提出回应。

②截止日期。如果 PTAB 没有规定专利权人对请求的回应日期，则专利权人回应的默认日期为自 PGR 程序开始之日起 3 个月内。

（2）专利的修改。

①修改的动议。专利权人可以提出一项修改专利的动议，但是要在与专利审判与上诉委员会商议之后。

a. 截止日期。除非委员会设定一个截止期限，否则修改的动议须在提交专利权所有人的回应之前提出。

b. 范围。如果是并非针对不可专利性理由进行的修改或试图扩大权利要求的范围或引入新的主题的修改，则修改的动议可能被驳回。

c. 合理数量的替代权利要求。修改的动议可以删除一项受到质疑的权利要求或提出合理数量的替代权利要求。

②内容。修改权利要求的动议必须包括清楚列明更改的事项的权利要求清单，每一项增加或修改的权利要求得到专利原始公开文本的支持。

③额外的修改动议。除前述①及②规定外，未经委员会授权，不得提出任何额外的修改动议。在有充分理由证明或申请人和专利权所有人共同要求实质性推进和解的情况下，可以授权提出额外的修改动议。在决定是否批准这一额外的修改动议时，PTAB 将考虑请求人是否在提交上述①a 中提出的修改动议的规定期限之后提交了补充资料。

3. 多个程序和请求合并

①多个程序。如果在 PGR 的待决期间在 USPTO 还有涉及相同专利的另一程序，则 PTAB 可以针对额外的程序给出任何适当的命令，包括规定保留、转移、合并或终止任何这样的程序。专利权人或请求人也可以要求合并审理。

②请求合并。专利权人或请求人可以要求合并程序，任何合并请求必须根据 37 CFR 42.22 提出。

4. 补充信息的提出

①提交补充信息的动议。程序一旦开始，当事人可以提出动议，按照下列要求提交补充资料。

a. 在程序开始的 1 个月内，可以请求授权提交补充信息的动议。

b. 补充信息必须与已立案的权利要求相关。

②补充信息提交时间。当事人可以通过动议来提交补充信息材料，时间在审理成立之日起 1 个月内。超过该日期，任何一方不得提交补充信息材料，除非证明该信息材料在早期不存在并且符合委员会考虑信息时的正义利益。

5. 证据开示

①证据开示请求被批准，是基于有充分理由说明需要进行证据开示时。

②证据开示仅限于任何一方在审查过程中提出的与事实主张直接相关的证据。

6. 救济

美国发明法案规定一方可以通过提交动议在 PGR 期间请求救济。此外，鼓励通过电话会议来加速提出和解决问题。寻求救济的一方可以联系专利审判与上诉委员会请求召开电话会议，并解释为何需要进行电话会议。USPTO 预想的是大多数在审理期间出现的程序性问题都可以在电话会议中或其后的几天内得以处理。

7. 与其他程序的关系

PGR 最终的书面决定必须由 PTAB 在审查启动后 1 年之内作出，如果有特定的理由可以额外延期，但延期不得多于 6 个月。

在 PTAB 作出决定之前，如果请求人与专利权人共同提出动议请求，可以终止该程序，且任何一方都不可以反悔。

①和解。美国发明法案规定，允许 PGR 程序中双方当事人和解终止请求人的程序，并且 PTAB 可以终止该程序或给出最终的书面决定。

②决定。如果 PGR 请求的理由成立并且没有被驳回，PTAB 将作出最终的书面决定。该决定将解决任何受质疑权利要求以及 PGR 期间通过修改添加的任何新权利要求的可专利性。

③上诉。任何一方对 PTAB 作出的审查决定不服都可以向联邦巡回上诉法院上诉。

8. 禁止反言

若请求人，其真正利益方或相关方在 PGR 程序中败诉，则不可以在 USPTO 的后续诉讼中主张或维护任何受质疑权利要求的非可专利性，或者基于在 PGR 程序提出或本可以合理提出的理由在联邦地区法院或国际贸易委员会的民事诉讼中质疑专利的有效性。PTAB 的最终书面决定将触发针对败诉一方的禁止反言。专利权人也被禁止采取与 PGR 程序中的不利判决不一致的行动，包括在任何专利中取得与最终被拒绝或取消的权利要求大体上一致的发明的权利要求。同样，不能以程序中被拒绝的方式修改其说明书和附图。

如果 PGR 程序以请求人与利益相关方达成和解而结案，则对于请求人将不做禁止反言的限制。

6.3　IPR

1999 年 11 月 29 日，美国发明人保护法案颁布，扩大了专利复审范围，提供了"单方"选择，即增加了多方再审程序（Inter Partes Reexamination Procedures）。2012 年 9 月 16 日生效的《美国发明法案》用 IPR 取代了多方再审程序，多方再审程序于同日废止。对于 2012 年 9 月 16 日之前已经提交的多方再审继续适用之前生效的 35 U.S.C. 311~318 审查，《美国发明法案》提供了一年的过渡期,即在 2011 年 9 月 16 日至 2012 年 9 月 15 日,仍然接受多方再审请求,但是要求多方再审请求必须体现"合理的可能性",请求人在请求书中至少能挑战一项权利要求的权利有效性。

IPR 程序有很多优点,与之前的多方再审程序和地方法院程序相比更为快捷,一般立案后最多 18 个月就可以结案;审理案件的专利行政法官熟悉专利法,具有特定领域的丰富专业知识,能够更好地理解双方争议的技术问题;美国律师的预算费用为 300 000 ~ 500 000 美元,官费一般为 20 000 ~ 30 000 美金,与在联邦地区法院提起专利诉讼的上百万美元律师诉讼费相比诉讼成本低很多;与地方法院的根据权利要求"对本领域技术人员的字面一般意义"的解释标准一致;举证较为容易,只需达到"优势证据"的标准即可,不适用较为严格的"明确且令人信服"的标准;另外,在 IPR 程序中专利权人和请求人可以自行和解,也可以申请暂停联邦地区法院案件的审理。

IPR 程序通常从提交请求书起至 PTAB 最终作出书面裁定最多 18 个月。图 6 - 3 - 1 列出了各个阶段的具体流程和所需时间。

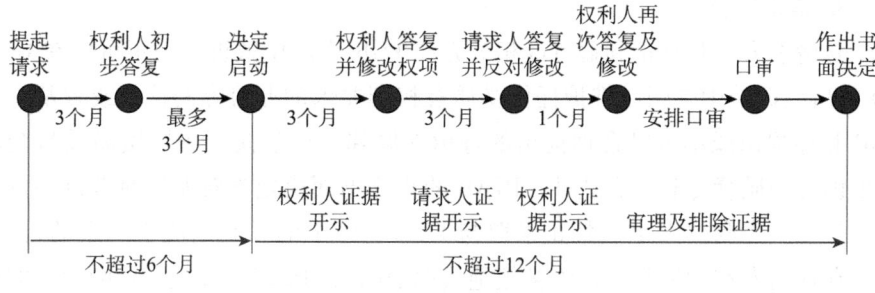

图 6 - 3 - 1　IPR 的进程图

6.3.1　IPR 请求

1. 请求时机

IPR 是《美国发明法案》规定的一个全新审判程序,仅基于新颖性(35 U. S. C. 102)和非显而易见性(35 U. S. C. 103)质疑一件专利的一项或多项权利要求的有效性,提供的对比文件只能是专利或者印刷出版物。IPR 由专利权人之外的第三方提出请求,提出请求的时机为:(a)自专利授权日或再颁专利颁发日的 9 个月之后;(b)如果 PGR 程序成立,则在该程序结束之后提出;(c)如果 IPR 程序的请求人是相关专利诉讼的被控侵权人,则 IPR 程序必须在侵权诉讼的起诉状送达之日起1年之内提出。

IPR 的立案标准为请求人提交的理由具有"合理的可能性",能够无效掉至少一项权利要求,"合理的可能性"的标准相对较低。

2. 请求费用

提交 IPR 请求时,请求人需要缴纳请求费才会记录请求日。IPR 所需官费如表6-3-1所示。

表6-3-1 IPR 官费

请求费		审查费	
权利要求项数	金额	权利要求项数	金额
≤20	15 500 美元	≤15	15 000 美元
>20	每项加收 300 美元	>15	每项加收 600 美元

3. 请求条件

依据 35 U.S.C. 311 提交的 IPR 请求需要满足以下条件:(a)提交请求时,请求人需要支付请求费。(b)请求书要确认所有的真正的利害关系人(Real Party in Interest);(c)请求书需要书面并具体地明确要无效的权利要求,无效每项权利要求的理由以及支持无效理由的证据,包括请求人用来支持请求的专利和公开出版物的复印件,以及如果请求人引用专家意见,则需要支持这些证据和意见的宣誓书和声明书。(d)请求书还需要提供负责人根据规定要求的其他信息;(e)请求人还需要将上述(b)至(d)项所要求的文件的复印件提供给专利权人,或者专利权人指定的代理人。

4. 请求内容

IPR 请求书字数要求不超过 14 000 字,包括对支持请求的相关材料的陈述,但是不包括内容列表、强制性注意事项和权利要求列表等。IPR 请求书的内容包括请求成立的理由、质疑内容,还可以提交动议书纠正请求书中的文字和印刷错误。对于质疑内容需要说明以下内容:(a)质疑的权利要求;(b)针对每项权利要求适用的具体的法条以及引用的专利和公开出版物;(c)如何解释权利要求。包含方法与功能或步骤与功能限定的权利要求的解释,权利要求的结构必须在说明书中标出描述结构、材料或对应于每个功能的动作的特定部分;(d)解释的权利要求不具有可专利性的原因;请求书必须将权利要求的每个特征与作为现有技术的专利或公开出版物公开的内容一一对应;(e)质疑权利要求依据的证据编号以及证据的相关性,指出引用证据的具体部分。如果请求人不能说明证据的相关性或者指出引用证据的具体部分，PTAB 可以排除或不重视这些证据。

此外，在提交请求书时，请求人还可以提交其他书面证据以支持其论述，包括专利文件副本、专利的诉讼历史和相关领域专家的声明等。其中专家声明是进行 IPR 请求时提交的一项至关重要的材料。请求人尽量在准备 IPR 请求的早期阶段引入专家，合格的专家不但可以解释技术方案和现有技术，还能说明本领域技术人员的知识背景和现有技术结合的动机。如果专家同时具备法庭经验，知道如何应对对方律师的提问，将会非常有利于说服委员会接受请求方的观点。

6.3.2　IPR 请求的初步答复

在收到请求书之后，负责审理的机构应当尽可能地将请求书向公众公开。

在 IPR 请求提交之后，在 PTAB 指定的期限内，专利权人有权针对请求书进行初步答复（Preliminary Response），内容仅限于提出基于请求书不能满足的相关要求、IPR 程序不应该被启动（Instituted）的理由及相关的证据。

初步答复的期限为专利权人收到通知之日起 3 个月，通知专利权人 PTAB 已经确定提起 IPR 请求的请求日。专利权人可以通过提交选择放弃初步答复来加快该复审程序。

初步答复中不能对权利要求进行修改，但是可以放弃权利要求。专利权人通过提交法定的放弃申明，放弃专利中的一项或多项权利要求。对于放弃的权利要求 PTAB 不再受理 IPR 请求。初步答复的字数不能超过 14 000 字。

一般来说，专利权人可以从以下几个方面来说服 PTAB 不启动多方复审程序：(a) 不符合请求时机，如请求书的提交日超过了专利权人提起诉讼后 1 年的时限）；(b) 现有技术不是公开出版物；(c) 说理不充分或证据不足，如权利要求的一个或多个特征没有评述；(d) 没有解释现有技术结合的原因。

6.3.3　IPR 程序的启动

在专利权人初步答复截止日后的 3 个月内，PTAB 将决定是否启动 IPR 程序。IPR 程序启动时，PTAB 可授权针对所有或部分被挑战的权利要求进行审查，并且审查针对每个声称权利要求不具备可专利性的理由。但是，在立案之前，PTAB 可以拒绝部分或全部理由。如果请求被整体或部分拒绝，请求人可以请求 PTAB 重新听证，但是不能通过法院上诉。PTAB 的决定会考虑专利权人的初步答复和证据，但是仅为了决定是否启动程序会以请求人的观点来审查这些证据。

PTAB 作出的是否启动多方复程序的决定是终局性的决定，不可以上诉。

在 IPR 程序启动之后，PTAB 指派 3 位专利法官组成合议庭进行审理并作出决定。

如果针对该专利还启动了其他程序且 IPR 程序还未作出决定，合议庭可以考虑中止程序、转送案件、合并审理或者终止程序等附加事项。专利权人和请求人都可以请求合并审理，提出请求的时间应当是 IPR 程序启动后 1 个月内。

与 PGR 程序相类似，如果在提起 IPR 请求的日期之前，申请人或真正的利害关系方在联邦地区法院提起了民事诉讼（确认不侵权之诉），对专利权利要求的有效性提出了质疑，则 IPR 程序请求不会被批准启动。如果请求人在提起 IPR 请求之日或之后又向联邦地区法院提起民事诉讼来挑战专利权的有效性，则法院审理程序在 IPR 审查程序完成之前会被自动中止。

6.3.4　IPR 程序的审理

USPTO 可以确立补充信息提交的流程及相关证据开示的标准和流程，专利权人可以在 IPR 程序启动之后 3 个月内提交证据，答复和修改权利要求。专利权人可以提交补充事实证据和专家意见来支持其答复。专利权人也可以提交修改权利要求的动议，修改的方式限于删除被请求无效的权利要求，或者提出合理数量的新权利要求替换原有的权利要求，所做的修改不能扩大权利要求的保护范围或者引入新的内容，并且能得到说明书的支持。作为专利权人，如果现有的权利要求会被无效掉，或通过对现有的权利要求增加特征就能相对于现有技术克服缺陷，或者专利权人希望增加更多新的权利要求，则应当提交修改权利要求的动议。如果修改动议被接受，则不会再审查这些权利要求。在提交修改权利要求的动议时，专利权人有责任证明提交的权利要求是能授权的，也就是说，专利权人需要证明修改后的权利要求相对于所有的现有技术具有可专利性，不仅仅是相对于 IPR 程序中提交的现有技术，这个举证责任对于专利权人来说比较重大，因此，实践中专利权人的修改动议很难被接受。

在专利权人修改、答复、证据开示之后，后续的 3 个月内请求人可以答复反对修改，并提供证据。专利权人在请求人 3 个月的答复期限届满之后还有 1 个月的期限进行第二次的答复和修改。在专利权人第二次答复期限届满之后，任何一方有权申请口审，PTAB 可以安排口审来审理和排除证据。

6.3.5 IPR 的和解

在 IPR 程序立案之后，请求人和专利权人可以和解并共同请求终止该程序。通常，程序会在和解后终止，但是是否终止可以由委员会自由裁量决定，并且委员会可以继续该程序并在双方和解之后确定可专利性的问题。如果在作出决定之前和解，对于请求人或真正的利益相关人就不存在基于该 IPR 程序的"禁止反言"问题。

专利权人和请求人之间的协议和谅解，包括涉及该协议和谅解的担保协议，只要与 IPR 程序的结束相关，都应当在 IPR 程序结束前将原版协议书面提交给 USPTO，而且这些协议和谅解可以应双方请求而保密。

6.3.6 IPR 书面决定和救济

如果 IPR 程序已经启动，且没有因为和解等原因而终止，PTAB 应当针对请求人挑战的每项权利要求和修改过程中新增的权利要求给出书面决定，可以针对每项权利要求和无效理由分解成不同的决定。为了作出该决定，PTAB 可以形成初始的权利要求解释，但是该解释不是静态的，可以随着双方质证以及提交动议和答复而在后续的程序中被质疑或改变。

在 PTAB 作出书面决定后如果上诉的期限已过，或者上诉已经结束，USPTO 会颁发和出版证书，删除最终决定不授权的权利要求，并确定保留、新增或修改的授权权利要求。这些在 IPR 程序中新增、修改的权利要求与再颁专利具有同等的排他效力，即任何人在美国范围内制造、销售或使用该专利保护的产品，或者将权利要求保护的产品进口到美国国内，或者在证书颁发之前为生产该专利产品做了实质性准备，都需要经过专利权人授权或许可。

任何一方如果对 PTAB 作出的书面决定不服，可以依据 35 U.S.C. 141～144 向联邦巡回上诉法院提起上诉。上诉人应当在书面决定作出之后在 USPTO 局长指定的时间内将上诉情况书面通知 USPTO 局长。USPTO 应当将相关文件清单送交联邦巡回上诉法院，并书面提供法院 USPTO 作出决定的理由以及上诉涉及的问题的说明。联邦巡回上诉法院根据 USPTO 的档案对被上诉的决定进行审查，法院在作出判决后向局长发出命令和意见，这些命令和意见将对案件的后续程序发生效力。

第 7 章 美国外观设计专利申请*

7.1 美国外观设计的定义及保护期限

外观设计是指就产品的外观作出的具有装饰性和富有美感的设计,由形状、图案、线条和色彩等要素构成。因此美国外观设计专利申请可以涉及物品的形状、应用于物品的表面装饰或者形状与表面装饰的结合。表面装饰的设计与其所应用的物品是不可分离的,并且不能单独存在,它必须是适用于物品表面装饰的确定图案。

35 U. S. C. 171 中有关于外观设计的定义为:"任何人针对物品而发明的任何具有新颖性、独创性和装饰性的外观设计,其发明者可以依据本法的规定和要求获得专利。本法有关发明专利的条款适用于设计专利。"

2013 年 12 月 8 日或以后提交的美国外观设计申请,专利保护期限是自授权日起 15 年。在 2013 年 12 月 8 日之前提交的美国外观设计申请,专利保护期限是自授权日起 14 年。

7.2 申请途径

(1)直接进入。

申请人直接向 USPTO 提出外观设计专利申请。

(2)《巴黎公约》。

申请人在中国申请外观设计专利后,自在先专利申请日起 6 个月届满前,

---

* 编撰:马佑平,北京博雅睿泉专利代理事务所。审订:孙海波,北京中企鸿阳知识产权代理事务所;吴大建,北京丰宏知识产权代理有限公司。

又就相同主题向 USPTO 提出外观设计专利时，可以享受优先权待遇。外观设计的优先权要求自中国在先申请的申请日起 6 个月内提出，申请人需要提交优先权证明文件。

（3）《工业品外观设计国际注册海牙协定（日内瓦文本）》途径

美国是《工业品外观设计国际注册海牙协定（日内瓦文本）》（简称《海牙协定》）的缔约方/签署国。《海牙协定》是一个国际注册体系。申请人向 WIPO 国际局提交一份单一的国际申请后，便可在众多国家和/或政府间组织（两者均称为"缔约国"）获取工业品外观设计保护。工业品外观设计国际注册海牙体系提供了一种只需一件国际申请，就可以一次在 68 个以上的国家和地区注册最多达 100 项外观设计的实用业务解决方案。

7.3　美国外观设计专利授权条件

（1）原创性。

35 U.S.C. 171 规定，任何人所提出的设计，必须具有原创性，如此才能被授予专利。因此，设计不得仅是模仿现有的物品和人物。申请人可以选择或者改变现有的形状，但是该选择或者改变一定要超越模仿的层次。

（2）装饰性。

可获得专利权的外观设计必须是对物品作出的设计。外观设计的装饰性要求获得专利权的外观设计应当具有一定的美感，但不会要求如美术品或艺术品所呈现的美和装饰性。要注意的是，外观设计只保护装饰性特征而不保护技术性特征，即不保护物品的技术功能。

某些外观设计需要借助其他因素（如流水、灯光）才可以显示出来，但并不妨碍它们是对物品的装饰，并且可以获得专利。

（3）新颖性。

如果一件申请中的外观设计与一件在先的外观设计大体相同（不要求完全相同），则申请中的外观设计不具有新颖性；如果不同，则申请中的外观设计具有新颖性。

申请人首先在《巴黎公约》和《TRIPS 协定》除美国外的成员国提出的外观设计申请，在美国享有 6 个月的优先权，即国际优先权。申请人首先在美国提出一项专利申请后，可以在 12 个月内提出新的外观设计专利申请，并享有在先专利申请的申请日，且不丧失新颖性，即享有美国国内优先权。

(4）非显而易见性。

如果在相关领域中，以一般技术水平的人员来看，将专利申请中的外观设计作为一个整体与现有外观设计比较，两者之间的不同是非显而易见的，那么这项外观设计不能被授予专利。

(5）单一性。

只有在单一设计概念下所发展出的多个实施例之间不具有可专利性区别，才允许存在于一件外观设计专利申请中。

(6）冒犯性。

根据 37 CFR 1.3，申请人及其代理人在进行业务时，应注意礼节，所有文件如果不符合此规定，将会被退回。因此，外观设计不得对任何人种、宗教、性别、民族、国籍有所冒犯。

7.4　美国外观设计专利申请中的不宜主题

主要由功能来决定外观的物品，由于缺乏装饰性，根据 35 U.S.C.171 的规定，这样的外观设计不是一个合规的主题。具体来说，如果对物品的外观进行设计时，物品具有独特功能却没有独特或可区别的形状或外观，这种设计缺乏装饰性，不能作为一个合适的主题。此外，根据 35 U.S.C.171 的要求，一件外观设计要获得专利权，其必须是"原创"的。显然，根据法规，模拟一个广为人知或者天然存在的物体或人，就不是原创的外观设计。此外，有可能被认为是会冒犯任何人种、宗教、性别、民族、国籍的主题，也不是一个外观设计专利申请的适当主题❶❷。

7.5　美国外观设计专利申请文件

为了能够取得有效申请日，真实记载全部发明人姓名的外观设计专利申请书、说明书、外观设计图片是必要的文件。声明书或宣誓书、申请规费、说明书的英文译本不是取得有效申请日的必要文件，可以后补。还有一些其他的文件，是根据案件情况和申请人的需要而提出的，如委托书、转让书、优先权证

---

❶ 35 U.S.C.171.

❷ 37 CFR 1.3.

明文件、AE 的特别请求以及 IDS 等。

申请人想要获取涉及有关外观设计专利申请的申请书或者申请表，可以从 USPTO 官方网站下载。

7.5.1 说明书

37 CFR 1.154（b）规定，外观设计专利的说明书中必须写明外观设计名称（Title）、外观图片说明（Description）、权利要求（Claim）。通常，外观设计专利的说明书主要包括以下内容：外观设计名称；序言；与申请相关的交互参考资料；由联邦赞助研究、开发的事项；外观图片的说明（description）；单一权利要求。

1. 外观设计名称

产品的描述性名称有助于审查员对现有技术做完整检索。它还有助于将新申请正确分配到合适的类别、子类和专利审查员，以及在申请授权时对专利进行适当分类。它还有助于公众在专利公布后了解外观设计产品的性质和用途。因此，鼓励申请人提供具体地描述性名称。

（1）外观设计名称的一般原则。

外观设计的名称必须与实施设计的产品有关，必须用一般公众熟知和惯用的名称来标明该产品。例如，某一外观设计专利申请案，外观设计名称是"电冰箱"，但图片可以只具化在该电冰箱的门板上，要求保护的只是该电冰箱上局部的设计，其外观设计名称不能是"电冰箱门板上的把手"。

根据 37 CFR 1.153 的规定，外观设计名称应指出特定的物品，且在说明书中，要求专利的保护范围是以"如图所示，或所示及所述（特定名称）产品的装饰设计"的特定形式撰写，所以外观设计名称和要求专利保护的范围必须一致。当外观设计名称与要求专利保护的范围不一致时，依据 37 CFR 1.153 的规定，审查员会以设计名称与申请专利范围不一致为理由，驳回该外观设计名称。

另外，对于空泛的外观设计名称，如"转接环"，没有提到实施该设计的产品的性质及用途，如果使用这种空泛而且笼统的外观设计名称，则应在说明书的序言中说明产品的性质及用途。

仅是为了销售的目的而特别命名的商品名称，也属于不适当的名称，不可使用。

（2）外观设计名称的例外情形。

MPEP 规定，审查员应给予申请人在外观设计名称及权利要求所在的语句使用上的自由度。因此，在外观设计实务中，外观设计名称中会使用如"玻璃器皿"（glassware）、"工业产品"（article of manufacture）、"应用于显示器一部分的图案"（icon for a portion of a display screen）以及"珠宝"（article of jewelry）等上位概念的通用物品名称。

在实务中，申请人会在某些外观设计专利的权利要求中使用"…or the like"（或相似的物品），以及"…or similar article"（或近似的物品）这样的用语，如："Panel for partitions or the like"（面板或其他相似物），"Teapot or similar article"（茶壶或近似物品），"Ski or a similar skating device"（滑雪板或近似的溜冰装置），"Handle for luggage or similar article"（行李箱把手或近似物品）。虽然这种做法未经法律授权，但在法律的解释下，允许"及近似物品"这样的用词。由于这种做法能给予法律一个更宽的解释，CCPA 认可这种做法。

2. 序言

序言应写明申请人的姓名、外观设计名称以及对外观设计所体现的物品的性质和用途的简要说明。

3. 与申请相关的交互参考资料

与申请相关的交互参考资料，是指与申请案有关的其他相关申请案。例如，要求优先权的中国在先申请案。

4. 由联邦赞助研究、开发的事项

由联邦赞助研究、开发的事项，是指发明人接受了美国联邦政府赞助的发明研究或研究计划所作出的发明。如果有，必须写明；如果没有，可以省略。

5. 外观图片的说明

外观图片的说明是将外观图片中各视图所代表的含义说清楚，如主视图、后视图、左视图、右视图、立体图等。外观图片的说明没有特定的形式，但是申请人未能将图片中各视图说清楚，审查员会以图片说明不清楚、不明确作为驳回理由。建议在图片说明中使用清楚、明确的语句。

（1）除了对外观图片的说明外，可接受的描述。

①记载所申请外观的部分设计，而该设计并没有在图片中被揭露。例如，申请中有左、右视图互为镜像的设计，而申请的外观图片中并不能直接表达左、右视图互为镜像这个设计，就可以在外观图片的说明中加以描述。但这种

描述必须是在最初申请时记载，不能以补正的方式补充记载，因为这种补正会被认为加入了新增事项，修改超范围。

②记载物品未揭露的部分，该部分不属于要求保护的范围。

③记载的图片中以点画线、虚线所揭露的部分仅表示设计的使用环境，不属于要求保护的范围。

④如果在序言中没有写明该外观设计专利所使用的环境及用途，可以在外观图片说明中明确记载该外观设计专利所使用的环境及用途。

⑤申请人认为其独特的设计特征能够克服新颖性及显而易见性的驳回理由，可以对外观设计主要特征进行描述。但是，这种对主要特征的描述，有可能限制外观设计专利的保护范围。

⑥在可变换的电脑图像或图形用户界面的申请中，应在外观图片的说明中记载设计变化的性质，清楚地解释要保护的范围。

（2）下列记载方式是不被允许的。

①放弃的声明。在图片说明中以文字叙述的方式，声明放弃图片中任何以实线表示的部分，这种做法是不被允许的。

②仅以文字描述外观设计的实施例，而没有在外观图片中揭露该实施例外观，这种实施例的文字记载是不被允许的。

另外，在答复审查意见时，企图以文字陈述的方式扩大图片所揭示的申请专利的范围，这种做法也是不被允许的。

③与设计无关的、直接指向功能性的陈述，是不被允许的。

6. 单一权利要求

美国外观设计专利只能主张单一的权利要求，权利要求超过1项不符合规定，而且不被允许。

美国外观设计专利权利要求的写法有特定形式，例如，"I claimed：The ornamental design for bottle lamp as shown"（如图所示的应用于瓶灯的装饰性设计），意思是本申请以图片来界定外观设计专利的保护范围。如果说明书中有通过文字对主要特征的描述，需要将"and described"加入权利要求中，将上例改为"I claimed：The ornamental design for bottle lamp as shown and described"，此时，申请人是以图片以及文字描述来界定外观设计专利的保护范围。如果发明人是多人，需要将"I claimed"改为"We claimed"。

7.5.2 说明书范例

下文列举 4 个公开示例。

示例 1：整体产品的公开

  I, John Doe, have invented a new design for a jewelry cabinet, as set forth in the following specification. The claimed jewelry cabinet is used to store jewelry and could sit on a bureau.

  Fig. 1 is a front elevational view of a jewelry cabinet showing my new design;

  Fig. 2 is a rear elevational view thereof;

  Fig. 3 is a left side elevational view thereof;

  Fig. 4 is a right side elevational view thereof;

  Fig. 5 is a top plan view thereof; and

  Fig. 6 is a bottom plan view thereof.

  I claim: the ornamental design for a jewelry cabinet as shown.

中文译文：

  我，约翰·多伊，发明了一种新的首饰柜的外观设计，如下面的说明书中所述。该首饰柜用于存储珠宝，并且该首饰柜可以放置在桌子上。

  图 1 是表示我的新设计的首饰柜的主视图；

  图 2 是首饰柜的后视图；

  图 3 是首饰柜的左视图；

  图 4 是首饰柜的右视图；

  图 5 是首饰柜的俯视图；

  图 6 是首饰柜的仰视图。

  我要求保护：图中所示的首饰柜的装饰设计。

公开的图片（图 7-5-1）：

示例 2：仅公开在使用期间可见的产品的表面（无仰视图或描述的必要）

  I, John Doe, have invented a new design for a jewelry cabinet, as set forth in the following specification. The claimed jewelry cabinet is used for storing jewelry and could sit on a bureau.

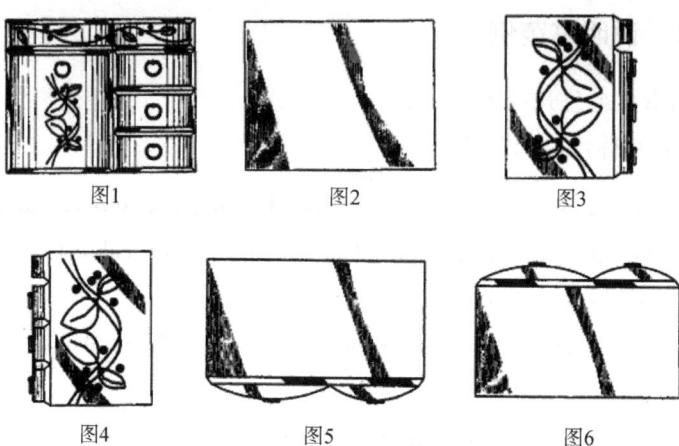

图 7-5-1　示例 1 公开的图片

Fig. 1 is a front elevational view of a jewelry cabinet showing my new design;

Fig. 2 is a rear elevational view thereof;

Fig. 3 is a left side elevational view thereof;

Fig. 4 is a right side elevational view thereof;

Fig. 5 is a top plan view thereof.

I claim: the ornamental design for a jewelry cabinet as shown.

中文译文:

我，约翰·多伊，发明了一种新的首饰柜的外观设计，如下面的说明书中所述。该首饰柜用于存储珠宝，并且该首饰柜可以放置在桌子上。

图 1 是表示我的新设计的首饰柜的主视图；

图 2 是首饰柜的后视图；

图 3 是首饰柜的左视图；

图 4 是首饰柜的右视图；

图 5 是首饰柜的俯视图。

我要求保护：图中所示的首饰柜的装饰设计。

公开的图片（图 7-5-2）。

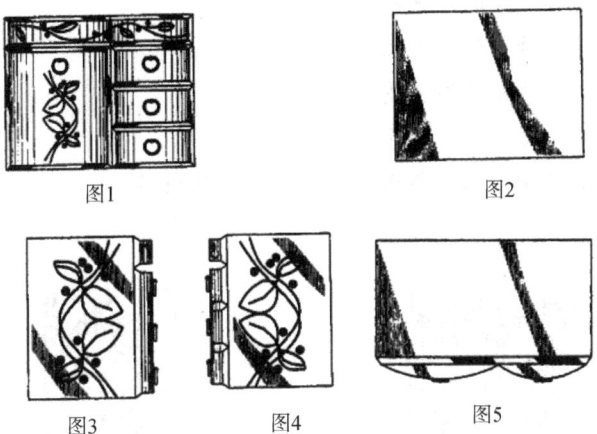

图7-5-2 示例2公开的图片

示例3：仅公开在使用期间可见的产品的表面——通过描述公开的后视图

I, John Doe, have invented a new design for a jewelry cabinet, as set forth in the following specification. The claimed jewelry cabinet is used for storing jewelry and could sit on a bureau.

Fig. 1 is a front elevational view of a jewelry cabinet showing my new design;

Fig. 2 is a left side elevational view thereof;

Fig. 3 is a right side elevational view thereof; and

Fig. 4 is a top plan view thereof.

The rear of the jewelry cabinet is flat and unornamented.

I claim: the ornamental design for a jewelry cabinet as shown and described.

中文译文：

我，约翰·多伊，发明了一种新的首饰柜的外观设计，如下面的说明书中所述。该首饰柜用于存储珠宝，并且该首饰柜可以放置在桌子上。

图1是表示我的新设计的首饰柜的主视图；

图 2 是首饰柜的左视图；

图 3 是首饰柜的右视图；

图 4 是首饰柜的俯视图。

首饰柜的后部是平坦无装饰的。

我要求保护：图中所示的首饰柜的装饰设计。

公开的图片（图 7-5-3）。

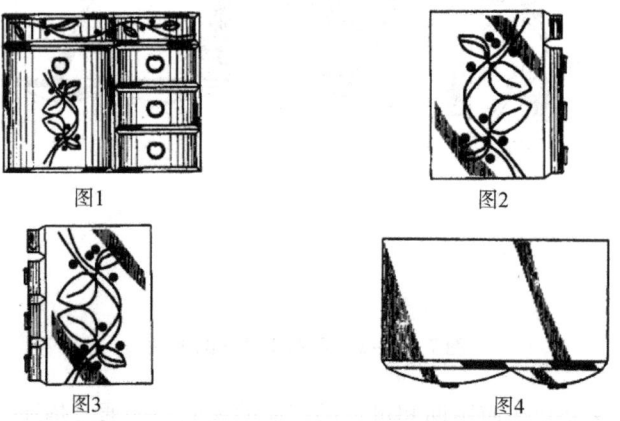

图 7-5-3　示例 3 公开的图片

示例 4：公开了一种应用于物品的要求保护的外观设计的表面图案

I, John Doe, have invented a new design for a surface pattern applied to a jewelry cabinet, as set forth in the following specification.

Fig. 1 is a front elevational view of a surface pattern applied to a jewelry cabinet showing my new design；

Fig. 2 is a left side elevational view thereof, the right side being a mirror image.

The jewelry cabinet is shown in broken lines for illustrative purposes only and forms no part of the claimed design.

I claim：the ornamental design for a surface pattern applied to a jewelry cabinet as shown and described.

中文译文：

我，约翰·多伊，发明了一种新的首饰柜的外观设计，如下面的说明书中所述。

图1是应用于首饰柜的表面图案的主视图,展示了我的新的外观设计;

图2是其左视图,右侧是镜像。

首饰柜以虚线示出的部分仅用于说明目的,并且不属于所要求保护的外观设计的一部分。

我要求保护:图中所示以及所描述的应用于首饰柜的表面图案的装饰设计。

公开的图片(图7-5-4)。

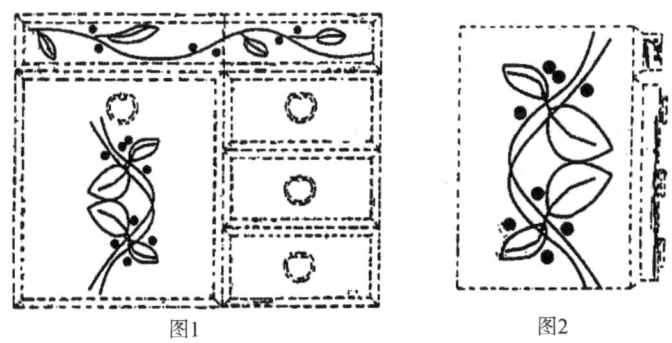

图7-5-4 示例4公开的图片

7.5.3 外观设计图片以及绘制图例

1. 绘图或者黑白照片

每个外观设计专利申请必须包括所要求保护的外观设计的绘图或该设计的黑白照片。由于绘图或照片构成了权利要求的整体视觉效果,因此绘图或照片必须清楚和完整,要求保护的权利要求不存在需要推测或推断的情形。外观设计图片或照片必须符合35 U.S.C.112的要求。若想满足该法条要求,参考图、附图或照片必须包括足够数量的视图,以对所要求保护的外观设计的外观做完整公开。

(1) 纸张尺寸及边距(绘图区域)。

绘图通常是黑色墨水印在白色纸张上。

①纸张尺寸。在申请中,所有图片用纸的尺寸应当相同,任一短边被视为纸张的顶端,纸张尺寸必须为:

a. 德国国家标准 DIN A4 纸张，纸短边为 21.0 厘米，纸长边为 29.7 厘米；或者

b. Letter Size（信纸大小），纸短边为 21.6 厘米，纸长边为 27.9 厘米（即纸宽 8 1/2 英寸，纸长 11 英寸）。

②边距（绘图区域）。版心的边界不能绘制在纸张边缘。版心距离纸张顶端不少于 2.5 厘米（1 英寸），距离纸张左边不少于 2.5 厘米（1 英寸），距离纸张右边不少于 1.5 厘米（5/8 英寸），距离纸张底边不少于 1 厘米（3/8 英寸）。

从而在 21.0 厘米×29.7 厘米（DIN 尺寸 A4）的图纸上留下不大于 17.0 厘米×26.2 厘米的图像，在 21.6 厘米×27.9 厘米（8 1/2×11 英寸）的图纸上留下不大于 17.6 厘米×24.4 厘米（6 15/16×9 5/8 英寸）的图像。

（2）黑白照片。

黑白照片取代绘图，须符合 37 CFR 1.84（b）（1）和 1.152 的要求。

在双重相纸上提交的黑白照片必须在照片的正面输入附图编号。

光泽纸板上的照片可以在光泽纸板上以黑色墨水在接近相应的照片的地方印上附图编号。

黑白照片和油墨绘图不得在一件申请中组合出现，在外观设计申请中同时引入照片和油墨绘图很可能会导致与照片相比在油墨绘图上的相应元素之间的不一致。

提交的代替油墨绘图的照片不得公开环境结构，且必须限于要求保护的外观设计本身。

2. 彩色绘图或彩色照片

只有在根据 37 CFR 1.84（a）（2）提交了解释为什么需要彩色绘图或彩色照片的申请之后，专利局才会在外观设计专利申请中接受彩色绘图或彩色照片。任何此类申请书必须包括 37 CFR 1.17（h）中规定的费用，3 套彩色附图或照片，准确描述彩色附图或照片中所示主题的黑白复印件，说明书必须在描述附图之前包含以下语言：此专利文件中包含至少一幅彩色附图。专利中彩色附图的副本将由 USPTO 根据请求和支付必要的费用后提供。

如果彩色照片作为非正式附图提交，并且申请人不认为颜色是要求保护的外观设计的一部分，则应在说明书中添加免责声明，如下："在外观设计中出现的颜色不是要求保护的外观设计的一部分。"在没有与原申请一起提交的免责声明的情况下，颜色将被认为是所公开和要求保护的外观设计的组成部分。

免责声明只能在将彩色照片作为非正式附图提交时使用,因为根据 37 CFR 1.152 的要求,正式照片的公开仅限于要求保护的产品的外观设计。

3. 视图

绘图或照片应该包含足够数量的视图,以完全公开所要求保护的外观设计的外观,即前、后、右侧和左侧、顶部和底部。尽管不是必需的,但是建议提交透视图以清楚地示出三维外观设计的外观和形状。如果提交透视图,并且产品各面都可以被清楚地理解且被完全公开的话,则通常不需要以其他视图形式显示说明各面。

如果在说明书中清楚明确地说明了,仅仅是外观设计中其他视图的重复或仅仅是平面的并且没有装饰性的视图,可以从附图中省略。例如,如果外观设计的左侧和右侧是相同的或者镜像的,则应当提供一侧的视图以及在附图描述中作出的另一侧是相同的或者镜像的陈述。如果外观设计的底部是平坦的,并且如果图形描述包括底部是平坦的和未突出的声明,则底部的视图可以被省略。术语"无装饰"不应用于描述包括明显不平坦的结构的可见表面。在一些情况下,权利要求可能针对整个产品,但是因为立体产品在平时使用时有些面不可见,所以没有必要公开它们。

能更清楚地显示外观设计元件的截面图是允许的,然而,展示功能特征或展示不属于所要求保护的外观设计一部分的内部结构的截面图是不需要的且不允许的。

4. 表面填充阴影和绘图符号

附图应具有适当的表面阴影,其应清楚地显示该外观设计的所有三维表面的特征和轮廓。表面阴影也是区分外观设计的任何空白区域和实体区域所必需的。除非用于表示黑色以及颜色对比度,否则不允许使用纯黑色表面阴影。根据 35 U.S.C.112 第一段,附图中缺少适当的表面阴影可能会导致无法体现外观设计的形状和轮廓。另外,如果提交的附图中外观设计的形状不明显,则在申请之后添加表面阴影可能被视为新事物。新事物是在原申请中没有显示或暗示过的,任何添加到或来自权利要求、附图或说明书的内容(35 U.S.C.132 和 37 CFR 1.121)。

5. 虚线

不属于要求保护的设计的一部分,但是对于显示使用设计的环境是必要的结构,可以在图中由虚线表示。这包括产品中任何要求设计保护所体现或应用的部分,且不属于被设计保护的部分。当权利要求仅涉及用于产品的表面装饰时，该产品必须以虚线示出。通常，当使用虚线时，它们不应当侵入或交叉覆盖所要求保护的外观设计的展示，并且不应当比描述所要求保护的外观设计所使用的线更粗重。如果显示环境结构的虚线必须横穿或侵入所要求保护的设计，并且阻碍了对设计的清晰理解的话，则在充分公开主题的附图之外，该说明应该作为单独的附图显示出来。

7.5.4 外观设计图片示例

外观设计专利申请的附图通常采用两种类型的着色，分别是直线表面着色和点彩表面着色。通过单独或组合使用，它们可以有效地示出大部分表面的特征和轮廓。

(1) 直线表面着色（见图 7-5-5）。

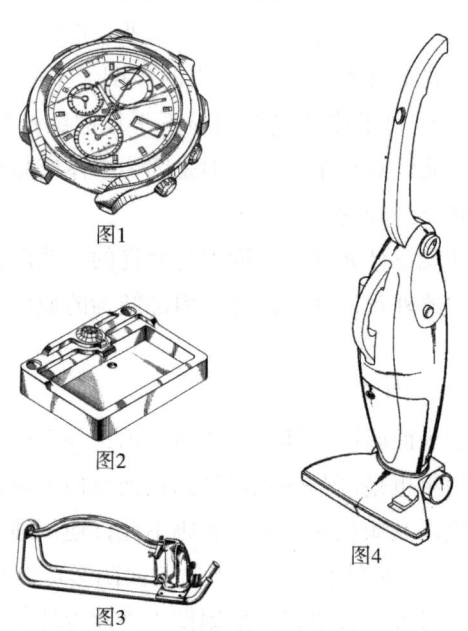

图 7-5-5　直线表面着色外观设计专利申请附图

(2) 点彩表面着色（见图7-5-6）。

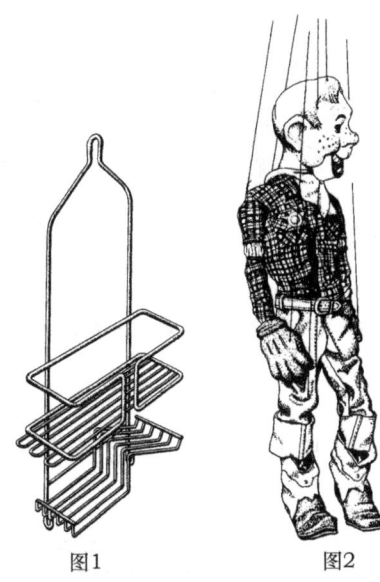

图1　　　　　图2

图7-5-6　点彩表面着色外观设计专利申请附图

(3) 直线表面着色和点彩表面着色的结合。

请注意，对于直线表面着色和点彩表面着色，虽然允许在同一对象上显示表面对比度，但不应在同一表面上一起使用（见图7-5-7）。

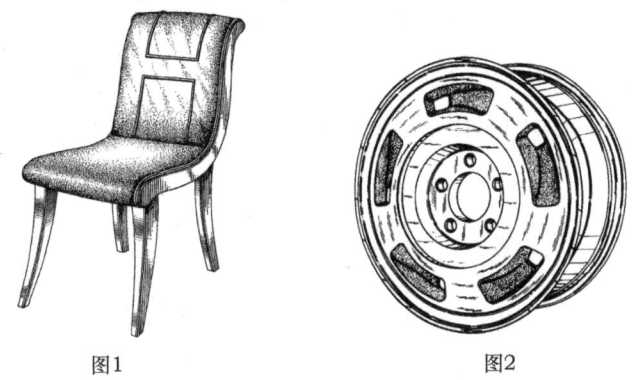

图1　　　　　　　　　图2

图7-5-7　直线表面着色和点彩表面着色相结合外观设计专利申请附图

(4) 透明材料。

请注意，在透明表面后面可见的元素应该以浅而实的线显示，而不是以虚线显示（见图7-5-8）。

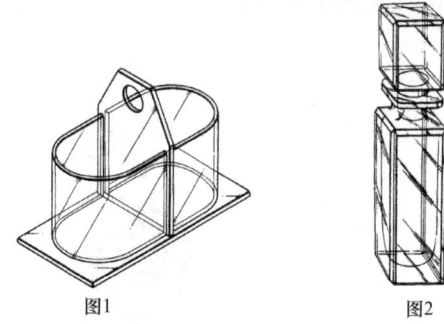

图7-5-8 透明材料外观设计专利申请附图

(5) 虚线披露。

虚线可以用于显示不属于所要求保护的外观设计的一部分的环境和边界（见图7-5-9）。

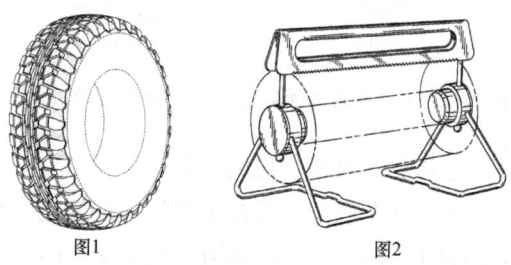

图7-5-9 虚线披露外观设计专利申请附图

(6) 分解视图。

仅是完全组装视图的补充（见图7-5-10）。必须使用括号来显示元件间的关联。

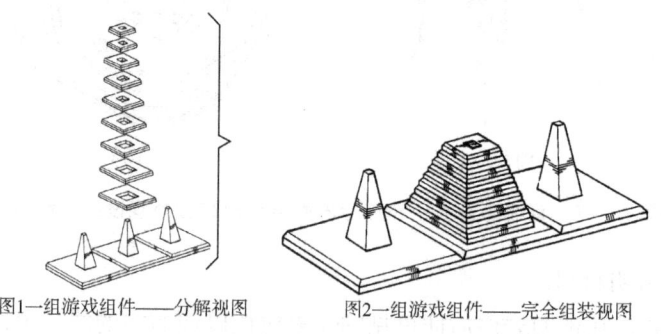

图1—组游戏组件——分解视图　　图2—组游戏组件——完全组装视图

图7-5-10 分解视图外观设计专利申请附图

（7）替代位置。

设计的替代位置，或者设计的一个元素，必须以不同的视图来显示（见图7-5-11）。

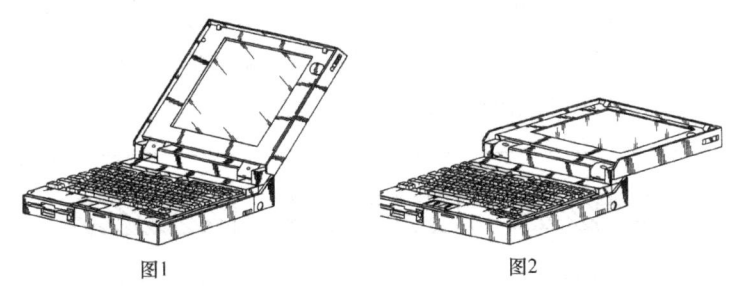

图1　　　　　　　　　图2

图7-5-11　替代位置外观设计专利申请附图

（8）不确定长度画法。

对于细长产品，可以在一个视图中显示产品的全长，另外再添加放大视图（见图7-5-12）。在放大视图中可以使用分割画法和括号。当产品在带有断口的视图中一致地显示时，权利要求将被理解为仅针对所显示形状部分的设计。说明书中的描述必须说明，在折线之间的任何部分的外观都不构成要求保护的一部分。

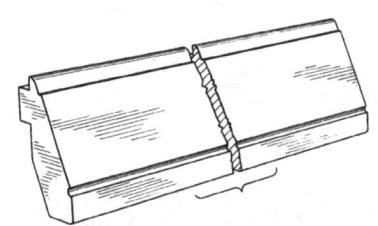

图7-5-12　不确定长度外观设计专利申请附图

（9）横截面视图。

可以采用横截面来说明本外观设计，并且可使视图的数量最小化（见图7-5-13）。

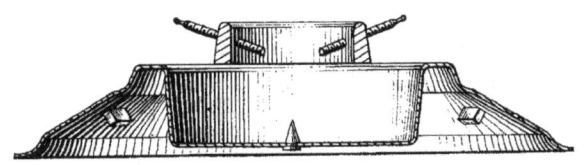

图7-5-13　横截面视图外观设计专利申请附图

(10) 绘图符号。

适当时，在附图上可使用常规元件的图形符号（见图7-5-14），但必须得到审查员的同意。

注意：一般来说，代替符号，传统的元件、组合或电路可以用适当标记的矩形、正方形或圆形表示；绘图符号不应使用缩略语标注，除非缩略语的含义明显且不与建议符号中使用的缩略语混淆。

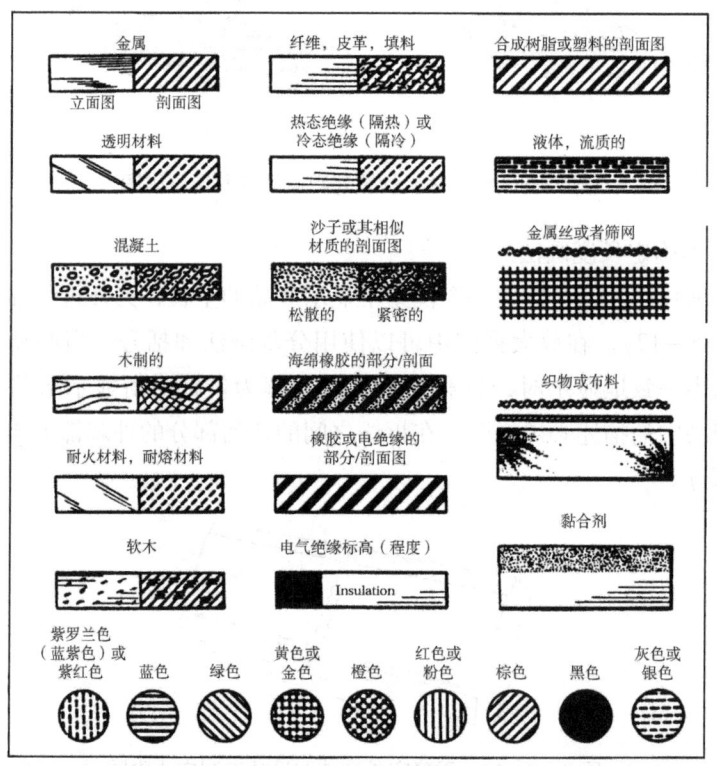

图7-5-14 绘图符号

7.6 美国外观设计专利申请的基本程序

7.6.1 外观设计专利的申请

准备外观设计专利申请和在USPTO获得专利的程序，是一项对申请人综合要求很高的任务，该任务要求申请人了解美国专利法和规则以及USPTO的要求和程序。在这一领域受过专门训练的专利律师或专利代理师能够给申请人提供最好的专业帮助，但申请人寻求注册专利律师或专利代理师的服务需要谨慎进行。同时，需要指出的是，申请人通过专利代理师进行专利申请并不是强制要求。

在外观设计专利申请中最重要的是公开附图，其说明了要求保护的外观设计。不像在发明申请中，权利要求以冗长的书面解释描述该发明，外观设计专利申请中的权利要求保护了设计的整体视觉外观，在附图中进行描述。重要的是，申请人提供符合规则和标准的最高质量的附图（或照片）。在申请提交后对这些附图的更改可能会引入新的问题，这是法律不允许的（35 U.S.C. 132）。对申请人最有利的是在提交申请之前确保公开附图的清楚和完整，因为不完整或制备不良的附图可能导致致命的公开缺陷而无法成功申请专利。建议申请人雇用能够准备专业的外观设计专利附图的专业撰稿人来服务。

除了附图公开之外，还需要某些其他信息。虽然没有具体格式要求，但强烈建议申请人遵循所提供的格式以确保申请顺利完成。当专利局收到完整的外观设计专利申请以及对应的申请费后，将指定申请号和申请日。包含此信息的"申请收据"会发送给申请人，然后该申请会被分配给审查员。申请会按申请日的顺序进行审查。

7.6.2 审查流程

美国外观设计专利申请的审查方式与发明专利申请的审查方式大致相同。美国外观设计专利程序包括非临时申请、CA、CIP、DA 等申请程序，但不包括临时申请和 RCE，基本的流程如图 7-6-1 所示。

美国外观设计专利同样实行实质审查制，即包括外观设计的检索审查，并给出新颖性、非显而易见性（类似于中国的创造性）、形式缺陷等意见。因此，在申请外观设计专利后，审查员会审查图片是否足够清楚地体现了外观设计的特征，是否具有装饰性，是否具有单一性等，还会检索对比文件（现有设计），以决定外观设计的新颖性和非显而易见性。

美国外观设计专利申请提交后，首先会按照美国外观设计分类表进行分类，随后启动实质审查。实质审查包括对外观设计的检索，对于符合授权条件的申请作出批准的决定，颁发后在外观设计公报上公告。对于任何处于审查阶段的外观设计专利，任何人认为不符合授权条件都可以提意见，以及在授权后提出无效等请求。

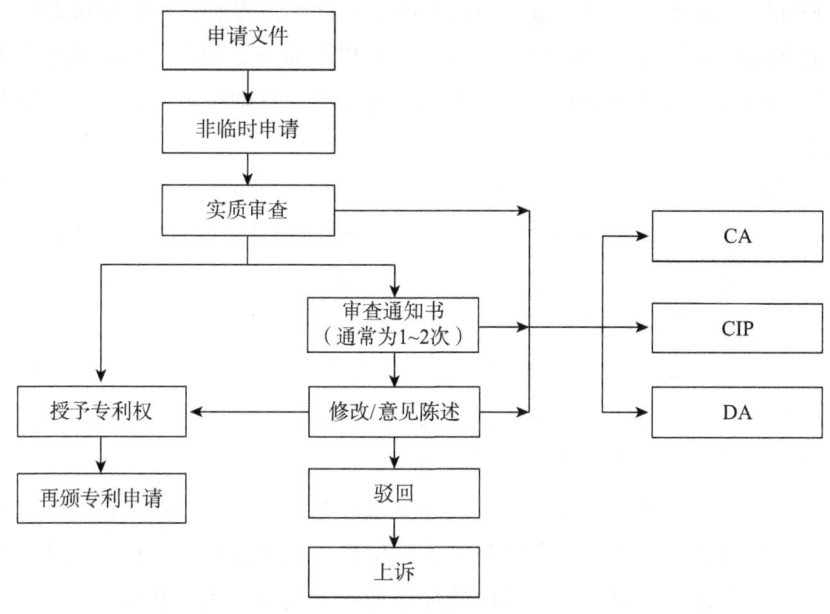

图 7-6-1 美国外观设计专利申请审查流程

如果经实质审查不符合授权条件的，将发出通知书，申请人可以修改或者陈述意见，如果修改后仍不符合规定的，将被驳回。对驳回决定不服的，申请人可以提起上诉。

外观设计专利申请过程与发明申请过程基本一致，实际的审查需要检查是否符合手续，确保附图公开的完整性以及所要求保护的主题与现有技术的比较。现有技术由已授权的专利和公开的材料组成。如果要求保护的主题被认为具有可专利性，则该申请将被允许，并且将向申请人提供指示以完成专利授权。如果公开内容不能被理解或不完整，或者如果在现有技术中发现的参考文献或参考文献组合显示所要求保护的外观设计是不适用的，则审查员可以拒绝该申请中的权利要求。然后审查员将发布一个审查意见，详细说明拒绝和处理影响其可专利性的实质性事项。此审查意见还可能包含审查员对申请进行修订的建议。申请人应保留此审查意见，不要将其发送回专利局。

在提交答复审查意见后，对于申请人的意见和答复中包含的任何修正，申请将会被做重新审议和进一步审查；然后审查员将撤回驳回意见并允许申请，或者不同意提交的意见陈述和/或修改，重复驳回意见并使之成为最终决定。申请人可以在收到最终驳回意见之后或者在申请被驳回两次之后向 PTAB 提出上诉。申请人还可以在放弃原申请之前提交新的申请，要求早先申请的优先权日，这将允许继续以该权利要求提出申请。

7.6.3　审查过程的答复和修改

如果申请人在收到审查意见后选择继续进行该申请，必须及时答复此审查意见。此答复应包括重新审核或进一步审核申请的请求，以及申请人所需的任何修改，并且必须是书面形式。答复必须明确和具体地指出审查意见中的假定错误，也必须处理审查意见中的每一个反对和/或拒绝。如果审查员因现有技术拒绝了该权利要求，申请人声明该权利要求是具有可专利性的，但如果不具体指出该设计与现有技术相比如何具有可专利性，是不符合规定的。在审查员表示需要答复某项要求，或审查员指出了申请中具有可专利性的主题情况下，答复必须符合审查员提出的要求或具体地说明每一项答复为什么不遵守审查员的要求。

在与专利局的任何沟通中，申请人应包括以下项目：申请号（检查精准度）；技术组编号（从申请收据或最近一次审查意见中复制）；申请日期；最近一次处理审查意见的审查员姓名；发明名称。

申请人有责任确保在规定的答复期限到期之前让专利局收到答复。如果期限内未收到答复，申请将被视同放弃。然而，如果能证明未答复是基于无法避免的原因或者不是出于故意，则经过 USPTO 允许后可以继续进行审查。

此时间段从审查意见第一页上指示的"邮寄日期"算起。如果在指定时间内没有收到回复，申请将被视为放弃。如果申请人在审查意见规定的时间内无法答复，而在审查意见的邮寄日期后 6 个月内提出答复，并提出延长时间的请求并缴费，则可以防止放弃该专利申请［参考法条 37 CFR 1.17（a）］。费用由请求的时间量决定，并且随着时间长度的增加而增加。这些费用由法规决定，并且可以随时更改。在向审查意见提交答复之前不必申请延长时间，可以与答复一起邮寄。注意，在答复"授权通知"时，无法申请延长时间。

为确保不会错过答复审查意见的期限，应在答复中附上"邮寄证书"。此"证书"证明了答复是在给定日期邮寄的。它还设定了，如果答复是在答复期限过期之前并且使用美国邮政署邮寄的，则答复是及时的。邮寄证书与认证邮件不同，邮寄证书的建议格式如下：

我在此证明，这封信件以美国邮政署的一级邮件寄出，邮寄地址为：华盛顿特区专利局专利理事箱，20231，在（邮寄日期）

（名称——打印或手写）

签名 _____

日期 _____

在 USPTO 提交的任何纸张的收据，应该包括一张列出申请人的姓名和地址，申请号和申请日期，与答复一起提交的文件类型（如 1 张附图，2 页修正，1 页宣誓/声明等）盖章的自填明信片。此明信片将被盖上收到邮件的日期并退还给申请人。这张明信片将证明申请人的答复是在这一天被专利局收到的。如果申请人在提交申请后更改邮寄地址，则必须以书面形式通知新的地址。如果不这样做，将导致未来的邮件被邮寄到旧地址，并无法保证这些邮件将被转发到申请人的新地址。申请人未能收到并正确回复这些审查意见将导致申请被放弃。"更改地址"的通知应以单独的信件形式提交，并且针对每个申请应分别提交通知。

审查过程中的修改。外观设计专利的修改包括设计人的主动修改和应审查员要求的修改。主动修改可以在申请日提交，也可以在 USPTO 第一次补正通知书发出之前或者当天提交，但不得晚于申请日提交以后的 3 个月。

设计人还可以应审查员的通知书进行修改或者答复，期限为此通知书发出之日起 2 个月内。当授权通知书下发后，不允许对申请文件再做补正，除非以再颁专利申请的形式进行修改，再颁发的外观设计专利不允许增添新的内容。

上述各种修改都不允许改变外观设计申请的实质内容。

7.6.4 AE 程序

美国外观设计专利的审查周期往往超过 15 个月。美国的 AE 程序对于外观设计专利申请是通用的，在加快审查程序下，外观设计专利的审查周期可控制在 6—12 个月。但是 AE 的申请必须符合以下条件：必须包括符合标准的图片、必须已经进行了审查前的检索、申请人提交了加快审查请求、已经进行了审查前检索的声明，以及缴足了必要的费用。

7.6.5 CPA

CPA 仅适用于外观专利申请，不适用于发明专利申请。CPA 通常需要申请人在收到最终核驳后的 6 个月内提出，其目的是延续审查。CPA 一般是由原审人员继续审查，因此，有可能会很快收到再次审查通知书。

CPA 的主要特征如下：

①CPA 是一个新申请案。

②CPA 不可以是 CIP。

③CPA 使用母案的申请日和申请号。

④提出 CPA 申请时，母案视为放弃。如果母案中有优先权声明，意味着 CPA 也已经提出了优先权声明，同时也意味着延续使用母案的申请内容。

⑤CPA 的发明人应当与母案的发明人一致。如果发明人减少，应当提交证明文件。

⑥CPA 中不得增加新的内容。

7.6.6 CA

CA 为较早的申请案（母案）还在审查期间或者是放弃之前所提出的申请，使用母案申请日作为优先权日，享有母案的申请日权益，可以说是母案的延续。

CA 具有与母案完全相同的公开内容，通常提出 CA 的目的是申请不同于母案的权利要求保护范围。具体地，母案中所请求保护的是产品的整体设计，而 CA 所请求保护的是部分设计。例如，The Blue Swing LLC 于 2004 年 12 月 8 日提出饮料杯垫的设计申请，该公司在 2015 年 11 月 10 日提出了 CA，该 CA 所请求的是饮料杯垫的部分设计。

7.6.7 CIP

CIP 为较早的申请案（母案）还在审查期间或者是放弃之前所提出的申请。通常提出 CIP 的目的是加入母案没有揭露的特征以及申请不同于母案的权利要求范围。其中，沿用母案的特征部分可主张母案的优先权日，新加入的内容的审查基础日以 CIP 的申请日为准。

CIP 的另一个比较直接的好处是可以解决母案记载不明确或无法支持权利要求范围等缺陷。

CIP 应慎重使用，因为新加入的内容不享有母案的优先权，但是专利有效期从母案的申请日算起，这会浪费新加入内容的专利有效期。CIP 最好在母案公开前提出，如果是在母案公开后才申请的，母案可以作为 CIP 新加入内容的现有技术。

7.6.8 DA

DA 为较早申请案（母案）还在审查期间所提出的申请。DA 通常是基于美国专利的限制性要求（Restriction Requirement）的结果，提出 DA 的目的通常是保护没有在母案中选取的外观设计。DA 不能添加超过母案公开范围的内容。

7.7 有关美国外观设计专利申请的须知事项

7.7.1 美国外观设计专利申请享有 12 个月的宽限期

美国外观设计专利申请在如下行为的 12 个月内提交不会影响其新颖性：
①外观设计在印刷出版物中公开。
②外观设计在美国公开使用。
③外观设计在美国公开出售。

美国的宽限期给申请人提供了机会，因为申请人可以通过产品在市场上的成功与否来决定是否在美国申请外观设计专利。

最常见的情况是申请人在中国首次提交外观设计专利申请，在 6 个月优先权期间没有在美国提交申请，随后中国的外观申请已经授权并公开。如果中国外观设计专利申请授权文件的公开是在 12 个月内的宽限期内，这种公开将不影响美国外观设计专利申请的新颖性。

7.7.2 美国外观设计专利没有年费

2013 年 12 月 8 日或以后提交的美国外观设计专利申请，专利保护期限是自授权日起 15 年。在 2013 年 12 月 8 日之前提交的美国外观专利申请，专利保护期限是自授权日起 14 年。专利权人在支付了授权费用后，不需要额外支付年费来维持 14 年或 15 年的专利有效期。

7.7.3 实质审查

美国外观设计专利申请的审查，首先会根据美国的外观设计分类表进行分类，随后启用实质审查。在实质审查过程中，审查员会进行检索，对于符合条件的申请，作出授权决定。经实质审查不符合授权条件的，审查员会发出审查意见通知书，申请人可以据此修改或者陈述意见，若修改后仍不符合规定，申请将被驳回。

美国外观设计专利的保护范围由专利的设计图决定，因此，有必要提供足够多的视图以披露设计的完整外观。通常，视图包括透视图、主视图、后视图、俯视图、仰视图及左、右侧视图。各视图间的一致性至关重要。专利申请提交后对说明书的修改较为困难，因为说明书的任何修改都可能引入新内容。

美国外观设计专利申请的审查比较严格，尤其对图片的要求较高。很多美国外观设计专利的 OA 是关于设计图不符合规定的，诸如图片不完整、不清楚，不简明、不正确，缺少特定角度的视图、线条或者断线不清楚，不同的线条交错，缺少表达凹凸不平起伏的阴影线，阴影线无法正确表示物体的立体感等问题。

7.7.4　美国外观设计专利申请中图片的虚线、实线和阴影

在提供美国外观设计专利申请的图片中，通常会用到 3 种线条：实线、阴影线、虚线。

实线是用于表示外观设计专利要求保护部分的轮廓，通常结合阴影线表示外观设计专利要求保护的范围。

阴影线是为了清楚地体现产品的立体感，通常绘制在图中物品的表面，用以清楚地揭示物品外观的所有表面轮廓及特点，如用来表示一个物体的球形、圆柱形和锥形表面等，绘制带阴影的表面也是外观设计专利所要请求保护的表面。阴影线要求比轮廓线细，并且需要在图中与其他部分形成对比。

虚线的作用有两个：一是表示外观设计所使用的环境，二是表示外观设计权利要求保护的边界，一般虚线限定的范围是不要求保护的部分。

7.7.5　披露义务

与美国外观设计专利申请相关的每个人都有责任披露与专利相关的所有信息，申请人需要将相关的现有专利、出版物、销售等信息披露给审查员。如果未能披露重要的现有技术，专利权人可能将无法实施相关的外观设计专利。

7.7.6　CPA 为美国外观设计专利的分案申请

自 2003 年 7 月 14 日起，美国的发明专利已停止使用 CPA，申请人在收到最后的审查意见后可以请求 RCE。美国外观设计专利则可以要求 CPA。CPA

在法律意义上来说是一个新的外观申请，申请人需要放弃原来的母案，同时要缴纳基本的提交费用。如果申请人在审查阶段发现申请文件中有一些错误，一种补救手段是提交CPA。CPA会交给母案的审查员审查。

7.7.7 外观设计专利授权后可以修订

专利权人在被授予外观设计专利后可以提出再颁专利申请。如果再颁申请是在原授权之日起2年内提出的，外观设计专利权利要求的保护范围可扩大，例如，更改实线为虚线。

7.8 有关美国外观设计专利的实践

7.8.1 外观设计专利的装饰性

35 U.S.C. 171 外观设计专利

任何人对制造品创作的新颖的、独创的和装饰性的外观设计，可以为此获得专利，但须遵守本编规定的条件和要求。

可获专利权的外观设计必须是装饰性的。早在1871年的高汉姆一案中，最高法院申述外观设计专利法的立法目的说："法案的目的显然是鼓励装饰艺术……法案显然认为，在产品具有了一些新的原创性的外表以后，会提高该产品的销售价值，扩大对它的需求，公众也可以由此而获得优质服务。"

这里的装饰性包括了外观设计专利应具有美感的要求。当然，这种美感的要求不能定得太高。在 *Koehring* 一案中，USPTO以缺乏装饰性美感为由，驳回了一件对混凝土搅拌器的外观设计专利申请，而PTAB又推翻了专利局的裁定。法院说："对于外观设计专利中美和装饰性的要求，不能定义为在美术品或艺术品中所见的美和装饰性。"法院认为，国会制定外观设计法，其目的是鼓励人们"尽可能消除许多机器或机械装置上所具有的、不雅观的和令人厌恶的特征，因为这些特征使人压抑而非激起美感"。

在外观设计专利的要求方面，要求装饰性即意味着排除功能性。主要由功能来决定外观的物品，由于缺乏装饰性，根据35 U.S.C. 171，这样的外观设计不是一个合规的主题。具体来说，如果对物品的外观进行设计，物品具有独特功能却没有独特或可区别的形状或外观，这种设计缺乏装饰性，不能作为一个合适的主题，如图7-8-1所示。

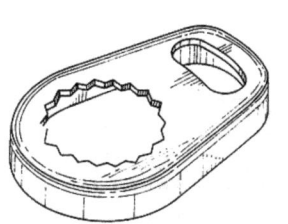

图1 外观设计专利1：螺母锁板

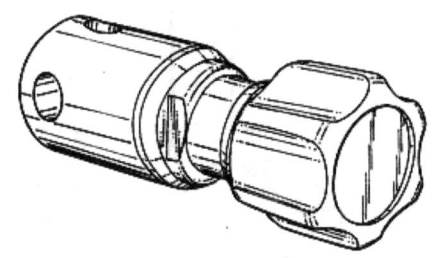

图2 外观设计专利2：气体调节阀

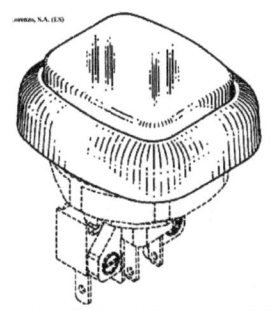

图3 外观设计专利3：灯按钮

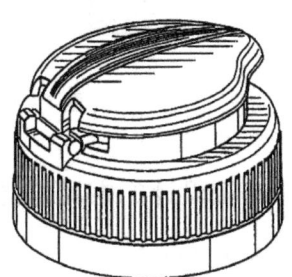

图4 外观设计专利4：瓶盖

图7-8-1 缺乏装饰性的外观设计

以上外观设计都具有功能性，但其并不属于由功能单纯决定外观的物品，而是在功能之外还具有装饰性，符合35 U.S.C.171的规定。换句话说，所有功能特征都是装饰性的，除非没有其他方式来设计它们。

在 Bonito Boats, Inc. v. Thunder Craft Boats, Inc. 一案中，法官指出，"为了获得保护资格，设计必须呈现出美观的外观，而不仅仅是功能所决定的"。

物品的功能或其特征与执行功能的这种物品或其特征的特定设计之间存在区别，如果没有区别，就不可能获得有关实用产品的外观设计专利，显示可能具有相同功能的替代设计的证据表明所要求保护的设计的外观不完全由功能决定。

在 Best Lock v. Ilco Unican 一案中，涉案专利为钥匙刀片（见图7-8-2）。在该案中，多数人持有以下观点：该刀片的轮廓设计由功能决定，必须适合于锁的锁槽，没有其他可行的替代设计，因此专利是无效的。专利权人持有的异议观点是：当有可供选择的设计时，设计不是由功能决定的。在这种情况下，有数千个可替代的刀片轮廓。

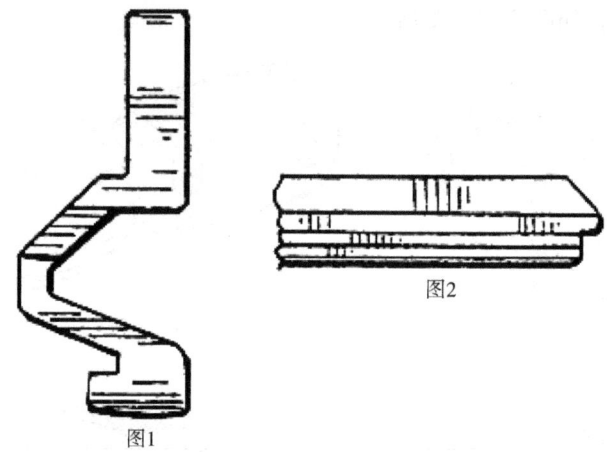

图 7-8-2　钥匙刀片

7.8.2　外观设计的书面描述要求及实施性和明确性

35 U. S. C. 112

说明书应包含对发明以及对作出和使用发明的方式、方法,以完整、清晰、简洁和确切的词语的书面描述,使发明所属领域的技术人员或者与该发明联系很密切的人员,都能作出和使用该发明。

说明书还应公布发明人所熟知的实施该发明的最好方式。说明书在其结尾应提出一项或几项权利要求,具体地指出并明确要求承认申请人认为是其发明的内容。

权利要求可以用独立的方式撰写,或者,如果发明的性质允许,用从属的方式或多项从属的方式撰写。

在符合下一的规定下,从属权利要求应首先引用前面提出的一项权利要求,然后具体说明对所要求保护的主题的进一步限制。一项从属权利要求应解释为,该权利要求通过引用方将被引用的权利要求的所有限制包括在内。

多项从属权利要求,应包括只以择一方式引用前面提出的一项以上的权利要求,然后具体说明对所要求保护的主题的进一步限制。多项从属权利要求不应作为另一项多项从属权利要求的基础。一项多项从属权利要求应解释为,该权利要求通过引用而将其所考虑与其有关的特定权利要求的所有限制包括在内。

权利要求的一个特征，可以用履行特定功能的方法或者步骤来表达，而无须详述支持这种方法或步骤的结构、材料或者行为。此种权利要求应解释为，该权利要求包含了说明书记载的相应的结构、材料或者行为及其等同物在内。

如果某件外观设计专利申请中的图案不清楚或者不完整，致使本领域一般设计者也无法据以实施，则认为该外观设计专利申请不符合据以实施的定义和明确性的定义。

在判断某件外观设计是否具有明确性和具有实施性，应一并考量图片和说明书，但只需考虑外观设计要呈现给消费者或使用者的部分。也就是说，对于某件外观设计在销售或者使用过程中看不到的表面，即使申请图片中没有公开，也不会违反该条的规定。

7.8.3 新颖性

35 U.S.C.102 可专利性的条件；新颖性和丧失获得专利的权利

除非有下列情形之一，一个人有权获得专利：

（a）在专利申请人完成发明以前，该发明在本国已经为他人所知或使用，或者在本国或外国已被授予专利或者被记载在出版物上的；

（b）在向美国提交专利申请之日以前，该发明在本国或外国已被授予专利或者被记载在出版物上已逾 1 年，或者在本国公开使用或销售已逾 1 年的；

（c）他已经放弃该发明的；

（d）在向美国提交专利申请之日以前，该发明已经首先由该申请人、其法定代理人或者受让人在外国获得专利，或者使他人获得专利，或者成为发明人证书的主题，而向外国提交的关于专利或发明人证书的申请之日是在向美国提交专利申请之日 12 个月以前；

（e）该发明在下列申请或专利中已有叙述的：

（1）他人在该专利申请人完成发明以前在美国提交，并根据第 122 条（b）款公布的专利申请，或者

（2）根据他人在该专利申请人完成发明以前在美国提交的专利申请而授予的专利，但根据第 351 条（a）款定义的条约提交的国际申请，为本款的目的，只有在该申请指定美国并根据该条约第 21 条（2）款以英

语予以公布的，才有本款规定的在美国提交的申请的效力；

(f) 请求授予专利的主题并不是他自己发明的；

(g) (1) 在根据第134条或第291条进行的抵触程序期间，涉案的另一发明人证实，在第104条允许的限度内，该发明人在此人完成发明以前，已经作出了该发明，而且没有放弃、压制或者隐瞒，或者 (2) 在该申请人完成发明以前，另一发明人已在本国作出了该发明，而且没有放弃、压制或隐瞒。在根据本款确定发明的先后顺序时，不仅应考虑该发明的各自构思和付诸实施的日期，而且还应考虑最先构思而最后付诸实施的人在另一人构思之前已有的适度工作。

在美国，适用于发明专利的法条同样可以用于评价外观设计专利。具体来说，35 U.S.C. 102（新颖性）同样适用于外观设计专利。

在美国的专利审查实践中，采用"单一来源"原则以确定一项发明是否具有新颖性。具体来说，在一项发明专利申请中，如果其所有的技术因素已由发明日以前的一项现有技术所披露，则该申请丧失新颖性。在这里，与申请相比较的只是单一的一项现有技术，而不参照其他的现有技术。只有在判定非显而易见性时，才综合许多现有技术。这一原则也适用于确定一项外观设计是否具有新颖性。

如果一件申请授权的外观设计与一件在先的外观设计大体相同（不要求完全相同），则申请中的外观设计不具有新颖性；如果不同，则申请中的外观设计具有新颖性。

美国在外观设计新颖性判断中遵循的唯一标准是"普通观察者测试法"。它既是授权过程中的新颖性判断的唯一标准，也是侵权判断的唯一标准。当然，美国在不同阶段也采用过不同的测试标准，例如，曾采用的新颖点测试法，但最终仍回归了普通观察者测试法。普通观察者测试法是指，在普通观察者眼中，单个对比文件必须在所有实质方面与请求保护的外观专利相同，才能导致请求保护的外观专利不具有新颖性。[参见 *Hupp v. Siroflex of America Inc.*, 122 F. 3d 1456, 43 USPQ2d 1887 (Fed. Cir. 1997)]。

普通观察者测试法要求：在普通观察者的眼中，当施以购买者一般注意力的情况下，如果观察者原本想购买一件外观设计产品，但由于两个外观设计产品之间的相似度很高，导致诱导/欺骗了观察者购买了另一件外观产品时，两个外观设计实质相同，申请专利的外观设计与另一项现有设计相比不具有新颖性。

采用普通观察者测试法的主要目的是保护被专利的外观设计所实际占据的

竞争市场，这也是美国外观专利制度的一个根本出发点。因此，该测试法主要关注潜在购买者，这就意味着判断主体的标准是普通观察者而不是专家。

普通观察者测试法有2个要求：(a) 整体比对。将每个设计作为整体来比较，而不能仅比较各个设计元素而不考虑其在整体外观中的作用。在适用普通观察者测试时需要判断欺骗是由整体外观的相似而造成的，而非单个独立的装饰特征的相似。(b) 考虑现有设计。普通观察者要在了解相关现有设计的背景下比较两个设计，来确定对于专利保护的外观设计相对于现有设计的视觉效果的显著差异在哪里，两个设计（申请设计和单篇对比设计）是否实质上都具有这个视觉效果的显著差异。

7.8.4 非显而易见性

35 U.S.C.103 可专利性的条件；非显而易见的主题

（a）一项发明，虽然不是像本编第102条所述已经完全一样地披露过或者叙述过，但是，如果申请专利的主题与现有技术之间的差异是这样的微小，以致在作出发明时，该主题整体对其所属技术领域具有普通技术的人员而言是显而易见的，则不得授予专利。可专利性不应根据作出发明的方式而予以否定。

（b）（1）尽管有（a）款的规定，在专利申请人及时选择根据本款处理时，一项使用或者制造具有第102条规定的新颖性和本条（a）款规定的非显而易见性的一种组合物的生物技术方法，如果符合下列条件，应认为具有非显而易见性：

（A）关于方法和组合物的权利要求都包含在同一专利申请中，或者包含在具有有效的同一申请日的不同申请中；以及

（B）组合物和方法（在其发明时），都属于同一人所有，或者负有必须向同一人转让的义务。

（2）根据上述（1）项对方法授予的专利：

（A）也应包含该方法中使用的组合物或者依该方法制造的组合物的权利要求，或者

（B）如果该组合物的权利要求包含在另一专利中，则虽然有第154条的规定，仍应使其与该另一专利在同一日期满。

（3）为了上述（1）项的目的，"生物技术方法"意指：

（A）一项用改变遗传或者其他方法诱导单细胞或多细胞生物的方

法，以

（i）表达外源核苷酸序列；

（ii）抑制、消除、增大或改变内源核苷酸序列的表达，或者

（iii）表达特定的生理学特征，且该特征并非与该生物自然相关；

（B）产生表达一种特定的蛋白质（诸如单克隆抗体）的细胞系的细胞融合法；和

（C）使用上述（A）目或（B）目所定义的方法所生产的产品的方法，或者结合（A）目和（B）目定义的方法所生产的产品的方法。

（c）（1）另一人开发的主题，仅根据本编第102条（e）、（f）和（g）各款之一或更多款的规定，才属于现有技术的，如果该主题和要求保护的发明在该发明作出时，属于同一人所有或者负有必须向同一人转让的义务的，不应根据本条排除其获得专利。

在美国，适用于发明专利的法条同样可以用于评价外观设计专利。具体来说，35 U. S. C. 103（非显而易见性）同样适用于外观设计专利。

如果在相关领域中，以一般技术水平的人员来看，将专利申请中的外观设计作为一个整体与现有外观设计比较，两者之间的不同是显而易见的，那么这项外观设计不能被授予专利。

美国外观设计非显而易见性判断遵循35 U. S. C. 103 的规定，即虽然本发明不与其他人的发明完全相同，但如果两者之间的差别是这样的：总体来说，本专利的主题对于该主题有关的技术领域的一般技术人员来说是显而易见的，则本发明不能被授予专利。

可以看出，在判断非显而易见性时，判断的主体是本领域的一般技术人员，对于外观设计而言就是有关领域的一般设计者。非显而易见性是指专利设计对于一般设计者而言是否非显而易见［参见 In re Nalbandian，661 F. 2d 1214，211 USPQ 782（CCPA 1981）］。同时，与新颖性判断不同的是，非显而易见性判断所采用的对比文献必须属于相同的产品类别。

美国的非显而易见性判断大致分为如下两步。

步骤一：必须从一个客观存在的现有设计出发，而不能从对现有设计中的设计特征进行选择或组合而创造出来的一个设计出发。客观存在的现有设计是指：一篇现有设计，其整体视觉效果和设计特征与专利设计基本相同，而不能仅是一个设计概念，也即主对比设计。主对比设计是非显而易见性的基础和起点，没有主对比设计的存在非显而易见性的判断根本无从谈起，即没有主对比

设计作为起点，一般设计人员就不可能容易地获得专利设计。主对比设计必须和专利设计相似，以一个不相似的主对比设计作为基础是不恰当的，因为一般设计人员不会从现有设计中一个不相似的主对比设计出发设计出申请专利的这项外观设计，这是不符合逻辑的。

步骤二：在主对比设计存在的情况下，判断一般设计人员是否在另一项第二现有设计的激发或鼓动之下对主对比设计进行修改、替换、增加或删除特征从而得到专利设计，即第二现有设计中直接存在修改主现有设计的建议。

组合的原则是：主对比文件与其他对比文件是否非常相关以至于在一个设计中出现的某个装饰性特征直接建议了该特征需要在另一个设计中进行应用。

非显而易见性的一个著名判例是 In re Borden 案，Borden 申请了一个容器的外观专利，后被 USPTO 驳回后提起驳回复审，在驳回复审决定中引证了 Bettix 容器，以及 Bettix 容器手册，手册上列明了 Freshn Tea 和 Costa 容器，Fresh Tea 容器和 Costa 容器也是双室设计，所有三者均在上角有一个小腔室。事实上，Freshn Tea 容器列在 Bettix 容器手册中，明确说明它们可以作为制造商为客户提供的双室容器类型的一个例子。小册子还列出了其他自定义变体的例子，包括"颈部"和"腔体大小"的变化，也就是 Borden 容器想保护的外观设计是可以从 Bettix 设计得到的变化类型，该外观设计保护的主题对其所属技术领域具有普通技术的人员而言是显而易见的。因此两篇现有设计符合——如此密切相关以至于某个装饰性特征的出现直接建议了该特征需要在另一个设计中进行应用的标准。也就是说，第二参考文献会向本领域的普通技术人员暗示，Bettix 容器的小室可以通过使其侧面变直并使其在最宽处与主室宽度一致而得到。

可见，在非显而易见性的判断过程中，美国要求达到两篇现有设计之间存在直接建议这样结合的程度才叫存在结合的动机，而不能仅仅是存在这样结合的可能性的程度，也就是要达到 would 而不是 could 的程度。这实际上是和美国外观设计制度设立的根本出发点相匹配，即保护产品的外观设计的竞争市场，因为如果现有设计已经给出了结合的明确建议的情况下，为数众多的一般设计人员就会直接依照该建议改变主对比文件从而得到外观专利，如果允许这样的外观设计被授权，将导致大量侵权，这是不公平的。同时，对于那些割裂设计特征强行进行组合的情况是绝对禁止的，因为这直接超出了一般设计人员的水平，如果允许这样做，将会导致设计人员无从判断自己的设计是否可以在竞争市场得以保护，从而助长抄袭，打击了设计改进的积极性，直接遏制了设计的进步，慢慢将会导致市场竞争不足。

美国外观设计专利制度在非显而易见性的判断中，考虑了现有设计之间给予明确启示的情况应作为授予外观设计专利的禁地，因为该外观设计已经不存在值得保护的竞争市场。

7.8.5 侵权与救济

根据 35 U.S.C.171 的规定，外观设计专利权人应享有与发明专利权人一样的权利。又据 35 U.S.C.154，这些权利包括制造权、使用权、提供销售权、销售权、进口权。

专利法中有关发明专利的侵权和救济的规定，也适用于外观设计专利。在美国的专利司法实践中，有两种形式的侵权。一是直接侵权，是指被指控侵权的外观设计与受保护的外观设计一样，即在确认侵权与否时，进行一对一的比较。这相当于判定新颖性的"单一来源"原则。例如，在阿维阿一案中，专利权人的外观设计体现在网球鞋上，侵权人虽然将该外观设计用在了童鞋上，法庭仍然判定后者侵权。二是实质性侵权，是指被控侵权的外观设计与受保护的外观设计虽然不完全一样，但实质上主要因素是同等的。在这里，被告可能综合了一些其他的技术因素，对受保护的外观设计做了非实质性的修改。在这种侵权认定中，法庭不仅要比较被控侵权的外观设计和受保护的外观设计，还要参照一些原有技术的要素，这相当于判定"非显而易见性"的方式。

关于外观设计的实质性侵权，早在 1871 年的高汉姆一案中，最高法院就确立了一个"一般旁观者——购买者"的判定方法。法庭认为："如果在一个一般旁观者的眼里（让他具有一般购买者通常所具有的注意力），两件外观设计在实质上相同，如果这种相似性达到了欺骗这个旁观者的地步，诱使他购买这一外观设计而认为它是另一外观设计，那么，第一个具有专利权的外观设计即被另一个所侵犯。"显然，这里的"一般旁观者——购买者"与判定非显而易见性中的"一般水平的技术人员或设计者"一样，都是假设的。同时还必须特别注意，在判定外观设计专利侵权与否方面，只能涉及装饰性而非功能性。1968 年的 *Lee* 一案说明："与受保护的外观设计不一样的外观设计中虽然存在着侵权，但两者必须是在装饰性方面而非功能性方面同等。"该案还重申了 100 多年前由高汉姆一案所确立的判定装饰性表面之相似性的方法。

美国的侵权判定原则和新颖性原则一致，同样采用普通观察者测试法。该法既是授权过程中新颖性判断的唯一标准，也是侵权判断的唯一标准。在侵权判断中，以被普通消费者误购作为产品外观设计所限定的竞争市场被侵犯的标准。

采用普通观察者测试法的主要目的是保护被专利的外观设计所实际占据的竞争市场（这也是美国外观专利制度的一个根本出发点）。因此，该测试法主要关注潜在购买者，这就意味着判断主体的标准是普通观察者而不是专家。一旦在普通观察者眼中会由于外观的欺骗导致误购，那么就意味着外观专利所实际占据的竞争市场被侵犯，则构成侵权。

普通观察者测试法有两个要求：（a）整体比对。即将每个设计作为整体来比较，而不能仅比较各个设计元素而不考虑其在整体外观中的作用。尽管专家通过并排对比两项设计能够找出具体的区别，如果普通观察者认为被诉侵权外观就是专利外观，因为被诉侵权的外观设计与专利外观设计在整体视觉效果上基本相同，则侵权成立。在适用普通观察者测试时需要判断欺骗是由整体外观的相似而造成的，而非单个独立的装饰特征的相似。必须要注意整体侵权测试不能够在考虑各种设计元素的功能之下转变为逐个元素的比较。（b）考虑现有设计。普通观察者要在了解相关现有设计的背景下比较两个设计，来确定对于专利保护的外观设计相对于现有设计的视觉效果的显著差异（考虑视觉印象最深刻的部分）在哪里，两个设计（专利设计和侵权设计）是否在实质上都具有这个视觉效果的显著差异。虽然需要考虑单独的设计元素，但最终的标准仍然是被诉侵权的外观设计与专利外观设计在整体视觉效果上基本相同。

在美国，对普通观察者是否被欺骗的判断很大程度上依赖于专家证言和其他举证。例如，在 Gorham 案中，多个专家提供了基于单独比对的对比分析意见，如一个专家证实普通观察者是在桌子的一端观察外观专利后到桌子的另一端观察被控侵权外观（又称"两端桌子法"）；另一个专家证实虽然两个外观设计的图案不同，但是普通观察者在分别观察两者之后，会将两个外观设计混淆。最终专家证实10个消费者中的7人将两个外观设计混同，确认侵权成立。

7.9 美国外观设计专利相关法律规定

7.9.1 适用于外观设计专利申请的专利法

7.9.1.1 35 U.S.C. 102 可专利性的条件；新颖性和丧失获得专利的权利

除非有下列情形之一，一个人有权获得专利：

（a）在专利申请人完成发明以前，该发明在本国已经为他人所知或使用，或者在本国或外国已被授予专利或者被记载在出版物上的；

（b）在向美国提交专利申请之日以前，该发明在本国或外国已被授予专利或者被记载在出版物上已逾1年，或者在本国公开使用或销售已逾1年的；

（c）他已经放弃该发明的；

（d）在向美国提交专利申请之日以前，该发明已经首先由该申请人、其法定代理人或者受让人在外国获得专利，或者使他人获得专利，或者成为发明人证书的主题，而向外国提交的关于专利或发明人证书的申请之日是在向美国提交专利申请之日12个月以前；

（e）该发明在下列申请或专利中已有叙述的：

（1）他人在该专利申请人完成发明以前在美国提交，并根据第122条（b）款公布的专利申请，或者

（2）根据他人在该专利申请人完成发明以前在美国提交的专利申请而授予的专利，但根据第351条（a）款定义的条约提交的国际申请，为本款的目的，只有在该申请指定美国并根据该条约第21条（2）款以英语予以公布的，才有本款规定的在美国提交的申请的效力；

（f）请求授予专利的主题并不是他自己发明的；

（g）（1）在根据第135条或第291条进行的抵触程序期间，涉案的另一发明人证实，在第104条允许的限度内，该发明人在此人完成发明以前，已经作出了该发明，而且没有放弃、压制或者隐瞒，或者（2）在该申请人完成发明以前，另一发明人已在本国作出了该发明，而且没有放弃、压制或隐瞒。在根据本款确定发明的先后顺序时，不仅应考虑该发明的各自构思和付诸实施的日期，而且还应考虑最先构思而最后付诸实施的人在另一人构思之前已有的适度工作。

7.9.1.2　35 U.S.C. 103 可专利性的条件；非显而易见的主题

（a）一项发明，虽然不是像本编第102条所述已经完全一样地披露过或者叙述过，但是，如果申请专利的主题与现有技术之间的差异是这样的微小，以致在作出发明时，该主题整体对其所属技术领域具有普通技术的人员而言是显而易见的，则不得授予专利。可专利性不应根据作出发明的方式而予以否定。

(b)(1) 尽管有（a）款的规定，在专利申请人及时选择根据本款处理时，一项使用或者制造具有第102条规定的新颖性和本条（a）款规定的非显而易见性的一种组合物的生物技术方法，如果符合下列条件，应认为具有非显而易见性：

（A）关于方法和组合物的权利要求都包含在同一专利申请中，或者包含在具有有效的同一申请日的不同申请中；以及

（B）组合物和方法（在其发明时），都属于同一人所有，或者负有必须向同一人转让的义务。

(2) 根据上述（1）项对方法授予的专利：

（A）也应包含该方法中使用的组合物或者依该方法制造的组合物的权利要求，或者

（B）如果该组合物的权利要求包含在另一专利中，则虽然有第154条的规定，仍应使其与该另一专利在同一日期满。

(3) 为了上述（1）项的目的，"生物技术方法"意指：

（A）一项用改变遗传或者其他方法诱导单细胞或多细胞生物的方法，以

(i) 表达外源核苷酸序列；

(ii) 抑制、消除、增大或改变内源核苷酸序列的表达，或者

(iii) 表达特定的生理学特征，且该特征并非与该生物自然相关；

（B）产生表达一种特定的蛋白质（诸如单克隆抗体）的细胞系的细胞融合法；和

（C）使用上述（A）目或（B）目所定义的方法所生产的产品的方法，或者结合（A）目和（B）目定义的方法所生产的产品的方法.

(c)(1) 另一人开发的主题，仅根据本编第102条（e）、（f）和（g）各款之一或更多款的规定，才属于现有技术的，如果该主题和要求保护的发明在该发明作出时，属于同一人所有或者负有必须向同一人转让的义务的，不应根据本条排除其获得专利。

7.9.1.3　35 U.S.C.112 说明书

说明书应包含对发明以及对作出和使用发明的方式、方法，以完整、清晰、简洁和确切的词语的书面描述，使发明所属领域的技术人员或者与该发明联系很密切的人员，都能作出和使用该发明；

说明书还应公布发明人所熟知的实施该发明的最好方式。说明书在其结尾应提出一项或几项权利要求,具体地指出并明确要求承认申请人认为是其发明的内容。

权利要求可以用独立的方式撰写,或者,如果发明的性质允许,用从属的方式或多项从属的方式撰写。

在符合下一的规定下,从属权利要求应首先引用前面提出的一项权利要求,然后具体说明对所要求保护的主题的进一步限制。一项从属权利要求应解释为,该权利要求通过引用的方式将被引用的权利要求的所有限制包括在内。

多项从属权利要求,应包括只以择一方式引用前面提出的一项以上的权利要求,然后具体说明对所要求保护的主题的进一步限制。多项从属权利要求不应作为另一项多项从属权利要求的基础。一项多项从属权利要求应解释为,该权利要求通过引用而将其所考虑与其有关的特定权利要求的所有限制包括在内。

权利要求的一个特征,可以用履行特定功能的方法或者步骤来表达,而无须详述支持这种方法或步骤的结构、材料或者行为。此种权利要求应解释为,该权利要求包含了说明书记载的相应的结构、材料或者行为及其等同物在内。

7.9.1.4　35 U.S.C.132 驳回的通知;再审

(a) 无论何时,经审查后,授予专利的请求被驳回,或者对其提出反对或要求的,USPTO 应将此种情况通知申请人,说明驳回、反对或者要求的理由,并附送对于申请人判断是否继续进行其申请的有用信息和参考材料。如果申请人在接到此种通知后,经过修改或者不经过修改,仍坚持请求授予其专利的,对该申请应进行再审。对申请所作的修改不可对发明的披露添加新的内容。

(b) USPTO 应制定关于根据申请人的请求对其专利申请继续进行审查的规定。USPTO 可以对此种继续审查制订适当的费用,并规定对根据本编第 41 条 (h) 款 (1) 项有资格享受降低费用的小实体降低 50%。

7.9.1.5　35 U.S.C.171 外观设计专利

任何人对制造品创作的新颖的、独创的和装饰性的外观设计的,可以为此获得专利，但须遵守本编规定的条件和要求。

本编关于发明专利的规定，除另有规定外，应适用于外观设计专利。

7.9.1.6　35 U.S.C.172 优先权

本编第 119 条（a）款至（d）款所规定的优先权，以及第 102 条（d）款规定的时间，在外观设计为 6 个月。本编第 119 条（e）款规定的优先权不应适用于外观设计。

7.9.1.7　35 U.S.C.173 外观设计专利的期限

2013 年 12 月 8 日或以后提交的美国外观设计申请，专利保护期限是自授权日起 15 年。在 2013 年 12 月 8 日之前提交的美国外观申请，专利保护期限是自授权日起 14 年。

7.9.2　适用于外观设计专利申请的专利规则

7.9.2.1　37 CFR 1.3 一项有礼仪和礼貌的业务

申请人及其律师或代理人需要与 USPTO 进行有礼节的交流。违反这项规定而提交的文件，将提交长官，并由长官的直接命令退回。对审查员和其他员工的投诉必须与其他文件分开通知。

7.9.2.2　37 CFR 1.63 宣誓或声明

（a）根据 1.51（b）（2）提交的宣誓或声明作为非临时申请的一部分必须：

（1）根据 1.66 或 1.68 执行，即签署。一个人没有资格签署的最低年龄，但该人必须有资格签署，即了解该人签署的文件；

（2）通过全名来标识每个发明人，包括姓氏和至少一个给定的名称，没有缩写以及任何其他给定的名称或姓名；

（3）确定每个发明人的国籍；和

（4）声明作出宣誓或声明的人认为所述一个或多个发明人是被要求保护并且为其寻求专利的主题的原始和第一发明人。

（b）除了满足本条（a）的要求外，宣誓或声明还必须：

(1) 确定其所针对的申请；

(2) 述明作出宣誓或声明的人已审阅及理解申请的内容，包括经宣誓或声明中具体提述的任何经过修改的权利要求；和

(3) 声明作出宣誓或声明的人承认有义务向该专利局披露自己已知的对第1.56条所界定的可专利性具有重要性的所有信息。

(c) 除非根据1.76在申请数据表上提供此类信息，否则宣誓或声明还必须标明：

(1) 邮寄地址和住所，如果发明人居住在不同于发明人通常接收邮件的地点的；和

(2) 根据1.55提出优先权要求的任何外国专利申请（或发明人证书），以及在要求优先权的申请之前具有提交日期的任何外国申请，并说明该申请的申请号、国家、日期、月份和年份。

(d) (1) 根据1.51 (b) (2) 和1.53 (f)，在继续申请或分案申请中不需要重新执行宣誓或声明，但前提是：

(i) 以前的非临时申请包含 (a) 至 (c) 规定的宣誓或声明；

(ii) 继续申请或分案申请是由全部或部分在先申请中指定的所有发明人提交的；

(iii) 在继续申请或分案申请中提交的说明书和附图不包含对于在先前申请中是新事物的事项；和

(iv) 在先申请中提交的已签署的宣誓或声明的副本，显示其签署的签名或指示，以提交继续申请或分案申请。

(2) 根据本款就延续申请或分案申请提交的已宣誓或宣誓的副本，必须附有一份陈述书，要求删除持续或分案申请中并非发明人的人的姓名或名称。

(3) 凡是继续申请或分案申请提交的签署的宣誓或声明最初曾根据1.47在在先申请中提交的，此在先申请的宣誓或声明的副本必须附有：

(i) 根据1.47对先前申请通过该授权请求的决定副本，除非所有发明人或法律代理人已提出宣誓或声明根据1.47加入该在先申请，其继续申请或分案申请在根据35 U.S.C. 120，121或365 (c) 要求权益；和

(ii) 如果一个或多个发明人或法定代理人拒绝加入在先申请或不能被找到，之后加入了继续申请或分案申请要求的先前申请或另一申请，根据第35 U.S.C. 120，121或365 (c)，需要有由发明人或法律代表提交以

加入申请而随后签立的誓词或声明的副本。

（4）在在先申请的审查期间，如果委托书（或代理人授权）或通信地址发生变化，则在继续申请或分案申请中必须指明授权书（或代理人授权）或通信地址的变更。否则，主管局可能不会在 CA 或分案申请中承认在提出申请之前改变委托书（或代理人授权）或通信地址。

（5）新执行的宣誓或声明必须在延续或分案申请中提交并命名在先申请中未出现的发明人。

（e）新执行的宣誓或声明必须在所有部分继续申请中提交，该申请可以命名全部，多于或少于在先申请中指定的所有发明人。

7.9.2.3　37 CFR 1.76 申请资料表

（a）申请资料表。申请资料表是可以在临时或非临时申请中自愿提交的一个或多个表单，其包含著录资料，以专利局指定的格式排列。如果提供了申请资料表，则申请资料表就是其已经提交的临时或非临时申请的一部分。

（b）著录资料本章 a 段中使用的著录资料包括：

（1）申请人信息。该信息包括每个申请人的姓名、居住地、邮寄地址和公民身份 [1.41（b）]。每个申请人的姓名必须包括姓氏和至少一个没有缩写的名字以及任何其他名字或姓氏。如果申请人不是发明人，此信息还应包括申请人代表发明人申请专利的权力（1.42，1.43 和 1.47）。

（2）对应信息。该信息包括可以通过参考客户号码指示的通信地址，其号码对应于该地址 [见 1.33（a）]。

（3）申请信息。该信息包括发明的标题，一个通过类别和子类区分的建议的分类，指定了本发明主题的技术中心，附图总数，用于公布的建议绘图（在非临时申请中），分配给该申请的任何文件号，申请的种类（例如，发明，植物新品种，外观，重授，临时），该申请是否符合 37 CFR 5.2 [见 5.2（c）]，依据保密命令披露了申请的主题事项的所有重要部分，对于植物申请，需要所保护的植物种类的拉丁名称，以及品种名称。对于临时申请，无论权利要求是否提出，都应提供建议分类和技术中心信息。如果临时申请中权利要求没有提出，建议的分类和技术中心应基于公开信息。

（4）代表信息。该信息包括在申请中有授权委托书或被授权代理的每个从业者的注册号（优选参考客户号码）。在申请信息表中提供此信息不构成申请的授权委托或授权代理［见 1.34（b）］。

（5）国内优先权信息。该信息包括申请号、申请日期、状态（如果有的话包括专利号），以及根据 35 U.S.C. 119（e）、120、121 或 365（c）的每个享有保护的申请的关系。在申请信息表中提供此信息构成了根据 35 U.S.C. 119（e）或 120，1.78（a）（2）或 1.78（a）（4）的具体参考，并且不需要另外作为在说明书中一部分。

（6）国外优先权信息。该信息包括要求优先权的每个外国申请的申请号、国家和申请日期，以及所有申请日在此申请要求的优先权日期之前的外国申请。在申请信息表中提供此信息构成根据 35 U.S.C. 119（b）和 1.55（a）的优先权要求。

（7）受让人信息。该信息包括申请中的所有权利，所有权和利益的受让人的姓名（人或法人实体）和地址。在申请信息表中提供此信息不能代替根据本章第 3 部分中的任何在专利局记录在案的要求。

（c）补充申请信息表。

（1）随后可以在支付授权费之前提供，以更正或更新根据 1.63 或 1.67 先前提交的申请信息表中的信息或者宣誓或声明，但发明人变更受 1.48 的管辖，通信变更由 1.33（a）管辖，公民身份变更由 1.63 或 1.67 管辖；和

（2）应标识正在更改（添加，删除或修改）的信息，因此不需要包含所有以前提交的未更改的信息。

（d）申请信息表与宣誓或声明不一致。对于根据本章提出的申请信息表提供的信息不一致与根据 1.63 和 1.67 的宣誓或声明之间的不一致：

（1）除非有 1.63（d）（3）的规定，否则无论是由申请信息表还是根据 1.63 或 1.67 的宣誓或声明中提交的信息，最新提交的信息为有效信息；

（2）除非有 1.63（d）（3）的规定，否则在申请信息表和宣誓或声明同时提交的情况下，由申请信息表提交的信息为有效信息；

（3）在 1.63 或 1.67 中的宣誓或声明决定了与发明人命名［1.41（a）（1）］的申请信息表不一致，并规定其公民身份（35 U.S.C. 115）；

（4）专利局将首先从申请信息表中获取著录信息（无论宣誓或声明是否决定信息）。因此，专利局一般不会去查看根据 1.63 的宣誓或声明中

所包含的著录信息是否与从申请信息表中获取的著录信息一致（无论宣誓或声明是在申请信息表之前或之后提交的）。从申请信息表导出错误的著录信息可以通过根据 1.63 或 1.67 提交补充申请信息表，提交宣誓或声明或者根据 1.33（b）提交信件而重新获得。

7.9.2.4　37 CFR 1.84 附图标准

（a）附图。在发明和外观设计专利申请中有两个可接受的附图类别。

（1）黑色油墨。通常需要黑白附图。必须使用印度墨水，或其等同物，确保实心黑线，用于绘图；

（2）颜色。在极少数情况下，当彩色附图作为在发明或外观设计专利申请中或法定发明注册的主题中公开专利主题的唯一实际介质时，彩色附图才可能是必要的。彩色附图必须质量过关，使得附图中的所有细节可以在印刷专利中以黑白色重现。国际申请中不允许使用彩色附图（见《PCT 实施细则》11.13），也不允许在专利局电子申请系统提交的申请或其副本中使用彩色附图。只有在根据本段提出请求并说明为什么需要彩色附图后，专利局才接受发明或外观设计专利申请和法定发明注册中的彩色附图。任何此类请求必须包括以下内容：

（i）1.17（h）中规定的费用；

（ii）三套彩色附图；

（iii）尽可能准确地描绘彩色附图中所示的主题的黑白复印件；和

（iv）对说明书的修改，并插入（除非说明书含有或以前被修改后包含）以下语言作为附图简要说明的第一段：

专利或申请文件包含至少一张彩色附图。该专利或具有彩色附图的专利申请公开的副本将由专利局根据请求并支付必要的费用后提供。

（b）照片。

（1）黑白照片。照片，包括照片的复印件，在发明和外观设计专利申请中通常不被允许。但是，如果照片是用于说明要求保护的发明的唯一可行介质，则专利局将接受发明和外观设计专利申请中的照片。例如，以照片或显微照片表现的：电泳凝胶、印迹（如免疫学、西部、南部和北部）、放射自显影、细胞培养物（染色和未染色）、组织学的组织截面（染色和未染色）、动物、植物、体内成像、薄层色谱板、晶体结构，在外观设计专利申请中，作为装饰效果是可接受的。如果申请主题可以通过绘图说明，审查员可能要求使用绘图来代替照片。彩色附图必须质量过关，使得附图中的所有细节可以在印刷专利中以黑白色重现。

（2）彩色照片。如果满足接受彩色附图和黑白照片的条件，彩色照片将在发明和外观设计专利申请中被接受。见本节（a）（2）和（b）（1）。

（c）附图的识别。如果提供识别标记的话，应包括发明的标题，发明人的姓名和申请号，如果申请号尚未分配给申请，则为案卷号（如有）。如果提供此信息，则必须放在每页的前面的顶部中心位置。

（d）附图中的图形。化学或数学公式，表格和波形可以作为附图提交，并需符合与附图相同的要求。每个化学或数学公式必须标记为单独的图样，必要时使用括号，以表明信息已正确整合。每组波形图样必须以单个图样显示，使用常见的垂直轴和以时间作为延伸的水平轴。在说明书中讨论的每个单个波形必须用与垂直轴相邻的单独字母标识。

（e）纸张类型。提交给办公室的附图必须用纸制成，该纸张需柔软、坚固、白色、光滑、不反光，以及耐用。每页纸张不能有明显的裂缝、折痕和褶皱。只有纸张的一侧可用于绘图。每页纸不能有明显的擦除，并且不得有任何改动，覆盖和行间书写。照片必须在符合本节（f）的纸张尺寸要求和本节（g）的页边空白要求的纸张上制作。有关照片的其他要求，请参阅本节（b）。

（f）纸张尺寸。申请中的所有附图图纸必须具有相同的大小。纸张的短边被认为是其顶部。制作附图的纸张尺寸必须为：

（1）21.0厘米×29.7厘米（DIN尺寸A4）；或

（2）21.6厘米×27.9厘米（8.5英寸×11英寸）。

（g）边距。纸张不能包含（例如，可用表面）框架，但应当有印刷在两个装饰角边角上的扫描目标点（例如，十字线）。每张纸必须留有至少2.5厘米（1英寸）的顶部边距，左侧边缘为至少2.5厘米（1英寸），右侧边缘至少1.5厘米（5/8英寸），以及至少1.0厘米（3/8英寸）的底部边缘。从而在21.0厘米×29.7厘米（DIN尺寸A4）的图纸上留下不大于17.0厘米×26.2厘米的图像，在21.6厘米×27.9厘米（8 1/2×11英寸）的图纸上留下不大于17.6厘米×24.4厘米（6 15/16×9 5/8英寸）的图像。

（h）视图。附图必须包含所有能够表现本发明所必需的视图。视图可以是平面图，立面图，截面图或透视图。对于元件的细节部分，如果需要的话可以使用放大视图。附图的所有视图必须组合在一起并且不浪费空间的布置在纸张上，最好竖向摆放，彼此明显分开，并且不能出现在包含说明书，权利要求或摘要的纸张中。视图不能通过投影线连接，且不能包含中心线。电子信号的波形线可以通过虚线连接以示出波的相对时间。

（1）分解图。分解图，其中分离的部件由括号包围，以示出各个部件的组装的关系或顺序。当在与另一个图形在同一张图上的图中示出分解图时，分解图应该放在括号中。

（2）局部视图。必要时，大型机器或设备的整体视图可以拆分成部分视图表现在单页纸张上，或者在不损失对设施理解的情况下在几页图纸中表示出来。在单页纸上绘制的局部视图必须始终能够边对边链接，使得没有局部视图包含另一个局部视图的部分。应该包括一张较小的视图，其示出由局部视图组成的整体并且显示所示部件的位置。当为了放大目的而扩大视图的一部分时，视图和扩大的视图必须各自被标记为单独的视图。

（i）如果两张或多张纸上的视图实际上形成一个完整的视图，则几张纸上的视图必须安排成可以组装成完整的图形，且不隐藏任何视图的任何部分。

（ii）较长的视图在一张纸上可以分成几个部分，一部分在另一部分之上放置。但是，不同部分之间的关系必须清楚明确。

（3）截面图。在一个截面上取的平面应当从该部分由虚线切割视图来表示。虚线的两端应用该截面图视图号的阿拉伯数字或罗马数字来表示，并且应该有指示视线方向的箭头。阴影线必须用于指示物体的截面部分，并且必须由有足够间隔的规则的倾斜平行线制成，并能够使之无困难地区分出来。阴影不应阻碍参考字符和引线的清晰的显示。如果不可能在阴影区域之外放置参考字符，则在插入参考字符的地方可以中断阴影。阴影线必须与周围轴线或主线呈明显角度，优选为45°。必须设置和绘制横截面，以在截取的截面中显示所有材料。横截面中的部分必须以有均匀间隔的平行斜线划出的阴影来显示适当的材料，斜线之间的间隔取决于阴影的总面积。相同物品各个部分的横截面应以相同方式画阴影，并且应在横截面中生动准确的显示出材料的性质。并列的不同元件的阴影必须以不同角度显示。在面积大的情况下，可以围绕待阴影区域的轮廓的整个内部画出阴影线。不同类型的阴影线对于横截面显示的材料的性质应该有不同的传统含义。

(4) 备用位置。在不造成拥挤的情况下，移动的位置可以在合适的视图上面绘制虚线显示；否则，必须为此目的使用单独的视图。

(5) 修改图形。修改的图形构造必须在单独的视图中显示。

(i) 视图的安排。一副视图不能放在另一副视图上面，也不能放在另一副视图的轮廓内。在同一张纸上的所有视图应该沿相同的方向，并尽可能的竖向摆放，使得它们可以在竖直拿着纸张时读取。如果为了更清楚地示出本发明，需要比纸张的宽度更宽的视图，则可以旋转纸张，使得纸张在留有合适边缘距离用作标题空间的情况下，纸张顶部置于右侧。无论页面为竖向的或是翻转的，字必须以水平的，从左到右的方式出现，使得顶部变成右侧，除了利用标准科学方法来表示（X的）横坐标轴和（Y的）纵坐标轴。

(j) 主视图。附图必须包含所有能够表现本发明所必需的视图。其中一个视图应当适合于显示在专利申请公开和专利的首页上作为本发明的图示。视图不能通过投影线连接，且不能包含中心线。申请人可以推荐一副视图（通过图号）显示在专利申请公开和专利的首页上。

(k) 比例。进行绘制的尺度必须足够大以显示该机械装置当绘图尺寸减小到 2/3 时不会拥挤。不允许在附图中出现诸如"实际尺寸"或"1/2 比例"的指示，因为在不同格式的复产品中这些失去了它们的意义。

(l) 行，数字和字母的字符。所有附图必须经过一个过程，这将给他们令人满意的复制特性。每一条线，数字和字母都必须耐用，清晰，黑色（除了彩色附图），足够密和深，以及粗细均匀和意义明确。所有线条和字母都必须足够重以允许充分复制。此要求适用于所有细线、阴影，以及表示截面图中切割面的线。不同粗细的线和笔画可以用在相同的附图中，其中不同的粗细具有不同的含义。

(m) 填充阴影。如果能帮助理解本发明并且不降低其可识别性，则鼓励在视图中使用阴影。阴影用于指示一个物体的球形、圆柱形和圆锥形表面或形状。平坦部分也可以填充轻微阴影。这种阴影优先在部件的透视图中示出，而不是横截面中［见本节（h）(3)］。填充阴影时应使用有间隔线条。这些线必须很细，数量上尽可能少，并且它们必须与其余的附图形成对比。作为阴影的替代，可以使用物体的阴影侧上的粗线，除非它们彼此叠加或会影响参考字符。光线应该从左上角以 45° 的角度出现。表面轮廓应该优选地通过适当的阴影示出。除了用于表示条形图或颜色时，不允许使用纯黑色阴影区域。

（n）符号。在适当时，图形绘制符号可用于常规元件。使用这种符号和标记表示的元件必须在说明书中充分地标识。已知的装置应该通过具有普遍认可的常规含义并且在本领域中是普遍接受的符号示出。非普遍承认的其他符号，如果它们不可能与现有的常规符号混淆，并且如果它们是容易识别的，则可经专利商标局批准使用。

（o）说明。适当的描述性说明可以在专利局批准的情况下使用，或者为了理解图纸，审查员可能需要这些说明。它们应该包含尽可能少的字。

（p）数字，字母和参考字符。

（1）参考字符（优选数字），页码和视图号必须是清楚易读的，并且不得与括号或倒置逗号相关联使用，或出现在轮廓内（例如，圈出）。它们必须与视图有相同的朝向，以避免必须旋转纸张。参考字符应该按照所描绘的物体的轮廓布置。

（2）英语字母表必须使用字母，除非有另一种常用的字母表，例如希腊字母以表示角度、波长和数学公式。

（3）数字、字母和参考字符必须至少为32厘米（1/8英寸）高。它们不应该放在附图中，从而干扰其理解。因此，它们不应该交叉或交织在一起。它们不应放在阴影或阴影表面。当必要时，例如指示表面或横截面，参考字符可以加下划线，并且可以在字符出现的阴影或阴影中留下空白空间，使得其看起来不同。

（4）出现在附图的多于一个视图中的发明的相同部分必须总是用相同的附图标记表示，并且相同的附图标记不能用于指示不同的部分。

（5）说明书中未提到的参考字符不应出现在附图中。说明中提到的参考字符必须出现在附图中。

（q）引线。引线是参考字符和所参考的细节之间的那些线。引线可以是直的或弯曲的，并且应该尽可能短。它们必须始于参考字符的紧邻处，并延伸到指示的特征。引线不得彼此交叉。每个参考字符需要引线，除了那些被放置在它们指示的表面或横截面的参考字符。这样的参考字符必须加下划线以清楚地表明引线没有被遗漏。引线必须以与图中线条相同的方向表示。见本节（1）。

(r)箭头。箭头可以在每行的末尾使用，用来清楚表达它们的含义，如下所示：

(1)在引线上，一个指示整个部分朝向它所指的方向的独立箭头；

(2)在引线上，一个接触线的箭头来表示所示表面是沿着箭头方向看的；

或

(3)显示运动方向。

(s)版权或屏蔽作品通知。版权或屏蔽作品通知可以出现在图中，但必须放在附图内，位于表示版权或屏蔽作品材料的图形的正下方，并且字母的打印尺寸限于32～64厘米（1/8至1/4英寸）高。通知的内容必须仅限于法律规定的那些要素。例如，"1983年John Doe"（17 U.S.C. 401）和"*M*John Doe"（17 U.S.C. 909）将受到适当限制，并根据现行法规分别有法律上足够的版权和屏蔽作品通知。仅当1.71（e）中规定的授权语言包含在说明书的开头（最好是第一段）时，才允许包含版权或屏蔽作品通知。

(t)附图图纸的编号。图纸应按照本节（g）所定义的连续阿拉伯数字编号，并且从1开始。这些数字（如果存在）必须放在纸张顶部的中间，但不能放在页面空白中。如果图形延伸到离可用表面顶部边缘的中间太接近的地方，则数字编号可以放置在右侧。图纸编号必须清晰，并大于用作参考字符的数字，以避免混淆。每张纸张的编号应该用两个阿拉伯数字显示在斜线的两边，第一个是纸张编号，第二个是纸张的总数，没有其他标记。

(u)视图的编号。

(1)不同的视图必须以连续的阿拉伯数字编号，从1开始，与纸张的编号无关，并且如果可能，按照它们在图纸上出现的顺序排序。用于在一张或多张纸上形成一个完整视图的部分视图必须用相同的数字标识，后跟大写字母。视图编号前必须加上缩写"FIG"。在申请中仅使用单个视图来说明所要求保护的发明的情况下，其不能被编号并且不能出现缩写"FIG"。

(2)识别视图的数字和字母必须简单明了，不得与括号、圆圈或引号相关联使用。视图编号必须大于用于参考字符的编号。

(v)安全标记。授权安全标记可以放置在图纸上，前提是它们在视线外，优选在顶部边缘的中间。

（w）修正。对提交给专利局的附图的任何修正必须是持久和永久的。

（x）孔。申请人不应在图纸中制作孔。

（y）附图类型。外观设计附图见1.152，植物附图为1.165，重新授权附图为1.174。

7.9.2.5　37 CFR 1.121 在申请中作出修改的方式

（a）除重新授权外的申请的修正。除了重新授权申请之外，申请书的修改是通过提交一份符合1.52的文件来作出的，指导作出具体的修改。

（b）除其他地方提出的权利要求和清单以外的说明书（1.96和1.825）。

（1）按指示修改以删除、更换或添加一个段落。除其他地方提出的权利要求和清单以外的说明书的修改（1.96和1.825）之外，本规范的修改可以提交：

（i）一个指令，能明确地指明位置，删除说明书中的一个或多个段落，或用一个或多个替换段落替换删除的段落，或添加一个或多个段落；

（ii）任何格式干净的更换或添加的段落，即没有任何对其作出更改的标记；

和

（iii）在与修正分开的一页或多页上的任何替换段落的另一版本，标记为显示与先前版本的段落有关的所有变化。这些更改可以用括号（删除的内容）或下划线（对于添加的内容）或任何等效的标记系统显示。不必为添加的段落或删除的段落提供标记版本，因为它足以表明已添加或删除特定段落。

（2）更换部分的修改。如果说明书的各部分包含1.77（b），1.154（b）或1.163（c）中规定的章节标题，则对说明书（权利要求除外）的修改可以提交：

（i）对该部分的引用，以及删除该说明书中的该部分和用更换部分来替换此删除部分的指示；

（ii）格式干净的更换部分，即没有任何对其作出更改的标记；

和

（iii）在与修正分开的一页或多页上的任何替换段落的另一版本，标记为显示与先前版本的段落有关的所有变化。这些更改可以用括号（删除的内容）或下划线（对于添加的内容）或任何等效的标记系统显示。

(3) 替代说明书修改。除了权利要求之外，说明书也可以通过提交下列修改：

(i) 更换说明书的说明；

(ii) 符合1.125（b）的替代说明书；

和

(iii) 与替代说明书分开的另一版本的替代说明书，标记并示出了相对于先前版本的说明书的所有改变。这些更改可以用括号（对于已删除的内容）或下划线（对于添加的内容）或任何等效的标记系统显示。

(4) 恢复：删除的事项只能通过提交以前删除的事项的后续修改来恢复。

(c) 权利要求。

(1) 修订通过改写、取消或添加的指示：对权利要求的修改必须通过重写此要求，包括所有的更改（例如，添加、删除、修改）。权利要求（具有相同编号）的重写将被理解为指示取消该权利要求的先前版本。权利要求也可以通过指令取消。

(i) 重写或新增的声明必须是清晰的，即没有表明已经作出的更改的标记。一个附加声明应该跟在权利要求编号之后，表示经修改或新添加的声明的状态（例如，"修订""两次修改"或"新"）。

(ii) 如果使用相同权利要求号重写权利要求对此权利要求进行修改，则该修改必须提供另一版本的被重写的权利要求，在与修改分开的一个或多个页面上，显示出关于该对于以前版本的权利要求所做的全部修改。附加说明应该遵循权利要求编号显示权利要求的状态，例如，"已修改""两次修改"等。对于根据本节（c）（1）（i）提出的清晰版本的权利要求和根据本款标记的版本，附加说明"已修订""两次修订"等应相同。这些更改可以用括号（删除的内容）或下划线（对于添加的内容）或任何等效的标记系统显示。不必为增加的权利要求或取消的权利要求提供标记版本，因为其足以声明该权利要求已被添加或取消。

(2) 通过修改全部删除的权利要求，只能通过随后的修改予以恢复，该修改将此权利要求换为具有新权项号的新权利要求提出。

(3) 可以在一份修改文件中提交整套未定权利要求的清晰版本。此类提交应被解释为指示取消所有先前版本的未定权利要求。只有当前修改对权利要求进行更改，才需要标记版本［见本节（c）（1）（ii）］。任何未附加标记版本的权项将被认定其相对于之前的版本没有被改变。

（d）附图。申请附图按以下方式进行修改：申请附图的任何更改必须在单独的文件上提交，显示拟议的变更红色以供审查员批准。经审查员批准，必须提交符合1.84的新附图，包括更改。

（e）披露一致性。当专利局要求时，必须修改公开内容以纠正描述和定义的不准确性，并确保权利要求，说明书的其余部分和附图之间的实质对应。

（f）没有新事项。任何修改不得在申请中引入新事项。

（g）审查员修改的例外情况：专利局在审查员修改中提出的申请的说明书（包括权利要求）的变更，可以通过具体的指示，插入或删除审查员修改中规定的主题事项，在说明书或要进行插入或删除的权利要求中指出。本节不需要遵守（b）（1），（b）（2）或（c）（1）。

（h）重新授权申请的修改。对重新授权申请的描述和权利要求的任何修改必须根据1.173进行。

（i）复审程序中的修改：

任何所提的关于专利描述和权利要求的涉及根据1.510提交的单方面和根据1.913提交的双方面的复审程序的修改都必须按照1.530（d）～(j)进行。

（j）临时申请的修改：

通常不会对临时申请作出修改。但如果对临时申请作出修改，则必须符合本节的规定。对临时申请的任何修正应放在临时申请文件中，但可能不会录入。

7.9.2.6　37 CFR 1.152 外观设计图纸

外观设计必须用符合1.84要求的附图表示，并且必须包含足够数量的视图，以构成设计外观的完整公开。应使用适当且足够的表面阴影来显示所表示的表面的字符或轮廓。除非用于表示颜色黑色以及颜色对比度，否则不允许使用纯黑色表面阴影。虚线可以用于显示可见的环境结构，但是不用于显示通过不透明材料不能看到的隐藏平面和表面。在设计图中不允许由同一视图中的完整和虚线所示的设计组件的替换位置。照片和油墨图不能在一个申请中组合为正式附图。在设计专利申请中提交代替油墨图的照片不得披露环境结构，但必须限于要求的外观设计。

7.9.2.7　37 CFR 1.153 标题、描述和权利要求，誓言或声明

（a）外观设计的标题必须指明具体条款。通常不需要描述，除了对附图的引用。索赔应以正式术语表示如图所示或如图所示和描述的物品的装饰设计（指定名称）。不需要或不允许一个以上的权利要求。

（b）申请人所要求的宣誓或声明必须符合1.63的规定。

7.9.2.8　37 CFR 1.154 外观设计申请中元素的安排

（a）外观设计申请的元素（如适用）应按以下顺序出现：
（1）外观设计申请传递表。
（2）收费传递表。
（3）申请资料表（见1.76）。
（4）说明书。
（5）附图或照片。
（6）执行宣誓或声明［见1.153（b）］。
（b）说明书应按顺序包括以下各节：
（1）序言，说明申请人的姓名，外观设计名称，以及对设计所体现的物品的性质和预期用途的简要说明。
（2）交叉引用相关申请（除非包括在申请资料表中）。
（3）关于政府资助的研究或开发的声明。
（4）附图说明。
（5）特征描述。
（6）单项权利要求。
（c）本条（b）所定义的说明书部分的文字（如适用）前面应加上不带下划线或粗体字的大写字母的标题。

7.9.2.9　37 CFR 1.155 外观设计申请加快审查

（a）申请人可要求专利局加快审查外观设计申请。参加快速审查的资格为：

（1）申请必须包括符合1.84的附图；

（2）申请人必须进行审查前检索；和

（3）申请人必须提交加急审查请求，包括：

（i）1.17（k）中规定的费用；和

（ii）审查前检索已经完成的声明。声明还必须指明搜索领域，并包括符合1.98的IDS。

（b）即使申请人根据本条提交快速审查请求，专利局也不会审查没有符合审查条件的申请（例如，缺少基本申请费）。

第 8 章 美国植物专利申请[*]

8.1 植物相关发明在美国的保护方式

依据美国的有关法律,与植物品种有关的发明根据植物品种本身的情况可以获得 3 种途径的保护,即可以受到 35 U.S.C. 第 15 章"植物专利法"、35 U.S.C. 第 7 分编第 57 章"植物品种保护法"的保护以及一般的实用专利的保护。并且,根据申请标的不同,可以同时申请多种方式的保护。(a) 植物专利:植物专利仅限于保护无性繁殖的植物。(b) 实用专利:植物新品种或其方法。(c) 植物品种保护法:有性繁殖的新品种植物。对于通过种子繁殖的新植物品种,通常向美国农业部的植物品种保护办公室寻求植物品种保护。

植物专利与实用专利都是在专利法框架内给予植物品种法律保护的两种不同形式。美国专利方面的大多数法律规定都是围绕实用专利作出的,对于植物专利,除非法律另有规定,一般都适用实用专利的规定。如果有关植物的发明能够达到实用专利关于新颖性、非显而易见性、实用性和充分公开的要求,发明人可以申请实用专利。

8.2 三种保护类型的比较

8.2.1 植物专利法与实用专利法

经无性繁殖方式产生的植物品种,既可以申请植物专利,也可以申请实用

---

[*] 编撰:马佑平,北京博雅睿泉专利代理事务所。审订:孙海波,北京中企鸿阳知识产权代理事务所;吴大建,北京丰宏知识产权代理有限公司。

专利。由于植物专利对书面描述要件的要求不如实用专利那样严格，所以，对于通过无性繁殖产生且难以用文字描述清楚的植物发明，可以通过申请植物专利获得保护。除了授权要件不同外，植物专利法与实用专利法的最大不同在于权利范围的不同，植物专利权仅限于植物本身，而实用专利的权利范围不仅包括植物品种概念之上的种、科类别，还包括了品种概念之下的基因、细胞等，权利范围明显大于植物专利。

8.2.2 植物专利法与植物品种保护法

如前所述，植物专利并不是严格意义上的专利，而是更接近于植物品种权的一种混合型权利。所以，两者在授权要件上并无实质性差别，只是保护对象存在明显不同。植物专利权保护的是块茎作物之外的无性繁殖作物，而植物品种权保护的是有性繁殖作物及块茎植物。两者在总体上等同于《国际植物新品种保护公约》确立的植物新品种保护制度。此外，植物专利权由 USPTO 负责审查授予，而植物品种权则由美国农业部植物品种保护局负责。

8.2.3 植物品种保护法与实用专利法

植物品种保护法是在既有专利法体系之外另行设计的一套法律制度，在保护对象、授权要件等方面都有显著的不同。更重要的是，实用专利法没有规定农民免责条款。换言之，只要销售或者使用权利保护范围的任何一个部分，包括植物组织、细胞等，都会构成对实用专利的侵犯。

8.3 植物专利保护范围

植物专利是政府对无性繁殖的显著且新颖的植物品种给予的专利保护，但是块茎繁殖植物或者发现于未经栽培环境下（如野外）的植物不在此列。

无性繁殖是不使用基因种子（Genetic Seeds）繁殖植物的方法，以确保得到植物的精确的基因复本。任何已知的可呈现出植物真实基因的无性繁殖方法均可被采用，包括但不限于：扦插材料生根（Rooting Cuttings）、嫁接（Grafting）或接芽（Budding）、单性繁殖的种子繁殖（Apomictic Seeds）、鳞茎繁殖（Bulbs）、分生繁殖（Division）、分切繁殖（Slips）、压条繁殖（Layering）、根茎繁殖（Rhizomes）、走茎繁殖（Runners）、球茎繁殖（Corms）、组织培养（Tissue Culture）、珠心胚繁殖（Nucellar Embryos）。

植物专利保护，通常情况下适用于具有下列含义的植物。

①由其独立基因、基因组或者基因型决定的表现出一系列特征的活体植物，其可以通过无性繁殖被复制，但是不能以其他方式被制造或生产。无性繁殖方式，诸如扦插、嫁接、芽接、枝接、压条、块根、种球、走茎、单性繁殖或组织培养等，但是马铃薯、菊芋等块茎类作物的繁殖部位因与食用部位相同，因此排除于保护对象范围。

②包括变种（Sports）、突变种（Mutants）、杂种（Hybrids）和转基因植株（Transformed Plants）。变异或突变可以是自发的或者是被诱导的。杂交可以是自然发生的，或来自一项有规划的育种计划，或者源自生殖细胞（Somatic）。

③藻类（Algae）和大型真菌（Macro Fungi）属于植物，但细菌（Bacteria）不属于植物。

④提交的新植株个体（突变株）仅限定在栽培地所产生，发现于未经栽培环境下（如野外）的植物不在保护范围内。

可获得植物专利的植物应当是稳定的。35 U.S.C.161 规定，任何人发明或发现，并利用无性繁殖的方法培植出任何独特而新颖的植物品种的发明或发现，包括培植的变形芽、变种、杂交种以及新发现的幼苗（但由块茎繁殖植物或者在非栽培环境下发现的植物除外），可以为此获得专利，但应遵守 35 U.S.C. 规定的条件和要求。35 U.S.C. 有关发明专利的规定，除另有规定外，都应适用于植物专利。

8.4 申请植物专利的要求与限制

根据 35 U.S.C.161，申请植物专利也应满足授予专利的一般要求。申请的主题应当是被申请人开发或发现的一种植物，并且该植物在无性繁殖过程中是稳定的。为了获得专利，还应要求：

①植物是被发明或发现的，如果是被发现的，应当在人工栽培区域内。

②该植物不应是被法律排除在外的，因此用于无性繁殖的部分不能是块茎，如土豆或菊芋。

③提出申请的人应是实际发明该植物的人，即发现或开发并且认定或分离出该植物且无性繁殖该植物的人。

④该植物未向公众公开，即在提交专利申请前，在美国境内的出版物中描述并许诺销售该植物的时间未超过 1 年或者销售或发布未超过 1 年。

⑤该植物与已知的相关植物相比，至少在一个显著特征上表现出区别，该区别应不仅仅是由生长环境或土壤肥沃水平导致的。

8.5　植物专利的申请

植物体应以无性繁殖方式所得，且申请植物专利的植株，申请前需先经无性繁殖获得性状完全相同的个体群，且申请时需说明其无性繁殖方法，并证明由其指定的繁殖方法所得的植株个体间性状表现一致。

如一般实用专利，植物专利申请书所揭露的发明内容仍必须符合 35 U.S.C. 112 的规定。但由于植物无法如同一般工业产品般可以利用文字及附图完成产品的再现，特别规定只要申请人已尽可能就相关内容做详细说明，审查员不得以 35 U.S.C. 112 条款驳回植物专利申请。

8.5.1　申请植物专利需要的文件

①植物专利申请表。
②植物专利申请费用表：申请费＋检索费＋审查费。
③专利申请资料表。
④说明书。
⑤附图。
⑥发明人宣誓书。

8.5.2　植物专利说明书需要包含的内容

①发明名称。
②相关申请案的对照参考（若有）。
③关于联邦资助研究或发展的陈述（若有）。
④请求植物的种名与属名（拉丁文）。
⑤变种名。
⑥发明的背景。
⑦发明的概要。
⑧附图的简单说明。
⑨对植物的详细叙述。
⑩单一权利要求。植物专利的权利要求只有一项，内容限定于其主张的单

一品种的整株植物。

⑪摘要。

8.5.3 植物专利说明书的附图

植物专利说明书的附图必须是清晰完整的,符号或标记并非必要,但附图必须可以显示该植物一般外观特征。附图可以是彩色的,若送彩色图,必须一式两份。

8.5.4 植物专利的审查和专利要件

植物专利需符合新颖性及进步性要件。

新颖性一般取决于该植物是否已在国内外为他人熟知或利用。通常来说,一般的书面公开(照片与一般描述)并不足以成为充分的在先公开,在该书面公开无法达成让本领域技术人员可以据此实施的要求的情况下,不会影响植物专利的新颖性。

进步性审查主要是基于所申请的植物是否运用申请日之前的现有技术或者知识,如果本领域技术人员可以根据现有技术或知识轻易获得该植物品种,则该植物专利不具有进步性。

性状审查的基准在于该植物专利与最接近的现有品种的相互比较,当审查员对申请人用以与申请品种比对的最接近对照品种无法认同或对两者的主要区别性状有所质疑时,申请人必须负举证责任,提出证明,必要时需依审查员意见更换最接近品种,并重新建立性状对比数据。

植物专利申请案适用 RCE 程序。

8.6 植物专利的专利权效期与保护

35 U. S. C. 163 规定了植物发明专利权的内容。植物专利权利人可以排除他人无性繁殖该植物以及许诺销售、销售和使用专利繁殖方法繁殖的植物或植物的部分。但是与实用专利不同,对于他人独立开发出来的相同的或等同的植物新品种,植物专利权利人无权禁止其复制、使用和销售。同时,植物专利保护的是无性繁殖的植物品种,如果他人从受保护的植物上获得种子,然后以种子培育(有性繁殖)植物,则不认定构成侵权行为,植物专利权利人无权禁止。

植物新品种专利的保护期为自申请日起 20 年。与实用专利一样,当植物专利到期时,该专利的主题进入公共领域。